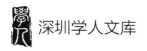

深圳学人文库

Dialogues with Shenzhen Scholars
（vol.1）

深圳学人访谈录
（第一期）

张骁儒 ◎主编

社会科学文献出版社
SOCIAL SCIENCES ACADEMIC PRESS (CHINA)

《深圳学人访谈录》（第一期）
编委会

试看深圳学派领军者（代序）

《深圳商报》记者　夏和顺

编者按：推进"深圳学派"建设，是深圳城市发展的重要战略决策，对提升城市文化软实力、形成文化新优势至为重要，而深圳学人是"深圳学派"的主体，是这项战略的主要实施者。根据中共深圳市委宣传部《深圳学派建设推进方案》，《深圳商报》文化广场与深圳市社会科学院联合主办"深圳学人"专栏，旨在对深圳各学术领域的学科带头人进行一番梳理和重点推介。

"深圳学派"的崛起已成必然之势

中国历史上，学术向有南北学派之分，而且随着经济重心的不断南移，南方学术逐渐呈现后来居上的趋势。早在 20 世纪 30 年代，陈寅恪先生在致陈垣先生的信中即称："中国将来恐只有南学，江淮已无足言，更不论黄河流域矣。"陈寅恪先生所言"南学"即指南方学派，此语看似危言耸听，实则包含了对中国学术走向的基本判断。

深圳，作为中国当代改革开放的试管和前沿阵地，在短短的三十多年时间里创造了一个又一个经济奇迹。经济的发展必然会滋育社会文化发展的土壤，而学术自信则是促成社会文化发育成长的阳光雨露。深圳作为中国经济最活跃和发达的城市，作为勇于改革创新的先锋城市，作为崇尚平等和包容精神的现代移民城市，作为科技产业强大的自主创新城市，三十多年来始终秉持卓尔不群、敢闯敢试的开拓引领精神，不断形成求学问道的高雅追求，逐步培育出富于创新精神的学术群体。

早在 1996 年，"文化沙漠"之声尚不绝于耳，虽然没有深厚的历史积淀，没有名满天下的学术大师，没有应者云集的学术声望和号召力，但深圳人仍毅然提出了"深圳学派"的文化理想，并始终把推进学术文化建设摆在突出的战略地位。二十年过去，弹指一挥间，令人欣慰的是，"深圳学派"建设如今已经成为这座城市的文化共识。2010 年 4 月，深圳市委、市政府推出《关于全面提升深圳文化软实力的实施意见》，其中专门提出要推动"深圳学派"建设；2013 年 10 月，深圳市委宣传部通过《深圳学派建设推进方案》，旨在深入推进文化强市建设，加快形成培育和构建"深圳学派"的长效机制，繁荣发展学术文化，提升深圳文化创造力和影响力，增创特区文化新优势。

"深圳学派"的崛起已成必然之势，这在某种程度上印证了陈寅恪先生当年的预言。

推进"深圳学派"建设成为市社科院工作重心

一座没有文化底蕴的城市，其经济与社会的发展必定后续乏力，深圳在其经济迅猛腾飞的同时始终没有忘记积蓄文化的力量。眼下，"深圳学派"建设已经上升到城市发展的战略地位，而深圳市社科院（社科联）、深圳大学、综合开发研究院、深圳图书馆、深圳特区文化研究中心等学术研究和咨询机构，则是深圳学派建设的基本平台。

深圳市社科院院长、社科联主席张骁儒介绍，"深圳学派"建设是近两年来社科院重点推进的工作之一。从 2013 年起，市社科院连续组织编撰"深圳学派建设丛书"和"深圳改革创新丛书"各十二本，目前已经全部出版，今后还将以此速度推进。市社科院申报的"新兴城市文化流动理论创新研究"被列为 2014 年国家社科基金重大项目。围绕"深圳学派"建设，市社科院开展了学术沙龙活动和深圳学人推广活动，鼓励理论研讨和创新，推动深圳学术的发展和社科前沿理论的进步，在国内学术界取得了较好的反响。按高端化、前沿化的标准，市社科院每年举办"深圳学术年会"，打造"深圳的学术嘉年华"，并搭建学术平台，培养学术人才，支持聚人气、出成果、出人才，鼓励学术创新，推动学术观点、学科体系、科研方法创新，促进深圳学术繁荣，提升城市学术对话能力。

张骁儒说，推进"深圳学派"建设，是提高深圳学术水平的重要凭借，也是深圳学人的共同学术愿望。市社科院和社科联将继续坚持以"全球视野、民族立场、时代精神、深圳表达"为宗旨，全面加强深圳学术理论研究，系统总结、梳理特区建立以来，尤其是近年来各方面的"深圳经验"，加以提炼、深化和理论提升，持续推出反映深圳学术思想、主张和深圳改革精神的理论精品和学术力作。继续抓好"深圳学派建设丛书""深圳改革创新丛书"的编撰工作，提升编撰质量和水平。根据市委宣传部的《深圳学派建设推进方案》，市社科院每年出台"深圳学派建设工作重点"，以保证该项工作顺利向前推进。

前沿性、开创性领域成为深圳学者的优长学科

学派是由于师承或研究目的相同或相近而形成的学术群体，它是由一个个独立的学者构成的。也就是说，在学派建设中，学者始终居于主体地位。《深圳学派建设推进方案》将学术人才的培育和引进摆在了突出的地位，提出扩大学术人才增量与盘活学术人才存量并重，提高学术水平与人才队伍建设结合，实现深圳学术人才同时在数量和质量上跨越式发展，快速提升深圳学术团队的实力和整体水平，推动形成结构合理、梯次健全的学术人才队伍，不断扩大、充实"深圳学派"建设主体。

"深圳学派"有一条重要宗旨就是时代精神。深圳是时代精神的产物，是解放思想、改革开放、开拓创新的产物，深圳又是时代精神的引领者、创造者，时代精神铸造了经济特区的品格秉性、价值内涵，滋养了深圳文化的血气和素质。深圳没有历史积淀，但也解脱了历史重负；深圳没有学术大师，但也摆脱了传统束缚和惯性制约；这座移民城市以其独特的青春气质和包容性形成了其特有的学术特色，尤其在前沿性、创新性与开放性学科方面占据了一席之地。

目前，深圳学界已经开拓出一系列属于自己的优长学科，比如经济特

区理论、港澳台经济、中国特色社会主义理论等，并培养出一批出类拔萃的学科带头人。历史上的南方学派以重考察实践、立说新颖为特征，从这个意义上说，"深圳学派"可以称为"南学"的典型，也可以称为"今学"。

尤其令人欣慰的是，在一些传统的学术领域，深圳经过三十多年的努力和积蓄，也迎头赶上，培养自己的优长学科，积累了一批优秀学人。比如深圳大学文学院，伴随着深圳大学的成长，实现了高起点、跨越式发展，特别是文艺学、比较文学、中国哲学、中国古代文学、中国现当代文学等学科，在全国都有一定影响。深圳大学国学研究所已经成为国学研究的重镇，该所连续举办了四届国际新儒学学术研讨会，吸引了来自港澳台和世界各地的新儒学专家和学者，从而形成了一个较高水准的交流与对话的平台，对"深圳学派"的建设无疑会起到有力的推进作用。

"深圳学派"建设呼唤学科领军者

但是，无可否认，由于历史的原因，深圳作为中国经济最活跃、最发达，经济总量居于前列，聚集人口众多的城市，其学术文化的发展和学术人才的积聚相比较而言明显滞后。深圳只有深圳大学、高等职业技术学院、南方科技大学等寥寥几所大学，无法望北京、上海、广州等一线城市之项背，即使与内地众多二线城市相比，也有较大差距。虽然国内不少名校在深圳设有研究院或分支机构，但相对于深圳目前的城市发展规模，其人才力量仍然有杯水车薪之感。

深圳市社会科学院是从事社会科学方面重大理论和实际问题研究的重要机构；深圳市社会科学联合会是联系广大社会科学界人士的桥梁和纽带，是政府管理社会科学学术团体的参谋和助手。深圳市社会科学研究中心成立于1992年，1997年正式更名为深圳市社会科学院；深圳市社会科学联合会成立于1995年，与社科院合署办公。该院目前有经济、社会发展、文化、政法和国际化城市5个研究所，1个编辑出版中心和2个职能部门。虽然经过二十多年的积累和发展，深圳市社科院与建院之初相比已经取得长足进展，但与深圳城市经济与社会发展的速度相比仍显得捉襟见肘。

据介绍，基于深圳的现实情况，深圳市社会科学研究战略是推动形成"小核心大外围"的研究格局：建立高端专业人才认证机制和选拔推荐机制，不断创新完善选人用人机制，加大本市中青年学科带头人和学术骨干的培养力度，使其迅速成长为建设"深圳学派"的中坚力量。

深圳是一座移民城市，积聚了国内众多精英人才，民间学术力量不可忽视。根据《深圳学派建设推进方案》，深圳未来在引进学术名家、设立特聘研究员制度和增设博士后工作站、积聚高端学术力量的同时，也很重视民间学术人才。张骁儒表示，深圳在建设新型智库时，希望同时能把民间智库建设起来，以便交流合作，吸纳民间专家学者参与政府项目，鼓励并资助他们根据个人兴趣和特长，自主选题，开展学术研究和著述。

不积跬步无以至千里，不积小流无以成江海。一座城市的学术文化需要有一个积累的过程，一个学术领域、一个学派的学术人才也有一个成长和积累的过程。"深圳学派"建设正当其时，深圳学术文化的跨跃式发展呼唤更多的学术人才，各个学术领域必将有一批领军者站起来。

目　录
contents

深圳最适合做 "现实学问"

——胡经之访谈录

受访者：胡经之
采访者：魏沛娜
时　　间：2016 年 1 月 5 日
地　　点：深圳市益田村胡经之家中

　　"善者优存，美者乐存。"已届耄耋之龄的文艺美学家胡经之以数十年的工作生活经历生动地诠释了这一理想。胡经之最早提出发展文艺美学，率先开拓文艺美学，是我国文艺美学学科最重要的开拓者与创立者，被誉为"中国文艺美学教父"、深圳学术文化界的"拓荒者"。在他的美学生涯中，前期着重研究文艺美学，中间走向文化美学，后来，他又更多地投向自然美学。

　　1984 年，胡经之与知名学者乐黛云共同创办深圳大学中文系，往来于北京大学、深圳大学之间，1987 年深圳大学首任校长张维劝胡经之留在深圳大学，为发展人文学科继续做贡献，从此再也没有回北京大学。

　　胡经之致力于深圳的文化建设，主张研究深圳问题，发展深圳文化。他从北京到深圳之后，大力开展学术交流活动，在深圳大学成立了特区文化研究所，使深圳成为中外学术交流、文化交流的重镇。长期担任深圳市作家协会主席、深圳市文艺评论家协会主席、深圳市美学学会会长，为深圳的文化发展做出了杰出贡献。

魏沛娜：您说过，美学真正融入您的人生，是在自己投入美学研究之后，但您对美学发生兴趣乃在年少时，可以请您具体解释一下原因吗？

胡经之：我的老家在太湖之滨，江南水乡，风光无限，引人入胜。少年时常沉醉于审美状态之中而不自觉，实际上已开始了我的审美人生。只是，那时我还没有意识到自己在审美，更不懂什么叫美学。我年少时最早接触到的美学是父亲买给我的朱光潜的《给青年的十二封信》，还有"第十三封信"——《谈美》，这些引导我入美学之门。

但是，美学怎样融入了我的生命从而由审美人生走向美学人生呢？这首先要讲到我的出生地。我从小受东吴文化的哺育，1933年出生在被称为"江南第一古镇"的梅村。这古镇地处苏州与无锡之间，现今归属无锡市，成为文化旅游胜地。一条从大运河分出来而东流入苏州河的伯渎港穿过小镇，把苏州和无锡连接起来，鲁迅笔下那样的乌篷船，在这里来往穿梭。这河港之所以古来就被名为"伯渎"，乃因三千多年前来到这荆蛮之地的周太王之长子泰伯，就常在此洗濯，乃泰伯洗渎之港。这里是吴文化的发源地，留下了有关泰伯的许多古迹。伯渎港之外，还有宏大的泰伯庙、巍伟泰伯墓、鸿山等。我虽出生于梅村，但从小就常在苏州、无锡间行走。我祖籍苏州，祖父在苏州丝织厂里做技师。我父亲胡定一当小学校长，时而在无锡，时而在苏州，在苏州有一套十居室的住宅，一家过着小康生活，不用为生活发愁，读书不为稻粱谋，得以较为自由地发展。我小时候跟着父亲曾到过好几所小学读书，在国学大师钱穆家乡鸿声里读了半年。我读过私塾。在苏州城里，我还读过教会学校，礼拜日还去唱诗班唱赞歌。在无锡读书时，一到放寒暑假，父亲也总要租上一条乌篷船，带着全家——妈妈、弟弟、妹妹，带上无锡的土特产，到苏州城里住上一两个月。所以，我对苏州比对无锡要更熟悉些，体验也更多些。苏州作家陆文夫请我在苏州酒家吃饭时，我半开玩笑说：我是苏州人，却无福在苏州享受；你不是苏州人（他老家在苏北），却能真正享受苏州，我太亏了！他回说：谁叫你不回来。后来，我也常和鲁枢元这样半开玩笑，无非对故乡苏州的一种怀念，忘不了在苏州的美好岁月。

魏沛娜：您在 19 岁那年考上北京大学中文系，也是在这一年离开家乡。您还记得再回家乡时是哪一年吗？

胡经之：在阔别了 20 多年之后，改革开放的第一年，我回到苏州，不乘任何车，一个人踏着石子路，遍访我少年时住过的好几个地方，勾起那个时代的美好回忆，重新体验少年时曾有过的审美体验，思绪万千，感慨系之。在东吴文化的熏陶下，年少时逐渐培育了自己的审美爱好。引起我的审美兴趣的主要有三类现象。首先是自然风光。太湖、西湖、阳澄湖，惠山、鸿山、白丹山，东南胜景，四时常有，湖光山色，山水宜人。其次是风土人情。江南胜地，人文荟萃，吴侬软语，温柔敦厚。更有那些民间风俗、乡土风情，多姿多彩，丰富生动。苏州玄妙观，无锡崇安寺、普陀禅院、灵隐寺，梅村泰伯庙等，儒道佛文化在这里各放异彩。最后便是那吴中文化。附有地方色彩的苏越剧，常锡文戏，评弹说唱，丝竹歌舞，琴棋书画，都在散发着江南艺术的特有韵味。但在这些审美爱好中，最先发生和最感兴趣的还是那自然风光。这，我和古人甚有同感。白居易在《忆江南》中的第一阕就这样说："江南好，风景旧曾谙。日出江花红胜火，春来江水绿如蓝。能不忆江南！"最早唤起他的记忆的，还是那自然风光。可见，这不是我一个人的感受。我对自然审美的兴趣，早于对艺术的审美，而且，引发我艺术审美兴趣的，最初也是和自然审美密切相关。我对苏州的园林艺术最为赞赏，因为在这里，艺术美和自然美融为一体，拙政园、狮子林、网师园都是我少时的挚爱。我最喜爱的画，也是山水画。这自然情结，可能在那时逐渐形成了。就在我进入初中之后，开始接触到朱光潜美学。在 1946 年到 1948 年，我先是读到了《给青年的十二封信》，那是我父亲在苏州给我买来的，后来，我的语文老师何阡陌给我看了《谈美》。我在高中时语文老师陈友梅则让我读了他新买的《诗论》。这样，我才知道，世界上还有这样一门研究美和艺术的学问。其中谈到艺术之美的地方，我感到大开眼界，读起来饶有兴味。但在谈到自然之美时，我就大感不解，使我感到困惑。按照书中的说法，自然本身无所谓美不美，只有艺术美，没有自然美，自然所以美，那是已经把自然加以艺术化了。自然没有美不美的问题吗？这从此就储存在我的脑海中，开始引发我的美学思考。

1952 年我考入北京大学（后简称北大）中文系。我一进校门，就被燕园的美景所吸引，那湖光塔影，亭台楼阁，满园散发着古典园林之美。但是，我那时美学思考的重心已转向艺术美。在进北大之前，我教过半年小学、半年中学，教三门课：语文、音乐、历史。我对历史缺乏钻研的兴趣，但对音乐、文学，有一种出自内心需要的爱好。在弹唱乐曲之后，脑海中常闪现这样的问题：为什么有的乐曲悠扬悦耳，令人赏心悦目，而有的乐曲却枯燥无味，甚至刺耳烦心，令人讨厌？在讲读语文的过程中，也常出现类似的问题：为什么有的作品动人心魄，扣动人心，而有的作品却索然无味，催人昏睡？带着这些困惑我跨进了北大，我的目的很明确：我要攻读文艺理论。

魏沛娜：您在国内率先开拓文艺美学新学科，最早在北大设立文艺美学专业方向，招收硕士研究生。而您师承的是杨晦、朱光潜、宗白华等名家。您是在怎样的机缘下开始系统学习和研究文艺美学研究的？

胡经之：我就读北大时，老一辈学者朱光潜、宗白华、蔡仪等都研究美学，但我入学时都不讲美学。那时，突出文艺为政治服务，美学被打入冷门，在倡导百家争鸣后，朱光潜作了自我批判。周扬 1958 年来北大讲课，那时大家才敢真正去研究美学。我是出于个人爱好，出于我自己内心的需要，在 1953 年开始自学美学，读了辛亥革命以来蔡元培、梁启超、王国维等人的美学著作。我最早是看朱光潜的书，他讲只有艺术才有美，大自然没有美。于是我心里就犯嘀咕，疑惑为何大自然没有美，所以我想看书，看看其他人怎么说。那时，我读了二三十本，还是没解决心里的问题。等到周扬主动带了邵荃麟、张光年、何其芳、林默涵、袁水拍五人来到北大开设一系列"文艺理论"讲座，主题是"建设马克思主义的美学"，我才明白，原来马克思主义也有美学，我的研究兴致就上来了。我首先从文学艺术着手。可是，我的兴趣也不光在文学艺术上，我还对大自然、人文现象感兴趣。所以我要进一步从美学观点来看文化现象。最后我又回到年轻时的题目：大自然究竟有没有美？现在还没有哪一种美学理论解释得清楚。我还要继续研究，接下来可能还要继续写文章。

魏沛娜：杨晦、朱光潜、宗白华、王朝闻几位先生对您各有怎样的影响？

胡经之：那时，北大和全国所有大学一样，没有开任何美学课程，只有一门《文学概论》，在中文系开设，授课教授是系主任杨晦。我入学后上的第一堂课就是《文学概论》，而且，我是这门课的课代表，从此开始了我和晦师三十多年的交往。杨晦谈文学，向来不从现成的抽象理论出发，而是从他自己对文学现象的分析理解出发。那时，苏式理论还没有在讲堂上出现，《文学概论》既没有教材，又无统一的教学大纲，全凭杨晦说自己的文学体会。他从文学现象本身的事实出发，分析文学和文章的异同，区分以语言塑造形象的艺术以及使用语言本身的艺术，文学创作的不同方法现实主义和浪漫主义有什么特点。特别是，他后来说到文学和社会的关系时，又提到了他在《文艺与社会》（1947）中所用的比喻：文艺好比地球，社会好比太阳，地球围绕太阳旋转，又有自身的旋转，文艺也就既有公转律，又有自转律，文艺就要把他律和自律统一起来。这一比喻给我极大的启发，为我以后从美学上研究文学艺术提供了一个重要视角。他考察文学，先从分析现象入手，经过理论分析，最后又要回到事实上来，这种方法也吸引了我，受益匪浅。后来我听苏联专家毕达可夫讲《文艺学引论》，到中国人民大学马列主义研究班听哲学课，它们的一个共同特点，都是从既定概念出发，推演出抽象理论，生产力—生产关系，经济基础—上层建筑，再推演出各种意识形式：科学、道德、艺术、宗教等。这里只有公转律，却无自转律，可文学艺术究竟为何物，还是不知所云。所以，当了半年马列主义研究生，在1956年杨晦开始首次招收文艺学副博士研究生时，我还是赶快回到杨晦门下，有四年时光专心致志地研究文艺学。

文学艺术是社会的一种复杂现象，应该而且可以从不同的视角来加以审视，哲学的、社会的、心理学的研究方法都可以运用。我读过朱光潜的《诗论》，他从美学角度解读古典诗词，很吸引人。听说朱光潜在北大，尽管他并不开课，我在进北大当年冬天就到他家里拜访，后来在燕东园又成了多年邻居，请教的机缘更多。入北大第二年，1953年初春，我又在未名湖认识了常来散步的宗白华。这位从常熟出来的吴中老乡，因院系调整从南京大学调入北大哲学系作中国思想史研究，虽然不教美学了，但一交谈就又谈到美学上去，由此我读了他过去所写的美学、文艺学著作。结果，我对宗白华的美学发生了浓厚兴趣，觉得他对美的阐释，较符合实际，我的审美体验和他比较接近。1957年春，学界争论美究竟是主观的还是客观的，高尔泰《论美》力主美是主观的，乃人的主观判断。宗白华提出质疑，并阐明自己的看法："当我们欣赏一个美的对象的时候，比如我们说'这朵花是美的'，这话的含义，是肯定了这朵花具有美的特性、价值。"后来，他在《美从何处寻》一文中说："美有艺术的美，自然的美。从美的客观存在来说，是不依意志为转移的。美的对象（人生的、社会的、自然的），这美，对于你是客观存在。专心在心内搜寻是达不到美的踪迹的。美的踪迹要到自然、人生、社会的具体形象里去找。"我很赞同他的见解，说得投机，话语自然也多了起来。我们之间，常可以作自由的、随意的、放松的交谈。

在北大期间，我还和另两位美学家蔡仪、王朝闻有了学术交往。蔡仪是我导师杨晦的好友，在沉钟社时就交往密切。北大文学研究所成立时，所长郑振铎、何其芳把蔡仪从中央美术学院调来创建美学组，就住在燕东园，和杨晦邻居，我也就得以认识了，并读了他的《新美学》《新艺术论》。他也是从美学观点来阐释文学艺术，突出了文学艺术要创造典型，很有道理。但他把美归结为物种的典型，尚缺乏足够的说服力。王朝闻原在中央美术学院，后到中国艺术研究院，是新中国第一本《美学概论》的主编。在《美学概论》编写期间，几乎天天见面，晚饭后就常去颐和园漫步聊天。王朝闻谈笑风生，诙谐幽默，有说不完的话，面对什么人、物、事，他都能做出美学的评析。他的审美感、艺术感之敏锐，实在惊人，使我敬佩得五体投地。对于曾经热衷于美究竟是主观的还是客观的争论，他兴趣不大，因为这解决不了文学艺术创作中的复杂现象。这话说到我的心坎上了，使我永远不忘。后来，我主编《文艺美学论丛》（每年一辑），就请了王朝闻、宗白华两位师长当顾问，王朝闻主编《艺术美学丛书》，他邀我为编委。我到深圳大学之后，第一位请来讲学的，就是王朝闻。深圳市成立美学学会，选我当会长，我立即聘请王朝闻为名誉会长。

魏沛娜：文艺美学在 20 世纪 80 年代是一门新学科，当时您赋予了这门学科怎样的内涵？

胡经之：我当时提倡两个东西：比较文艺学和文艺美学。文艺美学是一门新学科，以前美学和文艺学各说各的，文艺学的重心是讲文艺怎么为政治服务，所有的理论都是围绕为政治服务展开，政治性很强。文艺确能也应该为政治服务，但文学艺术还有其审美作用。文学艺术有它自己独立的作用，可以为政治服务，也可以为其他方面服务，比如塑造人格精神世界，亦可以给人美的享受。我不反对从政治学、社会学、心理学来研究文学艺术，但不能缺少美学，而且比起其他艺术形式，文学艺术的审美作用更大。我在 1960 年完成了副博士学位论文《古典作品为何至今还有艺术魅力》，阐明了古典文学之所以至今还有艺术魅力，就是因为其中具有真善美。文学艺术要追求真善美。1984 年我在中华全国美学学会成立大会上，提出应发展文艺美学。要建设和发展文艺美学，当然要立足于中国的现实和传统，但外国的东西我们也要学习，但是要把中国的跟外国的进行比较研究，这就是"国际视野，中国情怀"。

魏沛娜：1984 年春，您来到深圳以后，最明显的就是倡导文化美学。从文艺美学到文化美学，经历了一种怎样的思考？

胡经之：来到深圳以后，我可以自由出入于香港，每年还能经由香港到海外作文化交流。从封闭到开放，许多新的文化现象一下就纷纷涌现在我面前。继金庸武侠小说之后，琼瑶的言情小说，亦舒的激情小说，梁凤仪的财经小说，纷至沓来，应接不暇，我惊异爱情还能这样写！邓丽君、梅艳芳、蔡琴等多种别开生面的歌唱，给我的也是别一种新的审美体验。香港大学、香港中文大学的学友告诉我：大众文化已成香港文化的主流，精英文化只在边缘。这使我大吃一惊，怎么会？等我在钱穆创建的新亚书院住过一阵之后，我才相信，在香港这世俗社会中，大众文化确成主流。但我立即发现，在高等学府里，精英文化绝对主宰讲台，而文化精英不仅待遇极好，而且社会地位很高，如饶宗颐、金耀基等都极受人尊敬。而香港的作家、艺术家的社会地位比起学者、教授来相差甚远，真可说是望尘莫及。获得成功的那些娱乐明星，会有许多痴迷崇拜者，但在学者、教授面前也不敢趾高气扬，自我炫耀。深圳受港台的大众文化影响最早，那时兴起的歌舞厅，从香港过来表演的艺人最多。更重要的，那时深圳的电视，竟是香港的传播占主位，一开就是香港节目。香港有一个台，每天晚上都要连续播放两场奥斯卡金像奖得奖电影，，还有一个台则常放香港的搞笑表演和香港歌舞。一洋一土，使我的文化视野一下扩展，我在那几年，连续观看了百部左右国外电影，真是开了眼界。不久，港台之风也吹到内地，我们的大众文化随之亦风起云涌，蔚为奇观。在这里，生活的审美化也开始得早。深圳本是个边陲小镇，才两万多人，沿袭的是岭南文化习俗。我来时，移民潮刚开始，外来人不断涌入，但在 80 年代末大家不知道深圳的前途如何，一下又纷纷回到老家去，一到年底，这里几乎又成空城，街上见不到行人。等到邓小平二次视察南方，深圳缓过气来，外来人又蜂拥而来，城市建设飞速发展，高楼大厦遍地而起。住在这现代化的居所，生活怎么现代化啊？大约在 90 年代中期，生活审美化的追求在深圳悄然兴起，蔚为潮流，这，我是亲身感受到了。新出现的种种文化现象，向美学提出了新的问题，超出了文艺美学的视域，美学应如何面对？香港中文大学的美学教授王建元博士，坦率地对我说，迪士尼乐园已马上在香港兴建，他要转向，以后就要研究这种新文化现象了。这位在台湾以研究"雄浑""崇高"著名的美学家，实际上要转向文化研究了。但另一位朋友刘昌元教授却不以为然，不想转向，仍要继续他的美学沉思，研究哲学美学。我则以为，美学要面向现实，仍可有所作为，应及时提出：走向文化美学。我鼓动文学院院长郁龙余教授，深圳大学应及早组织一套"文化美学丛书"，推进文化美学的建设。就在 21 世纪初，我为"文化美学丛书"写了一篇总序，就叫：《走向文化美学》，最早发表在广州的《学术研究》上。我既不像当时有些人文学者一律否定大众文化，又不把大众文化抬得太高，那是提倡要对大众文化作价值分析，其中既有真善美，但也有假恶丑，所以需要发展文化美学。

也就是说，接触了很多国际文化现象之后，我才觉得我们要面向现实，面向大众文化，应该把我们的视野从文学扩展到文化。换言之，精英文化要研究，大众文化也要研究，然后才能促使主流文化的发展。20世纪80年代，深圳就提出要向国际化城市的方向发展，1988年，我率先将深圳大学中文系拓展成国际文化系。这在全国是首创，《光明日报》还头版作了报道。深圳大学的很多学院都是在这个基础上产生的。传播学院的前身是成立于1985年的深圳大学大众传播系，国际交流学院是从中文系里的对外汉语专业发展而来的。国际文化系成为深圳大学学科的增长点。那时深圳大学文科只有中文系、外语系。现在的文学院又拓展为文史哲。

需要注意的是，文化美学并不是要否定文艺美学。文艺美学对文学艺术还要做深入研究，但我认为不能只停留在文学艺术，应该有更宽的视野。文学艺术在文化里是比较核心的部分。后来，深圳成立了文艺评论家协会，我必须思考深圳的问题，必须面向深圳的现实，跟深圳的文化建设相结合。所以，我当深圳文艺评论家协会主席的时候，我都要求深圳的文学艺术家们应联系深圳的现实来创作、研究。当时，文化研究已经兴起，我希望把大众文化、精英文化、主流文化做综合研究。实际上，我的文化美学思想是：大众文化是一块，精英文化不能丢，主流文化走前列，三者协调发展，良性互动。要有不同层次的文化互动，只有这样，才能使中国文化良性发展。没有不同层次的文化互动，就会走向单一化。

魏沛娜：您和乐黛云先生在1984年创办了深圳大学（后简称深大）中文系，刚开始是否已有较系统的创办思路，还是直接就把北大的上课模式复制在深大？

胡经之：20世纪80年代初办深圳大学时，钱穆的儿子钱逊就向时任清华大学副校长、深圳大学首任校长张维院士推荐了我、汤一介和乐黛云，创办深圳大学中文系和国学研究所。我们的工作方式是半年在深圳，半年在北大，这样就可以兼顾北大和深大。之所以请我们到深圳，张维讲得很清楚，是要让汤一介搞国学，但不能成立系，于是成立国学研究所。中文系由我和乐黛云创办。张维明确讲要发展新兴学科，比较文学是新兴学科，当时乐黛云还在美国研究比较文学，所以希望她回来搞。当时，我也提倡比较文艺学和文艺美学，路子较宽。我们确实也是这样干的，把比较文学抬得很重要。说实话，最初几年基本上是把北大的课照搬到深圳。因为我们还没有对深圳的情况做深入研究，反正北大开什么课，在深圳就上现成的，把北大的老师请到深圳再讲，同时我们又在深大培育新人。我和乐黛云轮流来深圳半年。我们招的研究生在北大，也可以带到深圳，还允许我们带年轻教师到深大。章必功、郁龙余、景海峰、刘小枫都是从北大来的年轻学者。

魏沛娜：汤一介和乐黛云两位先生后来都没留在深大，而您选择在此定居。可以谈谈原因吗？

胡经之：一开始，我还没下决心要在深圳停留下来。那三年，飞来飞去，我最终感觉到深圳这个地方好。我已经到了 50 多岁的年纪，我认为深圳的整体条件适合我居住。我在北京待了 30 多年，对北京的气候和生活一直不太适应。北京的气候不好，生活不好，唯一就是搞学术好。张维院士劝我留在深大，深大要大力发展人文学科，大有可为，希望我担任全校的学术委员会副主任、人文社会科学委员会主任，推动人文学科的发展。我已在深大试验了 3 年，觉得深大的学术虽不比北大，但在深大搞学术也还有些好的条件。很多研究是我在北大开始撰写，然后在深圳整理定稿。比如，我在北大上文艺美学，带研究生，出的书基本上是在讲义的基础上进行归纳，实际上这些工作是到深圳做的。因为深圳条件好，在深圳不用花很多精力在别的地方，可以集中精力搞学术。我也不参加很多活动，平时看香港电视，别的时间都搞学问，所以我的《文艺美学》《西方文艺理论名著教程》《文艺学美学方法论》等都是在深圳定稿的。

到了 60 岁，我本来可以退休了，但 1993 年，国务院学位委员会通过了我为深大建校以来自行产生的第一位博士生导师，不能就此退休，就由此而延长了 11 年，培养了 10 届文艺美学博士生，到 71 岁才退休。

魏沛娜：但是也有不少学者认为，深圳的环境氛围并不适合做人文学术研究。不知您是怎么看的？

胡经之：我刚来深圳的那一年，陈平原到北大读博士，是王瑶的第一届博士生。我跟陈平原的老师吴宏聪相熟，陈平原来北大时，他告知我他要研究清末民初的文学，即近代文学，我说研究这一段文学史当然要到北京，资料好找，正适合他在这里做学问。但我告诉他，我却要到他老家那里去了。我搞的学问在北京可以做，在广州也可以做，但其实讲这话心里没底，毕竟能不能搞，我也不知道。我从事的学术研究跟陈平原不同，近代文学研究要靠资料，我的研究不需要太多古典文献。经过这么多年，我体会了深圳还是能够搞学问，但最适合搞的学问是"新精尖"、面向现实的学问。像汤一介试了三年，就觉得在深圳研究国学，不如回北京。

简言之，研究国际交流的新问题，深圳最好。我就要盯住深圳出现的新问题、疑难问题，因为变化太快，深圳出现的问题对全国有意义。先在深圳出现，过几年在内地其他城市也出现了，大众文化是这样，环境问题也是如此。所以，到了 90 年代，我的学术重心已不是搞"大洋古"（即大项目、西方的、古典的），而是面向现实的新问题。我的学术事业是"国际视野，深圳情怀"，解决的应是现实问题，希望把这三者统一起来。

魏沛娜：2015 年皇皇五卷本的《胡经之文集》出版，您主要的学术精华都收录在其中。在整理这套文集的过程中，还融进您哪些新的思考？

胡经之：最近这一年，文艺界普遍讨论和研究习近平在文艺工作座谈会上的讲话，这成为我们中国文艺发展的方向。我很赞同习近平主席提出的一些问题，比如他提到文学艺术的永久价值即真善美，文学艺术就是应该追求真善美，真善美是人类追求的共同目标。现在复旦大学和中山大学分别要出版我的选集，在序里我把这个问题作了进一步发挥：我们人类的终极目标就是追求真善美，人要真善美，世界也要真善美。文学艺术应该发现自然美，应该挖掘提升精神美，还有信仰的美。以前从来没有对文艺提出过这么高的要求，我认为它应该成为今后文艺发展的坚定方向。

当然，除了追求真善美，我们还要批判鞭挞假恶丑，因为现实生活中还存在大量的假恶丑。我们现在的文学艺术出现的问题是：价值导向趋向虚无主义，否定价值追求，甚至把世界和人生中出现的假恶丑现象奉为珍宝，这就违反了时代发展方向。我提倡文艺美学应该和文艺评论紧密结合，使它产生实际效果。美学就是研究文艺评论的标准。

魏沛娜：您很强调文艺理论要观照当下的发展，让现实不断激发理论的活力，使文艺美学保持鲜活的力量。

胡经之：我也不是脱离兴趣来搞文艺美学，前半生我一直在北大，从前辈学者那里我就发现了这个问题，前辈学者没有把文艺理论跟美学密切结合起来。朱光潜先生研究文艺心理学，但当时整个文艺理论界并不重视，讲来讲去都是文艺为政治服务。我并不否定文艺要为政治服务，但是要用特殊的方式来为政治服务，那就是审美。过去我的文艺美学主要停留在大学讲堂，后来我高兴地发现，《文艺美学》有一节被收进了高中语文课本，那就说明文艺美学慢慢地走向中学误堂了。我现在更希望文艺美学走向社会，走向文艺批评，和文艺批评结合起来，这是我的希望，我自己在做这方面的努力。我要让美学批评介入文坛。总之，很高兴我的文艺美学从"大学讲堂"到了中学课本，向中学生普及了。

这套文集的前三卷是"坐而论道"，但从第四卷《文化美学》开始，就面向深圳的现实，面向世界产生的大众文化现实。对大众文化现在有两种态度，一种是否定，另一种是吹捧。我提倡文化美学，文化也要做美学分析，不能简单一语概括，非黑即白。我对大众文化还是肯定的，但大众文化中也有很多是不符合真善美的。

魏沛娜：您一直在关注着深圳的文化艺术，此次文集第四卷《文化美学》中的文化评论很多是针对深圳文化现象而发的。可以谈谈您对目前"深圳学派"建设的看法吗？

胡经之：前三卷收录的还是"大洋古"，不能代表"深圳学派"，第四卷可以，好像深圳学者还没有谈过这些。我深深地热爱深圳，深圳的成就真是举世无双。古人说，爱而知其丑。正因我热爱深圳，所以也关注到了它在发展中的一些不足，比如人文精神的淡薄、环境质量的破坏等。作为一个学者，我在十年前就关注并提出该看法。"深圳学派"如果不讨论深圳问题，是成不了"深圳学派"的。深圳的问题很有典型性，深圳产生的问题，国内其他地方很快也会产生。

魏沛娜：北大和深圳是您一生中两个最重要的地理坐标。是否可以这样说，以北大为经，以为深圳为纬，构成了您的文艺美学研究版图？

胡经之：我到深圳来以后变化很大。我在北大实现了"读万卷书"，到深圳是实践了"行万里路"，所以我总是要感恩北大，感恩深圳，感恩时代，北大和深圳两者结合就产生了"国际视野，深圳情怀"。我和汤一介等把北大的学术精神带到深圳，我又在深圳的创业实践中学到了深圳的创新精神，努力想把两种精神融会贯通。

在深圳，我研究文艺美学，用文艺美学的一些原理来评价深圳的文学艺术和总结深圳文艺发展的道路。我刚来深圳时，市里邀请我当文联主席，我推脱说我是一个教书匠，当不了，我还是愿意教书。后来，还是选我兼职深圳作家协会主席。20 年前，我又参与创建了深圳文艺评论家协会，参加了深圳的文艺实践。在深圳，实际上我参与了文艺评论，全程经历了深圳文学艺术发展的历程。我还尝试把文化研究和文艺评论相结合，对经济特区文艺的发展道路做些理论探索。在深圳文艺评论家协会成立十周年之际，我和时任文联主席董小明共同主编了《深圳文艺理论批评丛书》多卷，我为丛书写了序文《文艺评论求创新》，突出了文艺评论和文艺创作的相互作用，共同要为实现真善美的终极目标而全力奋斗。因此，我有了"国际视野"和"深圳情怀"。我可以一直做文艺美学研究，我的文艺评论始终保持着从美学的角度来评论。我强调文学艺术也应该按照美的规律来创造。

魏沛娜：您现在还经常读书写作吗？

胡经之：一般文章我是不想写了，我已经 82 岁了。但我始终密切关注中国的美学和文艺学的发展，不断看各种书籍和文章，有新书出版我就买来看。我关注这个民族的文化积累到了什么高度，以后怎样跨越这个高度。可能教书匠就是这样子，总想弄明白我们的文化学术已发展到了什么样的高度，好让后人站在巨人的肩膀上更上层楼，不要从零开始。我喜欢解决疑难问题，在美学方面我自己还有困惑的，我还要钻研，到时可能会写文章，提出我的看法。

魏沛娜：在我们很多人看来，您的一生活得真"美"。究竟如何才能让学问与生命融为一体？

胡经之：对于人生来讲，美学的维度是不可缺少的。我老是讲，人生在世，一要生存，二要发展，三要完善。人首先要活得了，其次要活得好，最后要活得美，这是我从自己的人生归结出来的。所以，文艺美学不仅是对艺术起推动作用，对人格和人生的建构也同样起作用，概言之就是"人的建构"。

美学不单是对别人讲，是"为人之学"，还是"为己之学"。怎样造就自己的学问？怎样使自己也能够按照美的规律来生活和待人？美的规律是根本的，是马克思一直强调的。在我们这个世界上，既有自然规律，又有社会规律，还有人文规律。美的规律乃人文规律，是连接自然规律和社会规律的中介、桥梁。人生追求美的境界，美的境界就是天地人融合为一体，实现和谐一致、动态平衡。所以，我常讲，适者生存，也就是要活得了；善者优存，为善者能够在世界比较优裕地生存；美者乐存，即孔子所说的"好之者不如乐之者"。所以，我读书会跟自己的人生体验结合起来。

我倡导文艺美学，美学界以为我在排斥哲学美学，像黑格尔一样，把美学只归结为艺术哲学。其实不然，正是因为我心目中把美学的范围看得很广泛，人的一生，面对自然、社会、心灵，都会产生审美体验，而不仅仅只对艺术审美，所以我把对艺术的美学研究称之为文艺美学，以区别于自然美学、文化美学、科学美学等。我只是从文艺美学入门，然后才扩展到文化美学，进而关注自然美学。

我的美学研究路径是如此，但我一生的审美路径却正好是倒过来的：先是对江南的自然风光发生兴趣，然后注目于江南民俗文化，面对文学艺术的审美又在其后，那是中学时代了，所以我才考了北大中文系，跨入了对文学艺术作美学研究之门。但我对文化美学、自然美学却一直念念不忘，只是还未曾来得及进入。

反思我的美学道路，走的是人生美学之路。美学产生于对人生的审美反思，审美贯穿于人的一生之中，促进人生向更高的水平提升，追求美好的人生。回顾我的美学人生，真善美是毕生的价值目标。归纳起来，我的美学是：人生美学、价值美学、体验美学的统一。

附录：胡经之学术小传

胡经之，1933年生于江苏无锡。早年参加进步学生运动，1952年考入北京大学中文系。在校三十余载，由本科生、副博士研究生、助教、讲师、副教授而教授。师从杨晦攻文艺学，又随朱光潜、宗白华、蔡仪习美学，致力熔文艺学和美学为一炉，倡导文艺美学。

1984年，应深圳大学校长张维之邀，和汤一介、乐黛云共同参与创办中文系，后又任国际文化系主任、特区文化研究所所长，为深圳大学创校后经国务院学位委员会通过的首位博士生导师。在深圳大学多年担任学术委员会副主任、人文社会科学委员会主任，是深圳第一位被授予"广东省优秀社会科学家"称号的人文学者。先后被推举为深圳市作家协会主席、深圳市文艺评论家协会主席、深圳市文联副主席、广东省美学学会会长、广东省比较文学研究会会长，以及中国文艺理论学会、中外文艺理论学会的副会长，中华美学学会常务理事等。至今仍潜心美学，笔耕未辍，并担任深圳大学美学与文艺批评研究院顾问。先后出版了《文艺美学》、《西方二十世纪文论史》、《文艺美学论》、《胡经之文丛》（五卷本）、《中国古典文艺学》等著作，主编《西方文艺理论名著教程》（高校教材）、《文艺学美学方法论》、《中国古典美学丛编》、《中国现代美学丛编》、《中国古典文艺学丛编》等。

儒学复兴未有穷期

——景海峰访谈录

受访者：景海峰
采访者：夏和顺
时　　间：2015 年 12 月 21 日上午
地　　点：深圳大学文学院办公室

夏和顺：您 1985 年即来到深圳大学任教，到如今已逾 30 年。您刚到深圳的时候深圳大学刚刚创办，而深圳经济特区也还在草创阶段。您刚来时工作和生活有什么感受？这座城市对您的治学经历有何影响？

景海峰：深圳是一座移民城市，始终给人一种欣欣向荣的感觉，变化也比较急遽，可以说是中国改革开放几十年的缩影，它的思想观念对我的学术生活的影响还是挺大的。在这里你能捕捉到的新鲜感觉，是一些老的城市不能给你的。另外，深圳也是一座多元化的城市，它的居民、它的学术机构包括深圳大学的学人来自五湖四海、四面八方，大家的思想可以得到互相激发和启示。还有，深圳毗邻香港，地缘优势使它对外部思想和信息接受得更快，面更宽广，这就是它的先锋性和前沿性。我想这些方面对我的影响是比较突出的。

夏和顺：深圳这座中国最年轻也最具活力的城市，曾被称为"文化沙漠"，它的学术研究更是从零起步，因为以前没有高校，没有科研机构。我注意到，您的两部专著《中国哲学的现代诠释》和《熊十力哲学研究》连续获得第四、第五届深圳市哲学社会科学优秀成果一等奖。您对深圳学术界的现状有何评价？

景海峰：我觉得深圳的学术地位正在慢慢地提高。人文学科的学术积累非常重要，它跟科技和应用型的社会科学研究不太一样，需要传承和代际的积累，要有一个过程。从文史哲领域，包括我的专业来讲，这些年也在积累，在成长。但总体来说，它在全国学术版图中的分量和地位还是不够，与深圳的经济分量远远不相称。社会科学的某些研究领域，深圳因为其区域的独特性，可能在全国有比较大的影响和比较高的关注度，但传统的研究，大家普遍都在做的学术领域，其水平的提升还有待时日。另外，深圳的高校和科研机构的数量、学术人才的积累与这座城市的经济发展水平也远远不能相称，亟待增加和提高。

夏和顺：一个学派或者学术群体的形成，需要有领军人物，更需要有一支成梯次建置的学术队伍，所谓深圳学派，当然也不能例外。在这方面，深圳大学文学院和国学研究所已经取得了显著成绩，对此您有何心得？

景海峰：我们是做了一些事情，但因为平台有限，学术力量也有限，目前还不能说形成多大的气候，只是在某些小的领域得到全国学界的认可和关注，比如中国哲学和传统文化的研究。但在整个大的范围我们还欠缺多多，因为有很多边际和附属的东西我们还不具备，比如体制内的身份认可问题、博士学位授予权的问题、国学所的资源和职位问题等，相关的条件我们远远不够。国学研究所只是深圳大学的重点基地，国家、省部级的大的平台和身份，后续力量的配备我们都还没有，人员的组成也不够，因此受到严重制约。我们也在着意建立学术梯队，培养可持续发展的力量。

夏和顺：所谓"新儒学"，是以接续儒学"道统"为己任，服膺宋明理学，力图客观而同情地理解传统儒学，并以此为基础来吸纳融合西学，以谋求中国文化和中国社会的现代化出路的一个学术思想流派。新儒学产生于 20 世纪 20 年代，北京大学是发祥地。您在北京大学攻读硕士学位时，是否感受到这种历史氛围？您从汤一介先生研究中国哲学史，师承对您的学术道路有何影响？

景海峰：谱系和师承的概念以前并不强，20 世纪 90 年代以后才慢慢有了。我本科毕业论文是汤一介先生指导的，到快答辩时由朱伯昆先生接手，是他们两个人带的，而研究生是从学于汤先生。北大中国哲学史的几位老师各有特点，在那几代学人中都是比较突出的。除了汤一介、朱伯昆二位先生，张岱年先生、邓艾民先生、楼宇烈先生、许抗生先生等，开的课属于不同领域，有儒家、有道家，还有佛教。

我研究熊十力、梁漱溟等人时，还没有"新儒家"的概念。这个学派直到 20 世纪 80 年代的后期才逐渐形成。我觉得梁漱溟、熊十力他们几个是新文化运动中成长起来的思想家，之前像康有为的学说也受到西方思潮的影响，有一些西学的内容，包括晚清的很多人物，都接受西学，也有些中西糅合的色彩，但还是传统的余绪。而熊、梁等人，则完全是在现代学术格局之下出现的，是真正的"新"，所以我觉得差别挺大。

我跟北大的传统是有关联性的，主要是研究的领域和思考的问题都有延续性。汤一介先生 1984 年到深圳大学创办国学研究所，他的夫人乐黛云是中文系主任。因为办学，乐先生要管许多具体的事，从 1984 年到 1988 年，每年一个学期在北大，一个学期在深大。而汤先生的国学所是研究机构，相对事少些，再加上那时中国文化书院也刚刚创办，汤先生的主要精力仍放在北京。

汤先生的治学风格和做人做事都对我有很大影响。他有家学的根基，其父汤用彤先生是研究佛教和魏晋玄学的。汤先生开始是帮父亲做这方面的事，对道教、玄学和佛教研究得多一些，20 世纪 80 年代后期才转向儒学。他最早在北大带的学生有两批，集中在中国近现代哲学和道教史方面，后来才偏向儒学史。我便是较早研究近现代哲学的。汤先生出生于 1927 年，而张岱年先生出生于 1909 年，要长一辈。那时张先生也在给研究生上课，我就选过他的中国哲学史史料学等课。朱先生、汤先生、楼先生是当时北大中哲的主力，他们的课我都选过。

夏和顺：您的研究领域是中国哲学史和儒学。梁漱溟先生在新的历史条件和知识条件下考察、比较中西文化，重述儒家人生观及其价值，进而对儒家文化的地位和未来前途做出新的论证，他被推为现代新儒学的开山者。对新儒家的代表人物，刘述先先生提出了"三代四群"的架构，其中第三代第四群是余英时、刘述先、成中英和杜维明。笔者采访成中英先生时，他认为第四代甚至第五代已经出现，其中第四代是陈来、杨国荣、林安悟等。您对您本人在中国哲学史和儒学研究领域的地位如何评价？

景海峰：这跟学校的历史和在全国的地位有关，北京大学、复旦大学、武汉大学等老学校力量比较雄厚，它的师承和研究的积累非常丰厚。而深圳大学毕竟是一所新学校，与比我年长或同辈的学者相比，我存在缺环。关于四代、五代的提法，学界众说纷纭，社会上也有各种看法。比较成熟的还是"三代四群"说，杜维明、刘述先、成中英之后，学界新崛起的比较活跃的人物应该处于什么位置，他们相互之间的关系以及代际传承等问题，还不是个有共识的话题，你刚才说的可能是成先生自己的看法。目前学术界比较拔尖的人物，比如陈来、郭齐勇、杨国荣取得的成绩大家有目共睹，但也仅此而已，在形成"三代四群"的接续方面就很难讲。假如郭齐勇有一个脉绪的感觉还说得过去，那杨国荣就跟上述有很大的区别，不能按这个线索来划。我的研究领域、学术取向跟"三代四群"稍微接近一些，因为我不是完全按照西方哲学的研究模式，而是偏传统、偏儒学方面，但也仅此而已。

夏和顺："三代四群"里还涉及一个问题，那就是儒学研究重心的转移。第三代第四群学者全部在海外，但大家能够认同的第四代或第五代学者则大多集中在大陆，这个问题您怎么看？

景海峰：这是一种现实，这个变化也是大家有目共睹的。

1949 年以后，儒学或传统文化在大陆只是一些边缘的材料式研究，属于古籍整理之类，其思想阐发也是根据"两个对子"（指唯物主义与唯心主义、辩证法与形而上学——笔者注）、阶级斗争等。根据马克思主义原理来讲，它的独立身份实际上已不复存在，跟外界也没有交流，只是在自己设定的圈子里面，有很多僵化和教条的东西，很难说有什么成就。而民国时期的儒学传统和研究方式在海外得到了延续，包括港台和留美的那批人，因为他们有中西文化交流的得天独厚的条件，从唐君毅、牟宗三到杜维明、刘述先这几代人，可能对世界有更多的接触和感知，与国际学术界的前沿有一种衔接感，这就形成了港台海外儒学勃兴和我们的研究断裂的反差。

改革开放之后，情况有了很大变化，处于一种重新洗牌的过程中，一方面是大陆与港台之间的交流，另一方面是国内与国际的交流，而且思想与学术的碰撞与交融进一步深化。所以说，20世纪50～80年代儒学研究的重心是在港台地区及海外，杜维明、余英时等有比第二代视野更宽阔的条件，做出的成绩以及在国际学术界的影响也更大。20世纪80年代以后，随着大陆传统学术的复苏，研究的规模和人数比港台、国外要多得多，而且大陆有着充分的文献资料的积累。一旦原来"左"的、僵化的、教条的禁锢被打破，便显现出一种内发的力量，因此在短短的几十年间，大陆儒学研究有遍地开花的感觉，而且层面也丰富多彩，除了高校和科研机构外，还有大量各种领域、各种身份的学者，因此，儒学研究重心的转移是一种必然的趋势。

夏和顺：儒家文化被认为是中国文化的正统。但儒家文化与释家、道家之间有冲突也有融合，特别是新儒家。梁漱溟就是一个明显的例证，他在北大讲课，开始讲的就是唯识论。应该怎样认识儒学与释、道之间的关系？

景海峰：传统文化讲的是三统：道统、政统和学统，尤其是宋明以后，这是主流的话语形式，我最近有一篇文章专门讲这个问题。宋明理学形成了三统融合的整体结构，以道统观作为主导，以道统来评价所有的学术和政治，包括学统建构、谱系梳理都建立在道统观念的基础之上。现在大家也在讲三统问题，包括"合法性"追问，对传统文化或继承，或批判，或发展，都包含有一个统绪的意识。在经学时代，儒家文化是所有学问的主脑，不光是思想，在生活世界里也形成一种很大的惯性，念书人都是一步步按照儒家的东西来走，包括出仕之后的政治理念。

释、道的问题比较复杂，虽然宋儒"辟佛老，明仁义"，排斥佛教、道教，但唐代即有三教合一的提法，宋明以后儒、释、道更是高度融合，在表面态度上可能有些变化和起伏，但从学术思想的内里来讲，儒、释、道是处于不断融合和调适的状态之中。儒家代表人物为了显示其思想的纯正性，当然要高举"辟佛老"的旗帜，但从思想资源来说却是不断地寻求融合。佛教、道教更是如此，从儒家思想中吸收了大量的养分，因为它们也要充分利用中国传统的共有性资源，佛教的中国化就是把儒家思想不断吸收到它的系统里面的过程。

到了现代，这个问题就变得更加复杂，与以儒为正统或者三教合流的时代完全不一样了，所有传统文化作为历史的遗产都要接受现代性的挑战、批判和洗礼。释、道如此，因为它们是宗教，在新文化运动中遭受到毁灭性打击，而儒家也未能幸免于难，同样面临灭顶之灾。因此，传统文化都经历过被重新审视的过程，儒家的正统地位不复存在，这是跟传统社会不一样的地方。儒学研究也有另起炉灶的意味，在现代的文化形态中，儒学在身份上反而与其他思想有了一种平等性。另外，在复兴的过程中，它的排他性肯定跟传统社会的情形是不一样的，它不会张扬宋明时代"辟佛老"的精神，难兄难弟，相煎无据。因为现代文化本身就是多元的，即便是像梁漱溟这样的代表人物，所谓"最后的儒家"，他的思想体系里对其他文化也是一视同仁的，不会以排斥的心态来对待释、道。后续的学者，我想都应该是如此。当然，今天为了强化儒家的身份或色彩，有些人会强调他的新儒家身份，但对其他的文化资源仍然会平等地去吸纳。

夏和顺：孔子不语怪、力、乱、神，而传统宗教基本都是有神论，因此儒学不是严格意义的宗教。近代以降，为了抵抗西方宗教势力，中国有学人扛起孔教大旗，结果似乎不尽如人意。应该怎样理解儒学与宗教之间的关系？

景海峰：这是一百多年来一直在论辩的话题。民国初年，康有为、陈焕章等人打出孔教旗号，也是在西方文化的强势逼迫之下的举措，好像显得很保守，但实际上是在效法西人，它的观念和组织形式都是在模仿西方的宗教，但结果很不成功，没有对一百多年来的文化形成很大影响。今天又有人想走这个路子，希望复活这个方式，但到底有什么新意，或者与民国初年的孔教活动有什么不同，我觉得还有待观察。

至于学界讨论的关于儒家的身份问题，跟对宗教的理解有关系。西学东渐以后，我们对宗教形态的理解基本上是受西方，特别是近代科学兴起以后局面的影响，很多话题、判断和思想论域都跟这个背景有关。五四时代认为宗教是属于负面的东西，要以科学、美学、哲学等取而代之，宗教是需要被置换掉的内容。而那个宗教就是传统的信仰体系和价值系统，佛教、道教当然在里面，儒家作为安身立命的信仰形式，实际上也包含在这个要被打倒的系统之中。学界后来有很多论辩，关于儒家是不是宗教，这成为一个长久的话题。从现代学术研究的眼界来看，或者按照西方的标准来讲，儒家肯定不是宗教，因为宗教的很多要素它并不具备，这可能是大多数学者的看法。但我们又不能简单地以宗教的标准来硬套儒家，正像牟宗三、杜维明等人的分析，儒家是具有宗教性的，它包含宗教的某些因素，可以发挥宗教的角色功能。由此来探讨儒家和宗教的关系，到底哪些是中国文化传统里所独有的东西，这个思路似乎比较合乎现实。如果你硬要说儒家就是宗教，这会引来很多问题，而这些问题是说不清楚的。

夏和顺：儒在中国传统上，不仅是一门学术，更是一种生活方式。儒学复兴运动中，有人提出质疑，认为儒学学者与传统的儒者形象不能吻合。您认为应该如何看待道德重建与儒学研究的矛盾？

景海峰：如果按照传统的价值模式，就应该知行合一，做人与为学应该有高度的融合性。但是进入现代社会以后，学问的形态和社会环境已经有了翻天覆地的变化，如果再简单拿过去的标准和理念来看，就会有错位的感觉，发生很多错置。社会形态和结构变化之后，学者的角色和身份、所发挥的社会功能跟传统的士人不一样了，如果不承认这个巨大的差异，直接就说合一的问题，便会产生错置的乖谬。当然在我们传统的记忆中，对儒学学者的身份有一种期待和联想，要求保持那种东西，比其他知识和学问的色彩要浓一些，这也有它的合理性。这也是对传统的学问方式与状态的一种期待和渴望，但这往往跟现代社会很难融合。

这个问题比较复杂，汤一介先生去世后，我写了一篇纪念文章，叫

《汤一介先生的学术与时代精神》，最后一个大话题就是说他是我们这个时代的君子儒。这实际上也是整个知识阶层的一个困惑，如果完全按照西式标准就不会有这个困惑，因为它只要求按公民或现代法人的标准去做就行了，符合职业的契约和操守就可以，但中国传统文化里有浓厚的道德色彩，尤其是儒家文化。

夏和顺：我们在评价一个学人的时候，应该偏重他的学术价值，还是偏重他的道德或人格？比如我们评价梁漱溟和冯友兰。

景海峰：在这个时代这确实是一个非常艰难的判断，一般人简单站边，肯定是赞扬梁漱溟而非难冯友兰。因为如果从理念出发，或者从大家理解的典范出发，你的行为不符合历史上儒家强调的价值或标准，你在人格方面就有所亏欠。这里有一个先置的典范问题，在下判断时有一个清晰的标准，是或不是，对或者错。但问题的复杂性就在于，那个时代的理念或典范是观念性的，而在现实社会的层面，涉及个人的处境就非常复杂，受到各种条件的制约，自己想不想做是一回事，能不能做是另外一回事，能达到什么效果又是不以个人的意志为转移的。很多人在评判时，容易拿道德的尺度或理念模式来称颂梁先生，或批评冯先生，那是没有问题的。但如果在评判前，对客观的历史环境和时代的具体性有更为深入细致的分析，这样的评判才是有意义的。

夏和顺：杜维明先生认为，儒家的核心价值观就一个字——仁。不知您是否同意他的观点？应该怎样认识这个"仁"字？

景海峰：对儒家核心价值观的概括可以用一些高度凝练的词语，但要把儒家思想的面向打开，肯定要靠更多的线索。儒家是有两千多年历史的思想系统，用一个字概括难乎其难。在孔子那个时代，"仁"作为孔学的核心是可以的；到了汉代经学系统里，"仁"可能就是潜隐的状态；而到了宋明时代，"仁"也只是理学的核心概念之一，甚至不是最重要的。一方面对儒家的核心价值要有根本理念的概括和把握，另一方面也要看到它在历史演变过程中的不同线索及其复杂性。就"仁"本身的思想内涵而言，它也是在不断变化的，孔子讲的"仁"和后来理学家讲的"仁"就有些不一样。

夏和顺：那么儒学的核心价值观在当代价值体系中应该占据怎样的地位？起到怎样的作用？

景海峰：这实际上还是一个再阐释的问题。包括把这些词语概念借用过来，肯定不能简单地复述，而是要跟我们的时代场景、生活变化和当下思考结合起来。还是那个字眼，但内涵已经有了变化，应该有当代人的理解，这也是思想创造的要求。

夏和顺：教化是儒学之本，您的重要论文《从诠释学看儒家哲学的教化观念》是对儒学教化的深刻研究，该文 2011 年曾获第 17 届国际中国哲学大会（巴黎）颁发的傅伟勋基金会最佳论文奖。请您简单介绍儒学教化与西方启蒙思想的异同。

景海峰：我有一篇文章专门讲教化与启蒙之别（《教化与启蒙之别——一个诠释学的分析》，载《现代思想衡虑下的启蒙理念》，武汉大学出版社 2011 年 8 月版）。教化是指作用于一种生活的状态，从个体的幼童阶段开始，贯穿于身心发育成长的全部历程，在其生活习性不断培养的过程中，每个环节都融含了教化的色彩，也即从一点一滴的日常生活状态中慢慢地涵养培育。而西方的启蒙观念，是在理性主义背景下出场的，有很强的告别感和断裂性，把过往的状态或人生价值（宗教）视作负面的、蒙昧的，要给予整体置换。比如法国启蒙运动就是如此，它对个人价值而言是一种重新开始，而教化是连续的，贯穿于个体生命成长的整个历程。

夏和顺：那么中国传统的教化与伽达默尔和罗蒂等人提出的西方现代教化观念又有什么关联呢？

景海峰：罗蒂强调，近代西方几百年来形成的教育观念是科学的、经验的、实证的，与真假值的科学判断相关联，但现实社会和生活状态是复杂的，有时我们无法简单做出非此即彼的真假是非判断。精神现象有很多模糊的、边际性的东西，这需要靠日常生活经验的积累去慢慢体味。人文精神的复杂性跟科学实验的明快结论不同，这就需要回到人文本身，强调精神的丰富性和微妙性。这跟中国传统教化观念对人的理解有点相似。

夏和顺：诠释学是您研究中国哲学史和儒学的重要路径。它是怎样的哲学概念？对您的研究有何重要意义？

景海峰：20 世纪 90 年代初我才接触西方诠释学，最早是读傅伟勋等人的作品。傅伟勋当时在天普大学主持比较宗教学研究计划。英美世界的诠释学流行于 70 年代，各学科领域的学者都在应用，比如有佛教诠释学。傅伟勋受到这一思潮的影响和启发，形成了"创造的诠释学"理论。成中英 90 年代初到华东师范大学办哲学讲习班，已经把这套东西与中国传统儒学结合起来，他的学说叫"本体诠释学"。

大陆最早介绍诠释学，只是把它作为西方现代哲学思潮来引入，还没有涉及与传统文化研究融合的话题。后来汤先生提出了"中国解释学"的构想，在此背景下，顺着这个思路，我开始以此研究和探讨儒学经典解释。诠释学的形成和人文背景，与中国传统文化的研究有一种对接感，我们的文化传统就是在不断地解释经典，小学、考据、义理都离不开这一套，相当于思想创造方式的延伸。而西方的诠释学最早是从解释《圣经》开始的，跟中国传统学术的可比性比较强。当然，怎么讲清楚它们之间的差异性也是一个问题，因为中西文化的巨大差异可能也反映在形式的相似性方面，这个同异是需要进一步研究的。

中国哲学的现代叙述形态经历了复杂的变化，新文化运动时期基本受西方思潮的影响，胡适的《中国哲学史大纲》是受实用主义的影响，冯友兰的《中国哲学史》受到新实在论的影响。即便是有儒家情怀的唐君毅、牟宗三也深受德国观念论的影响，他们讲中国哲学史基本上是在黑格尔、康德哲学的笼罩下。大陆在 1949 年以后，是按照马克思辩证唯物主义、历史唯物主义的观念来讲中国哲学，改革开放之后又呈现出了多样性和丰富性，从各种路子来研究中国哲学，方式五花八门。我觉得诠释学除了是方法学之外，它还有很强的建构意识，有表达哲学系统整体性的意义。

夏和顺：高水平国际学术会议可以提供更高、更宽广的学术交流平台，可以迅速提高一个学术机构或一个地区的知名度和学术水平。深圳大学国学研究所主持召开的国际儒学大会就属于此类，今后是否需要继续召开，或者进一步加大力度？

景海峰：深大主持召开的国际儒学大会，慢慢有一点品牌的味道，虽然还没有形成品牌效应。我们已连续做了四届，如果条件允许的话，我们还会不断做下去，不断加以完善。它的特点是：首先，参与度高，关注度广，与会者包括国内外儒学界的重要人物，不是局限在小的范围内。其次，它既有很强的学术性，又有前沿性和当代性，前几届都涉及儒学在当下的思考，包括它的走向、未来发展和前瞻，不是纯粹书斋里的研究，这可能跟深圳的地理位置和它开放的角色有关，我们会有意把这个特点保持下去。

夏和顺：我采访杜维明先生时，他说过一句话：深圳大学国学研究所主办的国际儒学大会，如果能够连续三年坚持每年举行一次，想必会掀起中国儒学研究的新高潮。现在这个大会的效果如何？是否符合您的预期？

景海峰：现在的国学研究遍地开花，各有高招，儒学研究也蓬蓬勃勃。深圳的活动当然有一定影响，它的规模和层次也有一定的代表性，但现在国内、东亚地区和世界各地这类活动非常多，都有自己的特点。我们绝对不是唯一的，而只是百花里的一朵，或者说是儒学大潮里的一朵浪花，做了一点点贡献。假如说儒学复兴，能够形成热潮的话，那我们也只是中间的一种助力而已，不能给太高的评价。

夏和顺：深圳大学国学研究所曾参与《儒藏》的点校整理，这是一项功德无量、泽惠学林的学术工程。此外，国学所还做了哪些工作呢？

景海峰：我们还做了岭南思想家文献整理与研究工作。长期以来一直存在一个误区，认为岭南地区的思想文化作用于中国历史仅是从清代以后。其实明代岭南就出现了陈献章、湛若水、邱浚等一大批有全国影响的思想家，但由于他们的著作大都没有点校、整理，使得相关研究长期滞后。我们这项工作计划分三个阶段，已经做了四年，共完成了 15 种文献的整理点校，由上海古籍出版社出版。希望通过这种努力激起更多人研究的兴趣，这对研究明清学术史很有价值。另外，在这个基础上还要做些延伸，研究这些人的思想，也包括年谱撰写等。第四期正在做，以后每年会出几种。

夏和顺：您长期担任深圳大学文学院院长、国学研究所所长，行政工作对您的学术研究有何影响？

景海峰：肯定是有影响，因为要花一些精力和时间。行政工作要处理繁杂琐碎的事情，尤其是这些年搞学科建设活动，都是在日常的教学科研管理之外，每个年度或阶段的任务，都要花些精力、费点神。

我实际上不善于做行政，但事情弄着弄着就这样了。1990 年开始任中国文化与传播系副主任，胡经之先生做主任，1997 年成立了文学院，当副院长，郁龙余做院长。国学所是个虚体机构，1984 年 9 月成立，1989 年以后就淡化了，既没有编制，也没有经费，不做活动，这块牌子也就没了。1998 年我从哈佛做访问学者回来之后，开始做一些小的论坛，也在外面请些人，就利用国学所的名义，先是搞一些沙龙活动，慢慢才把学术研究恢复起来。

那时深大只有汉语言文学本科专业，中文系是个实体，剩下的都没有了，又新搞了一点应用学科。2002 年在文学院内以通识课教学的形式成立了哲学历史学部，进了几个人，之前国学所只有两个人了。在此基础上，2006 年创办了哲学系，先招研究生，后招本科生。2008 年又创办了历史系，招收本科生。所以现在的文学院是 3 个系，文史哲学科齐备。从 2011 年开始我们又开办了国学专业，是本科精英班，每年只招 25 名学生，课程体系独立于 3 个系之外，分别由 3 个系抽调老师来担任。现在的哲学系已经有 20 多位老师，有一级学科硕士点，哲学的 8 个二级学科都在招收研究生。历史系也已经有本科毕业生了，目前有八九个老师，都是从海内外招进的人才。

我最早吃的是中文系的饭，教大学语文、逻辑学等课，直到 2002 年开始，才教回我自己的本行。中国哲学史的课以前是没办法开的，这也许是逼着不得不做点行政的原因，或许也可算作做行政工作的一点成绩。

附录：景海峰学术小传

景海峰，1957年10月出生，宁夏贺兰人，"文革"时随家庭下放到吴忠农村。1974年高中毕业后当过小学代课教师，后来招工进厂。1978年考入北京大学哲学系，当年该系在宁夏招生两名，全年级70多名同学，分为两班。

当时北大哲学系只有一个哲学专业，偏重于马克思主义哲学。大学三年级时，景海峰选了汤一介先生的"魏晋玄学专题""道教史"和张岱年先生的"中国哲学史史料学"等课程，对中国哲学有了一些兴趣。他的毕业论文是对孟子和荀子人性论思想的比较，由汤一介和朱伯昆先生指导。

本科毕业后，景海峰考取了研究生，接着读北大哲学系中国哲学专业。当时研究生的学制是两年半，其间他对中国哲学的学习更加系统，先后修过张岱年、朱伯昆、汤一介、楼宇烈和许抗生的课，受益良多。那个时期国家正处于拨乱反正、百废待举的状态，哲学专业也不例外，许多领域刚刚开始研究。他在汤一介先生指导下，选择熊十力哲学研究作为硕士论文研究方向，论文题目是《熊十力哲学的体用观》。这个选题当时颇具初创性，因为熊先生这类学人还相当边缘，很多资料无人整理，也没有人做这方面的研究。他对熊十力的研究一做就是十年，早在1991年，便由台湾东大图书公司出版了《熊十力》，2010年又由北京大学出版社出版《熊十力哲学研究》，并先后整理了《熊十力选集》（吉林人民出版社2005年5月版），与人合作编校了《熊十力全集》（9卷10册，湖北教育出版社2001年9月版）。顺着熊十力哲学研究，景海峰进而涉及新儒家诸哲，学术领域逐步扩展。

1984年9月，刚刚建校不久的深圳大学成立中文系和国学研究所，汤一介和乐黛云夫妇受张维校长之邀分别主持国学所和中文系，景海峰由此于翌年3月进入深圳大学执教。汤一介先生因忙于北京中国文化书院的事，后来加之深大的变故，国学所到20世纪90年代初基本停顿下来。当时深大人文学科只有汉语言文学一个专业，景海峰也只能教大学语文、逻辑学等课，他说自己吃了十几年中文系的饭。在此期间，他于1991年担任香港中文大学新亚书院"明裕"访问学人，1997～1998 年担任美国哈佛大学"燕京"访问学者。

景海峰从熊十力的研究中引发对中西哲学差异的思考，并开始重新理解中国哲学和儒家思想。他曾参加方克立、李锦全先生领导的"现代新儒学研究"课题组工作。当时深圳大学在港台图书资料搜集与学术交流方面有着得天独厚的条件，他也较早看到唐君毅、牟宗三及比他们晚一些的海外学者的作品，而且与杜维明、刘述先等先生也有来往。1988 年底，景海峰去香港参加唐君毅思想国际学术会议，见到了牟宗三先生，并和台湾地区的蔡仁厚、王邦雄等先生进行交流，同时结识了李明辉、林安梧等同辈学者，他的思路更加开阔，对当代新儒学问题的研究也更加深入。

20 世纪 80 年代，西方诠释学传入中国，随后傅伟勋的"创造的诠释学"和成中英的"本体诠释学"等也在国内学界产生了一定影响，汤一介先生则于 90 年代后期提出"中国解释学"的概念。景海峰是较早从诠释学来研究中国哲学和儒家思想的学者之一，从 20 世纪 90 年代末开始，陆续发表一系列重要论文，如《从傅伟勋看当代中国哲学辩证的开放性》《解释学与中国哲学》《中国哲学的诠释学境遇及其维度》等，并出版两部专著：2004 年人民出版社出版的《中国哲学的现代诠释》和 2015 年东方出版中心出版的《诠释学与儒家思想》。景海峰的研究成果受到海内外学界的广泛关注，其著作和论文三度获得广东省哲学社会科学优秀成果二等奖，重要著作《中国哲学的现代诠释》获深圳市第四届哲学社会科学优秀成果一等奖，重要论文《从诠释学看儒家哲学的教化观念》2011 年获第 17 届国际中国哲学大会（巴黎）傅伟勋基金会最佳论文奖。

景海峰于 1997 年担任深圳大学文学院副院长，2006 年担任院长兼国学研究所所长，对深圳大学的人文学科建设与研究梯队建设做出了重要贡献。

主要著作

1. 《熊十力》（世界哲学家丛书），（台湾）东大图书公司 1991 年 6 月版。

2. 《梁漱溟评传》（国学大师丛书），百花洲文艺出版社 1995 年 5 月版；人民出版社 1999

年 11 月修订版。

3. 《中国哲学的现代诠释》，人民出版社 2004 年 8 月版。

4. 《新儒学与二十世纪中国思想》，中州古籍出版社 2005 年 1 月版。

5. 《熊十力哲学研究》，北京大学出版社 2010 年 10 月版。

6. 《诠释学与儒家思想》，东方出版中心 2015 年 7 月版。

7. 《当代儒学的新开展——景海峰说儒》，孔学堂书局 2015 年 10 月版。

8. 《当代新儒家》（编著），生活·读书·新知三联书店 1989 年 4 月版。

9. 《儒家思想与现代化》（编著），中国广播电视出版社 1992 年 10 月版。

10. 《百年中国哲学经典》（5 卷本，主要编选者），海天出版社 1998 年 9 月版。

11. 《理一分殊》（编著），上海文艺出版社 2000 年 1 月版。

12. 《熊十力全集》（9 卷 10 册，合作整理校点），湖北教育出版社 2001 年 9 月版。

13. 《积薪集》（编），北京大学出版社 2003 年 11 月版。

14. 《传薪集》（编），北京大学出版社 2004 年 12 月版。

15. 《熊十力选集》（编），吉林人民出版社 2005 年 5 月版。

16. 《文明对话》（主编），清华大学出版社 2006 年 1 月版。

17. 《全球化时代的儒家伦理》（主编），清华大学出版社 2007 年 2 月版。

18. 《拾薪集》（编），北京大学出版社 2007 年 7 月版。

19. 《儒家思想与当代中国文化建设》（主编），人民出版社 2013 年 10 月版。

20. 《儒学的当代发展与未来前瞻》（主编），人民出版社 2014 年 12 月版。

21. 《燃薪集》（编），北京大学出版社 2014 年 12 月版。

22. 《经典、经学与儒家思想的现代诠释》（主编），人民出版社 2015 年 11 月版。

校长本色是学者

——章必功访谈录

受访者：章必功
采访者：夏和顺
时　　间：2016 年 3 月
地　　点：深圳淘金山花园

　　"要做学人访谈，就要撇开我当校长的 8 年时间，谈之前或之后的事。"开门见山，章必功教授告诉记者。2012 年 7 月，章必功卸任深圳大学校长，他的学术研究似乎进入新的井喷期：先是整理出版了近 50 万字的《古典作业》及 50 余万字的《〈天问〉讲稿》；2016 年，商务印书馆又推出他的逾60 万言的《中国旅游通史》。一部厚似一部的专著，都是章教授"为教而学"的结晶。

　　夏和顺：看您的简历，知道您的文学梦想或者说治学生涯的起点实际上是李白。您在"知青"时代读李白的《宿五松山下荀媪家》，写了一篇《五松山记》。李白博大精深，他与安徽南陵（铜陵时属南陵县辖）有着很深的渊源，唐代文学又是中国文学的高峰期，那您后来的专业方向怎么又选在先秦时期呢？

　　章必功：1977 年恢复高考，我填报志愿时填的是中文系，因为从小喜欢文学，做过诗人、作家梦，没有其他选择。1981 年考研究生，我选古典文学，有两个考虑：一是因为喜欢；二是我觉得古典文学的累积量不会增加，而现当代文学作家和作品会不断增多，我当时读的相对较少，跟不上发展，外国文学作品读的更少。

为什么选先秦呢？我当时又想，先秦搞通了，整个古代文学就都通了。中国思想史的黄金时代在先秦，而如果开始就学明清，读前面的历史和作品就可能会存在障碍。这就是抓源头。还有一个想法，就是觉得先秦文学报考的人相对会少。还有一个插曲，当时北京大学在安徽只招一名，而南京大学在安徽则招两名。考完后我到合肥参加围棋比赛，就把志愿改成南京大学。我从我合肥经安庆回到铜陵老家，有朋友就对我说：要考就考北大。我又动摇了，就打电话到安庆，请求再将志愿改回北京大学。事后我想，如果报考南大，当时未必能考取。

夏和顺：就是说您的古典文学功底在上大学前就已经很扎实了。您是所谓"老三届"中学毕业生，"文革"之后"停课闹革命"对您有何影响呢？

章必功：我从小就喜欢看小说、读诗歌，中学时期尤其如此。我从1961年至1967年就读于铜陵一中，这是一所老学校，文学气氛浓厚。我们当年参加知识竞赛，题目就包括猜《水浒》一百零八将的绰号，以及诗歌名句的作者。老师们也个个出口成章，我记得初二生物课的张老师讲"根冠"时，开场白即是"冠者，帽也，怒发冲冠"。下课后同学们就讨论"怒发冲冠"。初三历史老师讲安史之乱，上来就背一首诗："车辚辚，马萧萧，行人弓箭各在腰。耶娘妻子走相送，尘埃不见咸阳桥。"然后问这是谁的诗，讲的是什么。同学们面面相觑，老师就说：这是杜甫的《兵车行》，背景是安史之乱，我们今天讲的就是安史之乱。语文课就更不用讲了，我就是这样受到古典文学熏陶的。

铜陵一中的师生关系也很融洽，我们可以自由出入老师宿舍，老师的书架也是向我们开放的，甚至可以将书带回家看。我最喜欢的是语文老师的书，喜欢读他们大学里的课本，比如《文学史》《历代作品选》《历代诗歌选》等，一本一本地换着看。后来"文革"开始，停课闹革命，但是我们照样可以去老师家借书。我对中国古代文学特别是诗歌印象很深，产生了浓厚的兴趣，也看了很多现当代小说，也喜欢写作。我那时最大的愿望是做诗人。

曹征路是我中学同学，现在是著名小说家，我想他的文学功底也是当年在铜陵一中时打下的。

夏和顺：您是 1977 年恢复高考后的第一届大学生，考入的是安徽师范大学安庆教学点，即现在的安庆师范学院。您入学时有什么感触？现在时过近 40 年，回想起来又有何感想？

章必功：安徽师大安庆教学点是经教育部批准的，第三年改名为安庆师范学院，最近听说要改为安庆师范大学。

这个教学点第一届招生，学生是新的，老师也是新招聘的，有的老师很不错。当时教学地点在菱湖旁边的红楼，曾经是晚清安徽学堂所在地，至今已逾百年历史。安庆师院那一段经历对我的治学也很重要，那是打基础的阶段，没有这四年，我不可能考上北大研究生。那一年中文系只招一个班，四五十人，共有七个系，每个系人数差不多都是这个规模。

那时学校的管理方式我概括成"牧羊"式的，就是让羊随便跑，牧人只是远远地看着。课堂宽松，可以上课，也可以不上课，我经常躲在宿舍自学外语。我上中学时学的是俄语，上大学时安庆教学点规模小，中文系并不要求学外语。那时英语我完全自学，"老师"就是外语系的同学，我的宿舍正好跟他们对门，不懂的地方就问他们，主要是语法，我给自己规定每天背五十个单词。我当时是带薪上学，身份是铜陵市科委的秘书，我想毕业时再考一把，考不取就回科委当秘书。考研究生要考英语，专业对我来说不用花力气，我不用看课本，只到图书馆去看各大学的学报，那上面有最新发表的科研成果。考研时我能掌握 6000 个单词，对付考试绰绰有余了。我考了 81 分，进北大时有个外语免修考试，我第一次就过关了。

夏和顺：1981 年，您考入北京大学攻读硕士学位，是当年古代文学专业 5 名学生中唯一一名"乡下人"。您一直注重教育平等，是否也与这段经历有关？因为现在一名不具备较好学术背景的大学毕业生很难去攻读北大、清华的硕士学位、博士学位。

章必功：有一天我在导师褚斌杰老师家里，他家来了一名女生，褚老师对我说，"我们本来想招的是她而不是你"。他说的是实话，因为我年纪大，又结了婚并带薪上学，而且毕业于名不见经传的安庆教学点。当年北大古典文学招五名研究生，另外四名全部是北大应届生。结果北大研究生院坚持按分数录取，分数面前人人平等，我就幸运地被录取了。这件事对我影响很大，也促使我对教育公平问题进行深入思考，从而形成自己的教育观念。

北大的老师奖掖后进，欢迎学生提出与自己不同的观点，对我的影响也很大。我研究生时期的作业或论文有时是与老师唱对台戏的。金开诚、费振刚、褚斌杰教授看到这样的文章不但不以为忤，反而如获至宝，对此我在《古典作业》一书的序文中已有交代。金开诚老师还说："你批评我的观点不要太含蓄，可以再直白一点。如果你愿意，我可以帮你拿去发表。"我在北大发表的文章都是课堂作业，每学期要写一篇文章，要有自己的思想。我的《〈红楼梦〉的三宝三玉》，是交给吴组缃的作业，他打了很高的分；《过夏首而西浮》是交给金开诚《楚辞》课的作业；《六诗探故》是交给费振刚的作业。

夏和顺：褚斌杰教授是著名学者，是那一代学人中的佼佼者，他对您的成长具体有何影响呢？

章必功：褚老师大学二年级时就出版了一本书——《李清照评传》，少年成名，毕业后留校任教。1957 年，他被打成右派，发配到中华书局当编辑，编了很多书，但不能用自己的名字。恢复高考后才重新调回北大。我读研究生时，差不多每个礼拜都要去他家，两个人点着烟东南西北地扯。

褚老师是名家，各种约稿很多，他就分一些任务给我们学生写。我跟褚老师合作写的一篇最大的文章是《诗经哲学思想述评》，七万多字。这是课外练习，是我走上学术研究道路的重要的基础性台阶。这也是我跟褚老师的一种很好的锻炼。

夏和顺：1984 年，《文史》杂志第 22 辑全文刊载了您的论文《六诗探故》。此文后来收入您的《古典作业》中，我认真拜读过。关于"风、赋、比、兴、雅、颂"六诗,历史上有"三本三用"说,也有"六诗为六体说",您独辟蹊径,认为《周礼》所谓"六诗",实际上是周代诗歌的教学纲领。我觉得,此文不仅是您在学术上登堂入室的重要台阶,也对您后来的教育理念有重要影响。

章必功:所谓"六诗",我把它解释为周代诗歌的教学纲领,因为它的排列顺序是"风、赋、比、兴、雅、颂",孔颖达把它解释成"三体三用",后来被广泛征引,虽然也有一定道理,但原始意义上的"六诗",并非"赋、比、兴""风、雅、颂",而是"风、赋、比、兴、雅、颂",是周代诗歌教学的三个阶段,从形式到内容,到更高级的内容。

此文发表后,过了十几年,中国《诗经》学会会长夏传才老先生路过深圳,专门到深大来找我,我不在,他给我留了一封信,说他到日本、中国台湾讲学,发现日本的《汉学大辞典》全文收录了《六诗探故》,中国台湾的《国学大辞典》也全文收录。我后来上网搜,才发现如此。南开大学的罗宗强教授写过一本《古代文学理论研究概述》,讲到新见解时第一个举的就是这篇文章。就是因为这篇文章,我当选了中国《诗经》学会的理事。

夏和顺:《六诗探故》是向主讲《诗经》的费振刚教授交的作业,费先生当时是北大中文系主任,此文是在您读书期间发表的,是不是得力于费先生的推荐?北京大学学习经历对您的治学经历有何影响?

章必功:我在北大养成习惯,写文章一定要写出新的东西,不重复别人写过的,每一篇作业都当作论文来写。这也是老师为什么把我的作业推荐发表的原因。我把《六诗探故》交上去后,费振刚老师过了一个礼拜打电话把我叫去,说"你这篇文章写得好,我以后上课就照你写的讲"。他又把文章拿给我的导师褚斌杰看,两位先生一合计,写了封推荐信给中华书局总编辑兼《文史》杂志总编辑傅璇琮。《文史》一年只出一本,当时只有老学者、名家才能发表作品。1984年《文史》第22辑上全文发表了《六诗探故》,当时我刚到深大报到,收到这本杂志,很高兴,这是我最得意的一篇作业,一万多字。很多人读了文章,以为我是一位老人,其实当时我只有30多岁。

夏和顺：褚斌杰教授是文体学专家，您十年前出版的《文体史话》是受褚先生直接影响。这是一部既有学术价值、又通俗易懂的优秀读物，您个人认为有哪些独到见解？

章必功：《文体史话》是褚老师交给我的任务，我到深大后，他专门写信来给我布置任务。因为我跟他编过《文体词典》，他说："你有这个基础，应该再编一本《文体史话》"。但这本书我并不满意，因为它不够通俗，如果现在写，就能放得更开。那是刚到深圳时写的，我认为最早的诗歌形式是二言体，而不是四言体。"断竹，续竹，飞土，逐肉"，这首远古的《弹歌》四个字一标点是不合适的。原来《文学史》不讲二言体，褚老师辅导电视大学学生时，我给他写的提纲就讲到二言体问题。我们给《中国大文学史》写《诗经》卷时，就有这个观点：最古老的诗歌是二言体的。《吕氏春秋·音初篇》载有一首《候人歌》，只有四个字"候人兮猗"，"候人"是实际意义，"兮猗"只是感叹词，所以也是二言体的。《周易》也是如此，如屯卦："屯如，邅如。乘马，班如。匪寇，婚媾。"都是二言体。二言体经过杂言体过渡到四言体，四言体经过杂言体过渡到五言体，再到七言体。褚老师从善如流，认为可以这么写。

《汉赋研究》是我的硕士论文，载《深圳大学学报（人文社会科学版）》1985年第1~2期。这个题目是我与褚老师商量的结果。五四运动提出打倒宫廷文学、贵族文学，汉赋一直挨打挨骂，其实它虽有缺陷，但作为文学大观，也必有可观之因，可观之胜，应该为它正源清流。我用半年时间完成此文，并顺利通过答辩。写文章要有新意，无新意不动笔。创新是厚积薄发的结果，厚积需要过程，薄发的时机不能圈定，因此，老师不能规定在一个时段写几篇论文，硬要这么做，搞出来的文章就是滥竽充数。

夏和顺：深圳大学无疑是您学术道路的一个重要转折点。我在采访郁龙余、景海峰时，他们都谈到深大中文系初创时教师少，不可能按自己所学专业上课，您讲授并研究《红楼梦》是否与这种实际情况有关？

章必功：深圳大学创办之初，老师几乎都从北大来的，号称"北大帮"，人确实很少，它的教学方向是中西结合应用为主。我讲《红楼梦》，是因为当时有一个应用型项目——《红楼梦》电脑多功能索引，学校组织一批学生搞，但要有人给他们讲《红楼梦》，领导于是就找到我。从理论上讲，古代文学专业的研究生给本科学生讲《红楼梦》都是可以的，否则他就不合格。

我讲《红楼梦》，每次都认真地写讲稿，共讲了二十多次课，集成《红楼讲稿》，大概是在 1987 年。后来项目在北京验收，乐黛云老师要我在南方写篇文章呼应一下，我想了想就把给吴组缃的作业《三宝三玉》拿出来发表。

我并不是红学专家，只是红学单干户而已。我的学术方向有两个：一是中国古典文学，二是中国古代文化。我给自己规定的任务也有两个：一是尽量研究一些新东西；二是大力普及和提升中国古典文学和中国传统文化。第二个题目我很感兴趣，认为更容易做到。

夏和顺：您当年在深圳大学中文系开设旅游文化专业，讲授"中国旅游史"，是国内首创。因此而形成的专著《中国旅游史》也被高校选作教材。您是古典文学专业出身，当时为什么没有讲授"中国旅游文学史"呢？

章必功：20 世纪 90 年代初，经济大潮席卷中国，所有高校都想在市场经济的海洋中遨游，作为传统学科的中文系面临着尴尬的局面：虽然远离市场经济，但又不想游离于潮流之外。深圳大学中文系因此改名中国文化系，后来又改名文化传播系。我讲旅游史，处在中文系改名中国文化系的阶段，胡经之当系主任。当时开办了秘书专业，后来又办了旅游文化专业。所谓旅游经济，通过工商管理专业是可以解决的，但谈不上培养旅游文化的专门人才，我们当时的想法是培养有高度审美意识，能够开发旅游、管理旅游的跨专业人才。郁龙余老师就分配我讲授旅游史课程，此外还有旅游学概论、旅游经济、旅游地理、旅游资源开发和利用、旅游文学史等课程。我这个课程是旅游史而不是旅游文学史，我是国内第一个开设这个课程的，讲稿后来被云南人民出版社出版，也是国内第一部，被很多高校拿去作为教材，重印了五次。现在看来这部书写得较粗糙，文学色彩很浓，经济色彩不够，其他方面也有缺陷。退休之后我就集中精力重写这部书，改为《中国旅游通史》，原来写到晚清，现在写到共和国，原来为30万字，现在是60万字，即将由商务印书馆出版发行。

褚老师当年听说我要写《中国旅游史》，他哈哈大笑，说：由此可知，北大中文系攻无不克、战无不胜。

夏和顺：《中国旅游史》经过修订扩充成为《中国旅游通史》，已成皇皇六十万言的巨著，这是您退休以后两年多的杰作，令人钦佩不已。这一部通史，与前面的《中国旅游史》相比有哪些变化？

章必功：《中国旅游史》很少谈旅游景观，而《通史》从原始社会就开始谈旅游景观，这是要花功夫的，因为要讲出个所以然。比如我写到黄河、华山，神话故事讲得多的山河胜地一定是原始居民关注的地方，大禹治水的积石山，那是治水的标记，是最早的人文景观；著名的陵墓，比如说尧、舜、禹的墓，也是人文景观；还有著名的城池，城池就是旅游中心，比如商代的旅游中心就是朝歌，当时四面八方的人都去赞扬它。这些都需要材料的支撑。

我对每一朝代，都尽可能地去发掘旅游设施、交通工具，曾经有一本《中国交通史》就提到过我的《中国旅游史》。旅游是要花钱的，钱是怎么带的，这也要关注。支票在唐代就已经产生，当时叫飞钱，宋朝、元朝纸币更发达。过去住店是要收税的，上下船、进出口都有关税，货物则不收税。我特别强调，旅游史的主体是旅游者和他所从事的旅游活动，而不是旅游经营者，旅游服务业因旅游而生，为旅游服务，不能本末倒置。旅游史当然也要写旅游文学，旅游者抒发情感便产生了文学作品。

夏和顺：神话是古人想象和虚构的产物，许多神话比如《山海经》里的故事很离奇，与史实相去甚远，这其中的史实您是如何辨别的？

章必功：亚里士多德说过，神话是留给后人的启示录，原始神话剥掉外衣，其本质就是现实生活。《淮南子》里的《共工怒触不周山》，有一段精彩的描述："天倾西北，故日月星辰移焉；地不满东南，故水潦尘埃归焉。"第一句话想象离奇，第二句话正确无比，这是中国地理学史的一个科学发现——中华大地西高东低，古人发现这一点已属不易。黄帝战蚩尤，就是中原民族和南方民族殊死搏斗的写照。汉魏以后的神话是靠不住的，要细加分辨。为什么会有"河出图，洛出书"这样的说法？因为古人关注黄河、洛河这两条汹涌澎湃的母亲河。还有木星绕地球一周12年这一天体现象，古人必须经过36年的观察才能得知，现在想来匪夷所思。不还原人类起步的艰辛，就不能揭示人类社会发展的规律。

夏和顺：《〈天问〉讲稿》近60万言，也是您在退休以后出版的，它是您研究《天问》的专著，也是您的教学讲稿。这部书的出版对屈原和楚辞研究有何意义？

章必功：有没有学术价值，应该由学界去评论。当时我开设这门课，以及后来整理这部书稿，只想做一件事，就是：在前人和时人研究的基础上梳理秩序，阐明诗人，力陈己见，务求透彻。《天问》原文只有几百句话，几千个字，但很难读，艰难懂，解说也很有分歧，很难找到一本全面解读它的著作，我一直想写一本详细的解读。我开这门课时，学生积极性很高。但有关书籍大都就字解字，用不懂的字解不懂的字，看了还是不懂。我希望把它解释通顺、通俗，同时做大全式的集释工作，这样篇幅就长了。我想它至少还有宣讲价值，否则中华书局不会出版它。

夏和顺：周代的大师教国子以诗歌礼乐，以培养他们的执政才能。大师的概念后来延伸为道德学问俱高的学者。这个时代被批评为缺乏大师的时代，您怎么看这个问题？

章必功：大师在周代是一种官职，专管音乐，而音乐与诗歌、舞蹈是一体的，因此大师也管教学诗歌。你不能要求每一代都有大师。也可能当代有大师，我们没有看清楚呢。

夏和顺：我记得原清华大学校长梅贻琦说过一句话："所谓大学者，非有大楼之谓也，有大师之谓也。"深圳大学经历30年的发展，可谓高楼林立，作为曾经的深大掌门人，您对大师的到来有没有过期许？如果有，它的期限有多长？

章必功：大师不可强求，但大学对老师的要求必须是：学问深厚，个性鲜明，静心教学，有创造力，有爱心。不具备这些条件就不可能产生大师。没有个性特征、没有学术锋芒就没有磁性，难以吸引人，所以大学里每一个老师都应该有自己的特点。

夏和顺：胡适主政北京大学时，曾提出"争取学术独立的十年计划"，并提出将北京大学、清华大学、中央大学、武汉大学和浙江大学办成"第一等"大学。他的这一计划受到陈序经等人的猛烈抨击。但在今天，"985""211"已成事实，您怎样看待教育资源不平等问题？

章必功：我一向反对将高校划为重点、非重点，什么"985""211"。我不否认大学的差异，但大学的好坏应该在办学的过程中形成，由社会认可，而不能画圈圈认可，所谓重点应该是在自然中形成的。中小学划分重点是非法的，大学也应允许自由竞争，你不能规定国家科技发展和进步只由"985"几所大学来承担，管理可以统一，但竞争要充分市场化。

夏和顺：足够的人文底蕴是支持一个地区或一座城市经济和社会发展的根本动力。深圳当年被称为"一夜城"，也被称为"文化沙漠"，经过30多年的发展，其经济建设已经取得令世人瞩目的成就，但其文化积累与经济成就远远不相匹配。您如何看待经济与文化的关系？又如何评价"深圳学派"建设？

章必功：我个人理解，"深圳学派"的提出旨在大力加强深圳的城市文化建设，提高、扩大深圳的学术水平与学术影响。在当代信息对流、天涯比邻的时代，要形成特色鲜明的地方学派远比古代困难。是不是"文化沙漠"不能用有没有文化名人来做指标，它的基本指标应该是高素质市民：市民素质高就不是"文化沙漠"，市民素质不高就是"文化沙漠"。你拉几个名人来，只不过是沙漠上长了几棵小树而已，沙漠的本质不变。现在我不赞成"文化沙漠"的说法，因为深圳高素质市民与日俱增，"深圳读书月"就是高素质市民的高贵坚持。我知道梅林水库的一家棋院，一众棋友，各行各业，皆饱读诗书，所起网名，如"水木"，都是阳春白雪。

衡量城市文化高下的基本尺度，还是要看市民的文化素质，不能只看文化产业，只数文化名人。

附录：章必功学术小传

章必功，安徽铜陵人，1949 年出生，1968 年参加工作。1977 年考入安庆师范学院（安徽师范大学安庆教学点）中文系，1981 年入读北京大学古典文学专业研究生。

1983 年，章必功在修读《诗经》时，向主讲教师费振刚教授提交了一篇长达 13000 字的作业《周代诗歌的教学纲领》，指出《周礼》"六诗""风赋比兴雅颂"，本是周代国学的诗歌教学纲领，反映了周代国学由低级到高级、由简单到复杂的诗歌教学过程（先学诗的歌唱与朗诵，后学诗义的比喻和引申，再学诗乐在朝廷和宗庙的应用），合理地解释了一风二赋三比四兴五雅六颂的排列程序，从而解决了古今学人争论不休的中国古代文论的一个重要公案。费振刚时任北京大学中文系主任，他对这篇作业非常赞赏，立刻和褚斌杰教授联名推荐给中华书局的总编辑傅璇琮先生。1984 年中华书局主办的《文史》第 22 辑全文刊登了这篇研究生作业，题为《六诗探故》。

此文发表后，沉寂了十余年，到 20 世纪末开始引起学术界的关注。先是日本《汉学大辞典》、台湾《国学大辞典》全文收录。稍后，北京师范大学郭英德、谢思炜、尚学锋、于翠玲教授撰述的《中国古典文学研究史》（1995 年中华书局出版）于第一章第三节注引《六诗探故》。1998 年，中国社会科学院文学研究所承担的国家"六五"规划项目——多卷本《中国文学通史》第一卷《先秦文学史》（人民文学出版社 2006 年 7 月版）第二编《诗经》请章必功撰写，其中有关"六诗"的论述，全部采用了《六诗探故》的观点和内容。进入 21 世纪，天津大学著名学者罗宗强先生《二十世纪中国古代文学理论研究之回顾》（《二十世纪古文论研究文存》导言）第五节评述 20 世纪中国文论史理论认识的深化，在"六诗"范畴上，依次列举了章太炎、郭绍虞、章必功、王昆吾、周策纵的主张。中国社会科学院著名学者马银琴《四诗四始与诗经的结构》于第二章第二节专论《诗》之

"风"，依次引证章必功《六诗探故》、顾颉刚《古史辩：论诗经所录全为乐歌》、张西堂《诗经六论：诗经的体制》的有关论述。基于上述影响，2003年吴予敏、景海峰等选编由北京大学出版社出版的《积薪集》、2004年方铭等选编由学苑出版社出版的《先秦两汉文学论集》、2005年中国诗经研究会选编由学苑出版社出版的《二十世纪诗经研究论文选》分别收录了章必功《六诗探故》，确然成一家之言。

章必功从1984年起任教于深圳大学，历任助教、讲师、副教授、教授，其间先后担任中国文化传播系主任、副校长、校长兼师范学院院长。全国优秀教师，国务院特殊津贴专家。主要学术方向：中国古代文学、古典文艺学和中国传统文化。

章必功著《中国旅游史》是中国第一部描述中国古代旅游历史的专著，1992年6月云南人民出版社初版，1995年重印，2002年9月再版。该书受市场欢迎，亦受学界重视。王子今《中国交通史研究》、福州艺术创作研究所《郑和下西洋首次开洋之我见》、英子《从陆游诗论看陆游的系统性思维》各有引述。《中国旅游史》还被一些高校旅游专业作为课程教材和指定参考书目。普陀电视大学旅游专业考试，曾列出定义，要求考生从下列专著：A. 汉译克尔《普通旅游学纲要》；B.《韦伯斯特大词典》；C. 章必功《中国旅游史》选择正确出处。章必功《中国旅游通史》（全2卷）2016年由商务印书馆出版。

章必功著《红楼讲稿》1996年由文化艺术出版社出版。其中，《红楼诗话》被《新华文摘》全文转载，《三宝三玉》被人大报刊复印资料全文收录。最近，民间网站也赞许有加。吉林大学牡丹园新站文章阅读区引用《红楼诗话》，抚琴居诗歌图书馆全文转载《红楼诗话》，晋江文学城古义茶坊全文转载《黄金锁、冷香丸、红麝串》，并引发网上的热烈讨论。

章必功还撰有《诗经哲学思想评述》等论文，出版有《文体史话》《元好问及金人诗传》《古典作业》《〈天问〉讲稿》等专著，译有《意识形态的时代》，主编国家高等教育教材"十五"规划项目《华夏人文纵览》、广东"十五"社会科学规划项目《岭南近代散文选注》，参编全国哲学社会科学"六五"规划重点项目《中国文学通史》第一卷《先秦文学史》。

开拓探索审美之谜的新思路

——彭立勋访谈录

受访者：彭立勋
采访者：夏和顺
时　　间：2016 年 6 月 6 日
地　　点：深圳市市民中心

寻求审美研究新突破

夏和顺：柏拉图在《文艺对话录》中探讨"美是什么"的问题，他借用老师苏格拉底的名义与诡辩家希庇阿斯辩论以体现自己的美学思想，两人辩论的结果是"更清楚地了解一句谚语'美是难的'"。他的这篇《大希庇阿斯篇》是最早讨论美学问题的著作，这里所说"美是难的"，究竟是指审美的主体还是客体？

彭立勋：柏拉图讨论了当时流行的各种美的定义，辩来辩去，"美本身是什么"的问题仍然没有解决，只留下"美是难的"这句谚语。两千多年来，美学家提出的美的定义不可胜数，但至今没有一个是得到公认的，可见问题之难。解决这一问题的困难，既在审美客体，也在审美主体。就审美客体说，美的存在种类和形态多种多样，各种美的种类和形态具有很不相同的特点。比如自然美、社会美、艺术美，从内容到形式都有很大不同。要用一个美的定义涵盖所有美的种类和形态的本质和特点，自然有很大难度。同时，要回答美的本质问题，不能单凭直观经验，必须借助哲学思辨。

而哲学家、美学家对于美的思辨，必然只能从自己特定的哲学基础出发，这就使思辨的角度、方法、途径很不相同，往往各执一词，甚至相互对立，很难达成共识。从审美主体说，人们对于美的感受和体验，往往因人而异，对于同一对象，各人有不同感觉，在西方有"趣味无争辩"之说，这就使认识审美经验有了难度。加之要解释审美经验的心理发生机制，必须依靠心理学，而心理学至今仍然是一门不大成熟的学科。这就给解决美学问题增加了困难。

夏和顺：您从 20 世纪 80 年代初开始从文艺理论转向美学研究，近 40 年来连续出版了十余部美学专著，成果丰硕，并在审美学研究上形成优势和特色。曾经获得广东省社会科学优秀成果一等奖的《审美经验论》是您的代表作之一。审美经验，或者说对审美主体的研究，又是您恒久不变的主题之一。您为什么做出这种选择？

彭立勋：20 世纪 80 年代中国改革开放之初，全国出现美学热，我率先在大学开设了美学课。从此，我将研究领域转向美学研究。1980 年，北京师范大学举办全国高校美学教师进修班，我在那里听了朱光潜、王朝闻、蔡仪、宗白华、李泽厚等著名美学家的讲课，同时也查阅了当时能看到的国外美学研究资料。经过学习和思考，我觉得当代中国各派美学对于美的本质的主张，各有优长，也各有缺陷，都难以完全令人信服。沿着旧的思路，难以获得突破。美固然具有客观性，但不能脱离人的审美活动而存在。因为只有通过人的审美活动，客观对象才对人显现出美的价值。但长期以来，我国美学界对审美活动和审美经验的研究严重不足。自 20 世纪 30 年代朱光潜先生出版《文艺心理学》以来，近半个世纪再也没有研究审美经验的专著出现。而 20 世纪以来的现代西方美学却越来越重视审美经验的研究，实现了从美的本质到审美经验的研究重点的转移。这一切，都使我感到把审美经验作为研究重点，是大有可为的。于是，我选择了关于审美活动和审美经验的研究作为主攻方向。

夏和顺：汝信是著名哲学家、美学家，他对您的《审美经验论》十分

推崇，认为此书"填补了我国美学研究中的一个空白"。您在此书中建构了
自己的审美经验理论体系，请您简单介绍一下这一体系的主要内容。

彭立勋：我在《审美经验论》中，以唯物辩证法和系统科学方法论为
基础，以分析审美心理特殊结构方式为中心，从审美经验特别是艺术创作
和欣赏的经验出发，提出了审美心理有机整体论、审美认识结构方式论、
审美情感结构方式论、美感发生中介机制论以及审美生成主客体互动论等
新的理论观点，形成了一个较为完整的、独特的审美经验的理论体系。其
中，审美心理有机整体论着眼于对审美经验的整体特性的总体分析和把握，
以阐明审美经验的性质和特点。审美心理特殊结构方式论力求通过审美心
理的结构方式分析，阐明审美心理活动的各种特殊表现形式，以揭示形成
审美经验特殊性质的内在心理依据。审美发生中介论主要探讨美感直接性
和愉悦性形成和发生的特殊心理机制，以揭示审美感受或情感生成的奥秘。
这三论互相联系、互相补充，构成一个有机整体。

夏和顺：通过分析审美心理特殊结构方式来把握审美经验的特殊性质，
这的确是研究审美经验的一种新思路，请您介绍一下这一理论的创新之点。

彭立勋：西方许多审美经验理论往往脱离审美心理作为一个特殊系统
整体，去孤立地分析审美心理要素，乃至把其构成要素的某种特性当作整
体的功能特性，如强调美感即直觉、美感只涉及情感、美感根源于无意识
的欲望等。实际上，直觉、情感、欲望乃至无意识的深层心理因素，都不
过是审美心理、审美经验的构成要素，它们各自孤立的性质或孤立性质相
加的总和，都不能构成美感的整体特性和功能。审美经验和认知与其他日
常经验的区别主要不在于其构成要素的多寡，它的整体特性也不能由它的
构成要素的孤立特性或其相加的总和来解释，而是要由它的全部心理构成
要素相互联系、相互作用所形成的特殊结构方式来说明。审美心理结构是
审美经验中各种心理要素之间形成的一种稳定的内部联系和相互作用的方
式。审美经验的整体性质和特点就是由它的特殊心理结构方式所决定的。
审美心理结构是多层次、多等级的。审美认识活动包括感知、表象、联想、
想象、理解等不同认识层次，各种感性认识因素和理性认识因素以特殊方

式相互联系、相互作用，形成感性与理性相统一的审美认识结构——形象观念、意象和形象思维，它具有"思与境偕""寓理于情""可解不可解之会"等审美特点。审美情感活动包括审美主体与对象互动中产生的各种情绪、激情和情感，它们与不同的认识层次相联系，从浅层次、简单的情感发展到深层次、较复杂的情感，并形成不同的情感活动形式。较常见的审美情感活动形式有触景生情、移情作用、人物内心体验、同情共鸣等，它们互相结合构成多层次审美情感结构。审美认识结构和审美情感结构以特殊方式交互作用、相互协调，导致合规律性与合目的性相统一的自由和谐的心理活动，最终形成以情感愉悦和心灵感动为特点的审美总体体验。审美愉快的总体体验，不是某一种心理因素引起的，也不同于审美活动中伴随不同认识因素的各种情感因素。它是审美心理整体特殊结构方式的产物，具有复杂、丰富的心理内涵和心理原因。

倡议建设中国特色审美学

夏和顺：您的新著《审美学现代建构论》提出把审美学作为一门独立综合的学科来建设。审美学和美学是什么关系？建设审美学对推动当代美学的发展有何意义？

彭立勋：审美学作为美学的一门相对独立的分支学科，它以人的审美活动和审美经验作为特定的研究对象。就研究对象说，审美学和美学是部分与整体的关系。按照传统理解，美学应当包括美、美感和艺术的研究，也就是包括了审美学的研究内容。但审美学和美学在研究对象的重点上是不完全一样的。审美学的研究对象重点集中在审美经验上。它对美和艺术的研究也是从审美经验出发的，并且是密切结合着审美经验的。就研究范式和方法看，审美学又超越了美学的学科界限。比如，审美心理研究需要美学和心理学、艺术学等学科的交叉；审美评价研究需要美学和价值学、艺术批评学等学科的交叉；审美趣味、审美标准和审美理想的研究需要美学和文化人类学、社会学等学科的交叉；等等。所以，审美学在美学中具有相对独立性，应该而且可以作为一门独立的学科存在。西方当代美学家多持这种看法。西方心理学美学家几乎都是将心理学美学或审美心理学作为一门独立学科来看待的，有的甚至将它看成心理学的分支学科。

西方美学的研究重点从美的本体、美的本质向审美主体、审美经验转移，是 20 世纪美学转型发展的重要表现。心理学美学的异军突起使审美经验独立成为美学的研究对象。从哲学、心理学、艺术学各种不同角度研究审美经验的学说和派别层出不穷。审美经验以及与此相联系的各种艺术问题的研究已成为当代美学研究的重点。这种变革被公认为是当代美学区别于传统美学的一个主要标志。美学的这种变革必然推动学科的转型发展。在研究对象重点转移的同时，美学的学科体系和研究方法也产生了重要变化。许多当代有影响的美学家往往以审美经验作为构造全部美学体系的出发点，或作为研究所有美学问题的基础，这极大地推动了审美学的建设和发展。我国 20 世纪 50 年代以后的美学大讨论，基本集中在美的本质问题上，造成审美经验研究的长期缺失。改革开放以来，追赶世界美学转型发展的趋势，对审美经验的研究有了长足发展，推进审美学学科建设已成推进我国当代美学研究创新发展的必然之举。

夏和顺：您在书中提出的建设中国特色现代审美学的主张，很有学术价值和现实意义。您认为建设中国特色审美学应当从哪些方面着手？

彭立勋：建设中国特色现代审美学要以辩证唯物主义和历史唯物主义以及马克思主义实践观为指导，综合融通古今中外各种资源，特别要运用好三个方面的资源。一是马克思主义美学资源，包括马克思关于劳动实践与审美活动、两个尺度与美的规律、人的对象化与审美感觉、文艺的意识形态性和审美性、艺术把握世界特殊方式、艺术生产规律等重要论述。二是中国优秀传统美学资源，包括传统文论、诗论、画论、乐论、书论、曲论等领域丰富多样的审美学思想。三是国外美学资源，包括西方从古代到现代的各种美学研究特别是审美学研究的优秀成果。从美学研究现状看，尤其需要强调结合新的时代条件，继承和弘扬中国优秀传统美学，实现其创造性转化。要立足于中国当代审美和艺术实践，古为今用，洋为中用，在融通中外古今资源的基础上，不断推进学科体系创新、理论观点创新、研究方法创新，从而促进中国特色现代审美学建设。

夏和顺：美学本是西方文化的一个范畴，到了 18 世纪，美学才发展成为一门学科。中国古代只有文论，没有西方意义上的美学，比如"羚羊挂角，无迹可求"之类，实用却又玄乎。到了近代，随着西方美学的传播，中国人才开始寻求将传统的文论与之对接，比如王国维的《人间词话》。你认为建设中国特色审美学可以从中国文论中吸取哪些重要资源？中国传统审美学思想具有哪些特点？

彭立勋：中国传统文论包括诗论、乐论、画论、曲论等，蕴藏着丰富的审美学思想，形成了独特的审美学说、概念、范畴和话语体系，具有独特的理论形态和思维方式。其中一系列核心学说和范畴，如感兴说、神思说、情志说、意境说、情景说、言意说、虚实说、兴趣说、妙悟说、韵味说、虚静说，等等，反映和概括了审美和艺术的本质特征和普遍规律，充满唯物辩证思想和健康审美追求，经过现代性阐释和创造性转化，赋予其时代内涵和意义，是完全可以与当代美学理论和话语体系相融合的。这是中国特色现代审美学建设和发展的十分宝贵、不可多得的重要资源。

中西审美学思想是建基于中西两种具有不同背景和特色的文化基础之上的。由于中西文化思想在思维方式上存在很大差别，中国审美学思想也形成了与西方审美学思想不同的特点。首先，中国传统审美学思想强调审美中主客体的相互作用和辩证统一。一方面，"心物感应"说强调审美心理活动是由外物引起的；另一方面，"心物相取"说又强调审美经验中主客、心物之间的互相联系、不可分割和互相作用、融为一体。这与西方审美学中多将审美主客体分离、对立起来的观点是完全不同的。其次，中国传统审美学思想强调审美心理的有机整体性。不同于西方美学将审美中情感和理性对立起来的观点，中国传统审美学思想十分强调审美过程中感情与认识、情感与理性的相互统一和融合，形成了占主导地位的"情志一体""情理交至""以理导情""寓理于情"等审美学思想。最后，中国传统审美学思想强调审美活动和审美经验的社会伦理道德价值和意义。突出强调美与善的高度统一，是中国传统美学一个极为显著的特征，长期影响着中国传统文艺和审美学思想的形成和发展，使中国传统审美学极为重视文艺对于真善美价值的追求，十分强调文艺感动人心、陶冶情性、塑造心灵、引人向上、淳化风俗的重要社会作用，特别重视审美活动和审美经验所具有的社会伦理道德意义和价值。这与西方美学中提倡的"审美不涉社会功利""为艺术而艺术"等思想主张是大不相同的，充分表现出中华传统美学思想积极向上的人生进取精神。

实现学术人生重要转折

夏和顺：1987 年您接到国家教委的指派到英国作学术访问，随后您到剑桥大学做了一年的访问学者，您说过这是您思考问题最多、感觉也最愉快的一年。这一年您思考最多的是什么？它对您的学术道路有何影响？

彭立勋：我在剑桥大学一年的学术访问，为我近距离直接接触和体验西方文化和美学研究氛围提供了难得的机会。剑桥大学图书馆是世界上最丰富的英文图书著作收藏之地，从古代到现、当代的英文美学和文艺理论著作应有尽有。我大部分时间是带着研究课题到图书馆查阅美学图书资料，浏览了许多西方最新的美学著作和研究成果，也收集到我所需要的重要研究资料，从而大大开阔了我的学术视野。通过和剑桥大学的教师和学者接触，参加相关学术活动，给我最深的印象，就是那里充满学术探讨和创新的环境和气氛。英国当代美学思潮和流派不仅多种多样，而且见解新颖，思想活跃。美学和艺术研究以开放的姿态，面向当代审美和艺术实践，注意探索艺术发展中出现的新现象、新问题，大学美学讲座的题目大都很新颖，这也促进了我的学术思想的解放。剑桥一年是我学术生涯中最值得怀念的一年，我的主要著作《审美经验论》就是在那里完成构思的。

夏和顺：1986 年，您的《美感心理研究》获得全国优秀畅销书奖和湖北省社会科学优秀成果二等奖，这在当时都是了不起的成就。1988 年从剑桥大学回国后您有了更好的学术基础。在这种情况下，您为什么还要从华中师范大学调到深圳工作？您说过当时学校不愿放您，章开沅校长劝您留下，认为您的学术前景一片光明，而选择去深圳发展，至少当时没有学术氛围。人生有舍有得，现在回想起来，您当时的选择有没有损失？

彭立勋：20 世纪 80 年代中期，深圳经济特区建设如火如荼，非常吸引人。1986 年，我得知深圳正在考虑筹建社会科学研究机构，觉得这个想法非常具有开拓性，并且和我的学术事业和追求很吻合，便与深圳市委宣传部联系，说我想来参与这件事。没想到他们很快就向我们学校发来商调函。正在这时，国家教委也发函到学校，决定派我到英国做访问学者。我非常珍惜这次难得的出国留学机会，就去了英国剑桥大学。1988 年我从英国学习结束回国，就托人向深圳市委宣传部问社科机构是否成立了，我还能不能来。很快就得到回复说"位置还给你留着"，这让我很受感动。但是，当时母校执意挽留，章校长的劝说和怜惜更让我感到犹豫。我考虑到人生还有很多路要走，去深圳能开拓一个新领域，有很大的创造发展空间。就这样，在各种曲折矛盾中，我来到深圳，开始参加深圳社会科学研究机构的创办工作。

在深圳，从筹建社科院到担任院长，我的主要精力和时间几乎都用在社会科学研究管理和组织工作上，美学研究自然不能不受到影响。我在剑桥已经构思好了《西方审美心理学史》一书的写作提纲，这时也只能暂时放下。但是这种牺牲是值得的。能够参与创建特区首个社会科学院，应该是我人生中做的一件最有价值的实事。

夏和顺：难能可贵的是，您在繁忙的工作之余，并没有放弃美学研究。美学研究是您的兴趣所在，也是您孜孜不倦的学术追求，请简单介绍您的研究情况。

彭立勋：来到深圳的第三年，我便完成了《审美经验论》的写作并出版。后来又出版了论文集《美学的现代思考》。1999 年《中国社会科学》还发表了我的长篇论文《20 世纪中国审美心理学建设的回顾与思考》。2002 年我从领导岗位退下来以后，想努力把以前牺牲的学术研究时间补回来，就参加了汝信先生主持的国家社会科学基金课题，作为副主编完成了 4 卷本的《西方美学史》的编著和出版，同时，我个人陆续写成并出版了《趣味与理性：西方近代两大美学思潮》《审美学现代建构论》，最近又出版了论文集《中西美学范式与转型》，做成了我想做的美学研究。

夏和顺：您担任深圳社会科学院首任院长，长期主持深圳社会科学研究工作，对深圳社会科学的发展进程非常熟悉。按照您的观点，深圳社会科学研究应该取长补短，建立自己的特色优势学科以带动其他方面的发展。您主持完成的《邓小平经济特区建设理论与实践》一书获得国家社会科学基金项目优秀成果三等奖，请您简单介绍一下情况。

彭立勋：深圳社会科学研究起步晚，学术机构规模较小，学术人才较少。要在短时间内取得明显成果，发挥应有作用，必须走一条创新之路，重点在形成优长特色学科建设上取得突破。为此，我一直在寻找突破口。1993 年 5 月，我接到中宣部关于召开"建设有中国特色社会主义理论研讨会"的通知，因为会议要求提交论文，我经过学习、思考，找到一个将有中国特色社会主义理论与深圳实践结合的交叉点，写了题为《邓小平经济特区建设思想及其在深圳的实践》的论文，送到中宣部。6 月，我赴上海参加理论研讨会。中宣部安排我在开幕式上发言。1994 年 2 月，《人民日报》又以较大篇幅发表了我向这次会议提交的论文。这使我意识到将邓小平理论与特区建设实践研究形成优长特色学科是大有可为的。经过酝酿，当年10 月我以"邓小平经济特区建设思想研究"作为课题名称申报国家社科基金项目，获得批准。后来我和写作组研究人员通力合作，完成了专著《邓小平经济特区建设理论与实践》，此书出版后，著名哲学家邢贲思称其"填补邓小平理论研究的一个空白"。1999 年，全国哲学社会科学规划领导小组决定对"六五"至"八五"时期国家社会科学基金项目的优秀成果进行评奖，这本书获得了三等奖，是广东省唯一的获奖著作。

夏和顺：您认为没有学术创新就没有深圳学派，其实您的审美学研究就很具创新精神。《中西美学范式与转型》刚刚由中国社会科学出版社出版，这是您的最新论文集，我注意到您除继续探讨审美学建构问题之外，还涉及生态美学、环境美学、建筑美学等领域，请谈谈这方面的感想。

彭立勋：学术创新是哲学社会科学发展的永恒主题，是学术理论的生命力所在。要形成深圳学派，必须有原创性的学术理论，否则就是一句空话。学术创新可大可小，但都必须是独创性的研究成果。我在美学研究中坚信，只要走自己的路，就会有广阔的创新空间。《中西美学范式与转型》是我近 20 年来发表的美学论文选集，涉及审美学、中西美学、审美文化、环境美学等不同方面，集中体现了我对当代美学研究许多新课题的独立思考和独特见解。生态和环境问题是当代人类生存面临的重大迫切问题，生态和环境美学可说是应运而生。我从 20 世纪 90 年代初便开始研究环境美学，这在国内算是较早的。我在《文艺研究》上发表的《城市空间环境美与环境艺术的创造》，曾被钱学森推荐收入《钱学森论城市学和山水城市》一书。这也促使我更加关注于当代美学新问题、新课题的探讨，从而拓展了美学研究的领域。

附录：彭立勋学术小传

彭立勋，湖北谷城人，1937 年出生。1960 年毕业于华中师范大学中国语言文学专业。历任华中师范大学中文系教授、系副主任、文学研究所副所长。

1987～1988 年受国家教委派遣，在英国剑桥大学做高级访问学者。1988 年回国后到深圳工作，负责创办深圳市社会科学院，任首任院长。1995～2001 年，任深圳市社会科学联合会主席、广东省社会科学联合会主席团委员。2000 年被聘为华中师范大学兼职教授、博士生导师。为国际经验美学学会副会长，中华美学学会理事、广东省美学学会副会长。

彭立勋长期从事美学研究，研究内容涉及美学原理、美学史、比较美学、文艺理论诸方面，尤以审美经验研究见长，致力于在马克思主义哲学方法论基础上，立足审美活动，融会中外古今，构建新的现代审美经验理论体系。已出版的主要著作有《美的欣赏》（1984 年）、《美感心理研究》（1985 年）、《西方美学与中国文论》（合著，1986 年）、《西方美学名著引论》（1987 年）、《审美经验论》（1989 年）、《美学的现代思考》（1996

年)、《西方美学史》(第二卷)等。另在《中国社会科学》《哲学研究》《文学评论》《文艺研究》《学术月刊》《学术研究》等报刊发表论文 200 多篇。

彭立勋著作获奖情况:《美感心理研究》获 1986 年全国优秀畅销书奖、湖北省社会科学优秀成果二等奖;《西方美学与中国文论》(合著)获 1987 年中南五省优秀教育读物一等奖、全国第一届优秀教育图书一等奖;《审美经验论》获 1990 年深圳经济特区 10 年社会科学优秀成果一等奖、1994 年广东省优秀社会科学研究成果一等奖;《20 世纪中国审美心理学建设的回顾与展望》获 2000 年深圳市社会科学优秀成果一等奖。

解析"弹簧上的行政"

——谢志岿访谈录

受访者：谢志岿
采访者：夏和顺
时　间：2016 年 5 月
地　点：深圳市社会科学院

　　谢志岿现任深圳社会科学院社会发展所所长，兼任深圳市决策咨询委员会、深圳市社会建设咨询委员会决策咨询专家，主要研究领域为城市化与社会发展、转型期国家和社会治理、公共政策等。

　　谢志岿勤于著述，成果丰盛，早在 2005 年，他即出版了《村落向城市社区的转型》一书，是国内学界研究城中村问题的先驱。2015 年，商务印书馆出版了《弹簧上的行政——中国土地行政运作的制度分析》，此书在国家治理中提出了组织的非正式制度概念。此外，谢志岿近年主持和参与了国家社会科学基金、部省市各类重点研究项目达数十项之多。

　　夏和顺：2005 年，您出版了《村落向城市社区的转型》一书，对城中村人口、经济、社会、治理及改造等进行深入探讨，分析总结中国背景下城市化过程中出现的新的城市问题类型。相信这是从理论上研究城中村现象的较早的著作，这在当时有何意义？

　　谢志岿：2005 年中国社会科学出版社出版了我的《村落向城市社区的转型》，这部书在田野调查和比较研究的基础上，从理论上总结了城中村这一中国背景下城市化过程中出现的新的城市问题类型。对城中村人口、经济、社会、治理及改造等进行了富有理论性的探讨，拓展了城中村理论研究的视野和范畴。著作将中国制度背景下村落向城市社区的转型概括为"转制型城市化"，并对转制型城市化的政策问题进行了全面的探讨和深入的理论分析，提出了许多创新性的观点。

有论者称，该著作对城中村问题的理论分析，拓展了城中村及城市社会研究的理论视野，观点新颖，内容丰富，对深入认识和解决城中村问题，具有重要的参考价值。

夏和顺：2015 年您的另一部专著《弹簧上的行政——中国土地行政运作的制度分析》由商务印书馆出版，这部书关注的问题还是与农村城市化及土地转型有关，所不同的是，您是用土地行政来诠释国家治理中的制度运作，这是否与您攻读博士学位的专业——政治与行政学有关？

谢志岿：是的，这部书是我在香港中文大学完成的博士学位论文基础上修改而成的。我于 2004 年 8 月赴香江攻读博士学位，2008 年完成论文初稿，形成论文核心观点，2010 年答辩通过。之后又陆续对论文的一些章节作了较大幅度修改，最终形成这部书稿。我的专业是政治与行政学，这部书也主要是用土地行政来诠释国家治理中的制度运作，研究土地行政中的正式制度与非正式制度的关系。

夏和顺：亨廷顿认为，制度是稳定的、受尊重的和周期性发生的行为模式，组织和程序与其制度化水平成正比例。您是否认同他的观点？您本书中的制度概念与他有何异同？

谢志岿：传统的制度化理论，强调政治系统与稳定及适应性相联系的那些特征。就像你提到的亨廷顿对制度的定义，他强调制度化是组织和程序获取价值和稳定性的一种进程，任何政治体系的制度化程度都可根据它的那些组织和程序所具备的适应性、复杂性、自治性和内部协调来衡量。我在这部书中采用较宽泛的制度定义，将其界定为规范组织和个人行为或标示组织和个人模式化行为的成文或不成文的规则、文化和价值观等的总和，即那些有一定约束性，能够形成模式化行为的惯例、规则和结构，包括信念和文化等，都是制度的组成部分。

夏和顺：正式制度与非正式制度的关系问题是新制度主义研究的重点领域之一。您的专著名为《弹簧上的行政》，所谓弹簧，是用来形容非正式制度与正式制度间强弱关系的，此弱彼强，此强彼弱，这个比喻十分贴切。非正式制度包括哪些方面？您在本书中引入了"组织的非正式制度/规则"这一概念，它的内涵是什么？它与前述非正式制度有何区别？

谢志岿：地方政府非正式制度作用的强弱和正式制度的执行情况，往往取决于正式制度的执行强度。正式制度执行强度大，非正式制度作用就较弱，制度绩效就较高；反之，非正式制度的作用较强，正式制度执行就较弱。这就是我说的"弹簧上的行政"——弹簧的伸缩取决于施加压力的大小。

在新制度主义的概念里，"非正式制度"一词被用于指称包括诸如人际网络、庇护主义、腐败、宗族和黑帮组织、市民社会、传统文化，以及立法、司法及官僚机构的道德规范等对象。影响中国政治与行政运行状况的因素很多，诸如宗派、非正式政治、重社会关系而不重制度的文化传统、官员腐败、政治结构、社会转型等。我在这本书中提出了一个新的解释视角，即组织的非正式制度/规则视角。我认为，中国政治系统（尤其是地方行政系统）组织性地利用非正式制度/规则来达成行政目的，是导致地方政治尤其是地方行政运行制度化程度较低和整体行政绩效较低的重要原因。

夏和顺：中国土地管理是目前比较热门、争议颇多的领域，您选择土地行政为案例来探讨中国行政的制度化问题，有何典型意义？

谢志岿：行政的制度化是一个宏大的问题，笼统地进行讨论难以深入，解剖一只麻雀比浏览一群麻雀更深入，因此我决定选择个案来研究。土地管理是近年来令人瞩目、争议也较多的领域，但由于其专业性和复杂性，在政治学、行政学领域很少有人触及。中国改革开放以来，随着经济的发展和城市化进程的推进，对建设用地的需求大大增加，从土地审批、征收或征用、出让、使用到监管各个环节，涉及的相关方，如政府、村集体、村民、用地单位等基于自身利益展开了复杂的博弈，由此形成了复杂的利益格局和斑驳陆离的土地政治生态。因此，土地行政是研究中国行政制度化问题的一个典型个案。

夏和顺：您在分析房地产调控中的非正式规则时认为，房地产价格居高不下的原因是地方政府为谋取可观的土地出让金和税收收入。这个问题可否用您的组织非正式规则解释？

谢志岿：1949 年至今，中国土地制度及土地管理的组织与制度，经历了复杂的变迁过程，反映了外生性变化对利益相关方在土地成本及收益方面的持续影响，也反映了国家在调整这些利益、形成规范有效的土地管理正式组织和制度方面所作的努力。

地方政府在土地行政中采用各种非正式规则突破正式制度的限制，其原因既源于国家的土地（管理）制度安排，也源于土地管理的总体性制度环境。主要包括：（1）财政制度与利益结构（土地财政）。（2）土地产权与公地问题。如农村集体土地权利义务不明晰导致土地利用上的囚徒困境博弈。（3）土地计划管理体制与委托代理问题。（4）压力型体制导致下级政府（组织）行为变异。（5）司法制度的缺席。（6）传统社会主义意识形态的影响。（7）从预算软约束到资源软约束。（8）总体性制度安排的缺失，如土地义务制度（税负）制度安排、征地赔偿制度安排的缺失等。

您提到的房地产价格问题，也是正式制度与非正式规则博弈的结果。由于房地产价格上涨能为地方政府带来可观的土地出让金和税收收入，因此地方政府在某种意义上希望房地产价格维持在一个较高的水平。只有房价上涨到过高水平，导致城市营运成本过高，影响到城市竞争力时，或者存在金融风险时，地方政府才会有意控制房价上涨。

夏和顺：您的这部书既是一部理论著作，又是解决实际问题的范本，您在书中的政策研究对解决当前土地问题具有哪些参考价值呢？

谢志岿：本书提出了土地管理制度改革的目标模式，即建立权利与义务完善、对等的土地管理制度体系。从健全土地权利体系、健全土地义务体系、建立土地开发权及其交易制度、推进土地供应和管理制度改革、完善土地管理制度环境几个方面，提出了改革构想，对从根本上解决当前土地问题具有重要参考价值。目前的一些改革设想和做法，比如，单纯提高征地拆迁补偿价格，或许可以减少征地拆迁上的争议，但可能难以根本消除争议。因此，必须引入完善、对等的权利和义务体系，为各方利益提供公认的合理边界，以降低土地权益变更时的交易成本。完善对等的权利与义务体系，可以使小产权房和城市房屋拆迁等问题迎刃而解。

夏和顺：您还对国家和社会治理的诸多问题，如中央与地方关系、新公共管理改革、社会办医、社区管理体制改革和风险社会治理等展开了深入研究。请简单介绍这些方面的研究成果。

谢志岿：是的，因为工作关系，这些年我研究的领域比较广。比如对于中央与地方关系，我提出协调中央与地方关系，一般要进行两次分权。一次是政府外分权，即政府与市场和社会的分权；一次是政府内分权，即中央与地方分权。只有先理顺政府与市场和社会的关系，才能为根本理顺政府内分权确立基础。对于新公共管理改革，我分析了西方国家20世纪80年代以来开展的新公共管理运动的理论基础，指出其存在的不足。在分析我国公共事业领域的改革时，以医疗、教育等领域的改革为例，揭示了当前改革存在的市场化不足和市场化过度的矛盾，讨论了公共服务市场化改革的边界。在行政管理层级改革的研究中，则讨论了行政层级过多、管理链条过长的问题，提出科学划分基层治理结构和功能，理顺各治理主体的职责关系，实现行政管理与基层自治相互衔接、良性互动的具体主张。

附录：谢志岿学术小传

谢志岿，湖南人，政治学研究员，香港中文大学政治与行政学专业博士，复旦大学国际政治系行政学专业硕士，湖南师范大学政治系法学学士。现为深圳社会科学院社会发展所所长，兼任深圳市决策咨询委员会、深圳市社会建设咨询委员会决策咨询专家。

主要研究领域为城市化与社会发展、转型期国家和社会治理、公共政策等。

主持和参与了国家社会科学基金、部省市各类重点研究项目数十项，主要有：国家哲学社会科学基金重大项目（2014）"新兴城市文化流动与文化创新研究"子课题"移民社会与文化流动"首席专家；国家哲学社会科学基金项目（2002～2005）"城市割据与城市融合：城市化进程中'城中村'问题研究"（主持人）；广东省委部署、省人大委托课题（2014）"城市化进程中村改居治理体系与路径选择课题研究"（深圳、东莞）（主持人）；广东省委部署、省委组织部承担课题（2014）"深圳城市社区治理体系研究"（参与）；深圳市社工委课题（2014）"深圳市社区工作职能清单与准入制度研究"（主持人）；2007 年国务院发展研究中心"城市郊区宅基地问题研究"子课题"深圳宅基地问题研究"（主持人）；深圳市委政策研究室重点课题（2015）"智慧型扁平化城市治理层级研究"（主持人）；深圳市"十二五"规划课题"社会发展质量与社会建设路径研究"（主持人）；深圳市宣传文化基金项目"深圳市社情民意调查与分析"（主持人）；深圳市决策咨询委员会 2011 年重点课题"推动社会力量参与深圳医疗服务研究"（主要负责人）；2012 年深圳市政府发展研究中心委托课题"深化大部制改革的实施方案研究"（主持人）；深圳市发展与改革委员会重点研究课题（2011）"深圳经济特区基本公共服务一体化策略研究"（主要负责人）；深圳市决策咨询委员会 2011 年重点课题"深圳质量研究"（主要成员）；深圳市决策咨询委员会 2009 年重点课题"深圳市实施大部门体制改革研究"（主要成员）；深圳市决策咨询委员会 2009 年重点课题"深圳市政府管理层级体制改革研究"（主要成员）等。

出版专著 2 部，参与编撰著作 5 部，发表论文 50 余篇，其中 CSSCI 论文 30 余篇，被中国人民大学复印报刊资料和《新华文摘》转载（摘）10 余篇。

主要著作有：《弹簧上的行政——中国土地行政运作的制度分析》（30 万字），商务印书馆 2015 年出版；《村落向城市社区的转型》（45 万字），中国社会科学出版社 2005 年出版；《新型城市化的深圳实践》（副主编），中国社会科学出版社 2016 年出版。

主要论文有：《低制度化治理与非正式制度——对国家治理体系与能力

现代化一个难题的考察》，《国外社会科学》2014 年第 5 期；《组织的非正式制度——对中国土地行政运作的新阐释》，《中国社会科学》（内部文稿）2014 年第 6 期；《土地管理的制度化和绩效——以组织的非正式制度为视角》，《中州学刊》2015 年第 1 期；《中国大部制改革的谜思与深化改革展望》，《经济社会体制比较》2013 年第 2 期；《房地产调控：从行政控制到利益协调——目标替代的非正式规则与房地产调控模式转型》，《公共行政评论》2012 年第 3 期；《如何制度化地解决当前中国土地问题？——对土地管理制度改革目标模式的探讨》，《中国行政管理》2012 年第 1 期；《转型期社会问题与国家治理创新》，《理论与改革》2011 年第 4 期；《外部约束、主观有限理性与地方行政改革的制度供给》，《经济社会体制比较》2011 年第 2 期；《错误的民主观念与现实的民主路径——对中国特色社会主义民主道路的理论思考》，《政治学研究》2009 年第 6 期；《泛市场化改革不利于科教文卫事业发展》，《理论前沿》2009 年第 18 期；《人民政协与中国特色的公共治理》（第二作者），《学术研究》2009 年第 3 期；《社会资本：理论史与主要论域》，《学术探索》2007 年第 3 期；《新公共管理的知识基础及其局限——兼论公共行政学的发展趋势》，《公共管理研究》2006 年第 4 期；《村落如何终结？——中国农村城市化的制度研究》，《城市发展研究》2005 年第 5 期；《化解城市化进程中的"城中村"问题》，《特区理论与实践》2003 年第 4 期；《公社后体制下的乡村政治：变迁与重建》，《社会科学战线》1999 年第 1 期；《协调中央与地方关系需要两次分权——对协调中央与地方关系的一项新的探索》，《江海学刊》1998 年第 1 期等。

科研成果主要获奖情况：《珠三角城市化进程中的村居治理体系与路径选择》（深圳报告）获深圳市哲学社会科学优秀成果奖调查报告一等奖（2015）；论文《中国大部制改革的谜思与深化改革展望》获《经济社会体制比较》杂志年度优秀论文奖（2013）；论文《错误的民主观念与现实的民主路径》获深圳市哲学社会科学优秀成果奖论文一等奖（2012）；论文《外部约束、主观有限理性与地方行政改革的制度供给》获广东省学术年会优秀论文一等奖（2009）；著作《村落向城市社区的转型》获广东省哲学社会科学优秀成果著作二等奖（政府奖）（2007）。

梵典华章谱新篇

——郁龙余访谈录

受访者：郁龙余
采访者：夏和顺
时　　间：2016 年 1 月
地　　点：深圳市福田区彩田村

夏和顺：印度与中国同为世界四大文明古国，《摩诃婆罗多》和《罗摩衍那》是印度两部史诗，成诗时间很早，但它们对中国文化的影响相对于佛教几乎可以忽略不计，至今知道这两部史诗的中国人估计也不会很多。其主要原因是什么？

郁龙余：在中国与印度文化交流史上，存在两大不平衡：第一，中国接受印度影响多，印度接受中国影响少，出现了中国译印度经典"一屋子"，印度译中国经典不满"一盒子"的情况；第二，中印文化交流历史悠久，源远流长，但是印度的主流文化、主流文学却极少传到中国来。所以，《摩诃婆罗多》和《罗摩衍那》两大史诗并没有在中国流传。其中原因众多复杂，但主要是宗教的排他性使然。

两大史诗属于印度教（前身为婆罗门教）系统，是印度主流文化的重要内容，佛教徒视之为外道，对其讳莫如深。但是，世界上的事物不是绝对的。佛经中《杂宝藏经》里的《十奢王缘》和《六度集经》里的《国王本生》，一讲国王的太子罗摩流放期满归位，一讲国王失妻得妻，合起来就是《罗摩衍那》的故事梗概。这两则故事虽然经过佛教徒的改造，但在大史诗的研究中有很高地位，认为是《罗摩衍那》在国外的最早译介，引起了各国学者的重视。

夏和顺：印度文化第二次成席卷之势影响中国可能就是大诗人泰戈尔热了。泰戈尔曾于 1924 年和 1929 年三度访华，均引起轰动。他在中国如此受欢迎，是因为诺贝尔奖的效应，还是他的诗作正好符合中国新文化运动的精神或审美习惯？

郁龙余：您说得很对。印度文化第一次对中国的大规模影响，是佛经翻译带来的；第二次则是由泰戈尔热带来的。泰戈尔在 20 世纪 20 年代曾三次访华，以 1924 年的第一次影响最大。他在中国如此受欢迎，主要有两个原因：一是他的作品符合中国人的审美需求；二是他是首位获得诺贝尔文学奖的东方诗人。这二者中，第一个原因是主要的。20 世纪初，诺贝尔文学奖的影响力还不大，主要集中在西方国家中。自泰戈尔开始，诺贝尔文学奖才从真正意义上走向了世界。

我认为，中国人喜爱泰戈尔有十大理由。我在《泰戈尔作品鉴赏辞典》的代序"泰戈尔和中国读者心连心"中列出这十大理由：一是少年天才；二是德艺双馨；三是诗意动人；四是形象可人；五是出身名门；六是名扬天下；七是吹拂新诗；八是名家译介；九是患难之交；十是走进教材。实际上，可能还有更多理由，但抓住了他的诗美就抓住了根本。2014 年 9 月 18 日，习近平主席在新德里发表题为《携手追寻民族复兴之梦》的演讲，他说："泰戈尔的《吉檀迦利》《飞鸟集》《园丁集》《新月集》等诗集我都读过，许多诗句让我记忆犹新。"他还背了好几段泰戈尔的诗句，令听讲者兴奋钦佩不已。

2013 年，我们深圳大学联络北京大学、杭州佛学院等相关单位举办"泰戈尔在我心中"有奖征文比赛，之后将优胜作品结集出版了《泰戈尔落在中国的心》一书。2014 年又举办第二次征文比赛，应征作品是第一次的近六倍。在新德里的一次研讨会上，我把这一情况告诉了印度朋友，他们大为惊喜，半认真半幽默地说：你们对泰戈尔的热爱不亚于甚至超过了我们。我笑道：泰戈尔和释迦牟尼一样，印度是他永远的故乡。

2017 年 1 月，我应邀出席新德里世界书展，在发布会上举起一本摄影画册说：印度送给中国三尊泰戈尔铜像，2000 年送给北京大学一尊，2010年送给上海市一尊，2015 年送给深圳大学一尊。深圳大学师生十分喜欢，举办了深圳大学泰戈尔铜像摄影大赛，这是部分参赛作品的合集。

泰戈尔在中国的影响，不但是巨大的，而且是持久的。

夏和顺：您研究中印文学和文化交流史数十年，最近又出版了新著《中国印度文学交流史》，您认为中国文化对印度的影响主要在哪些方面？在印度最受欢迎的中国作家有哪些？

郁龙余：在出版《中国印度文学比较》《中国印度诗学比较》之后，我用十多年时间与我的学生一起，完成了《新中国外国文学研究 60 年·印度卷》和《中外文学交流史·中国—印度卷》。后者已于近期由山东教育出版社出版，这是一本六七十万字的专著。据我的研究，印度对中国文学的影响深刻而巨大。这种影响主要是由佛教来实现的，突出表现在文学体裁、文学题材、文学形象和文学语言四个方面。有人用四句诗来形容：志怪传奇章回体，吃斋念佛修苦行，如来观音孙悟空，提笔无佛不成文。除此，佛教和佛教文学对中国文学理论也产生深刻的影响。这种影响可用元好问的诗句"禅是诗家切玉刀"来形容。这是一个大课题，有兴趣者可读《中国印度文学交流史》的第二章"佛教文学对中国文学的影响"。

在印度最受欢迎的中国作家是鲁迅，他们在大学里召开过专门的研讨会。对茅盾、老舍、巴金等，印度也有人喜欢。现在的印度人，开始把目光投射到中国当代作家身上，像王安忆、莫言、陈忠实、王朔等作家，都引起了他们的兴趣。尼赫鲁大学有位博士生孟珠，研究的正是这个课题，她在给我的信中列出了一个长长的名单，2017 年她将到中国来进行采访和资料收集。她的博士学位论文，将是对您这个问题最好、最详尽的回答。

夏和顺：您本人及深圳大学印度研究中心近年来致力于中印文化研究与交流，成果丰硕。在刚刚闭幕的印度世界书展上，有大量中国图书参展，可谓中印文化交流的一个缩影。请您简单介绍一下您及印度研究中心学术成果的参展情况。

郁龙余：2016 年 1 月 9 日至 17 日，印度新德里举办世界书展，中国是主宾国。我应邀出席了这届书展，亲身体认到，书展规模宏大，中国展馆琳琅满目，熠熠生辉。其中"中印互译成果图书"特别引人注目，而且取得了喜出望外的收获。赴印之前，中国出版机构仅仅做好了转让英文版版权的思想准备。结果印度读者和出版商普遍要求出印地文版。中国外文出版社的印地文版《大唐西域记》，在深圳大学和杭州佛学院的支持下，于2015 年重版。2015 年 5 月，习近平主席将它作为国礼在西安大慈恩寺赠送给到访的印度总理莫迪。在书展上，外文出版社和一家著名的印度出版社签订了此书的版权转让协议。我和深圳大学印度研究中心蔡枫、朱璇、黄蓉合著的《印度文化论》，也由北京大学出版社和一家印度出版社签了英文版版权转让协议，他们还希望在英文版之后尽快出版印地文版。北京大学出版社还和这家出版社签订了袁行霈先生的《中华文明史》和郝平先生的《北京大学与中国高等教育的起源》的印地文版的版权转让协议。

山东教育出版社也有喜人收获。我和刘朝华博士合著的《中国印度文学交流史》，以及我和朱璇博士合著的《季羡林评传》，不仅签了英文版转让协议，而且还签了印地文版的转让协议。更令人惊喜的是，一家著名的泰米尔文出版社的社长主动找上门来，签了《季羡林评传》泰米尔文版的版权转让协议。山东教育出版社花了整整十年时间，出版了十七卷本《中外文学交流史》。这次书展一共只带去两套，一套送给了 ICCR（印度文化关系委员会）主席金德尔先生，一套送给了印度总理莫迪。金德尔先生和夏斯特利先生并称印度国学双璧，他对《中国印度文学交流史》充满兴趣，希望能早日见到英文版和印地文版。

从以上介绍中可知，母语沟通心灵。印度读者不仅希望中国将有关印度的著作译成英文，而且译成他们的母语——印地文、泰米尔文等民族语文。

夏和顺：季羡林先生生前即被誉为国学大师，但是他的主要学术成果是在东方学和印度学方面，他 1946 年回国后，受聘为北京大学教授兼东方语言文学系主任，可视为中国印度学研究的新起点。您刚才提到尊著《季羡林评传》刚刚由山东教育出版社出版，并参加了新德里世界书展，这部著作与以往的季羡林传或评传有什么不同？

郁龙余：2000 年，乐黛云教授约我为《季羡林与二十一世纪中国学术》撰写《季羡林与印度文学》一文，当时便萌生了写《季羡林评传》的想法，主要是收集资料和打腹稿。真正动手写作此书，花了近三年时间。由于朱璇博士的加入，大大加快了写作速度。

在《季羡林评传》之前，已有于青的《东方鸿儒——季羡林传》，张光璘的《季羡林先生》，蔡德贵的《季羡林传》和胡光利、梁志刚的《季羡林大传》等传记类著作。评传不同于一般传记，一般传记主要写传主生平，虽然也会涉及事业与影响，但不会是重点。而评传则是对传主的人生、事业与影响做出全面、深入、系统的评价。季羡林是有世界影响的中国学者，关于他的评传自然应该侧重于对他的学术和学术影响进行评价。全书分为"绪论：从大学问家到大思想家"，以及"当代中国的首席印度学家""彻悟真谛的佛学家""开宗立派的东方学家""不可或缺的翻译家""名副其实的比较文学大家""独树一帜的学者散文家""文化交流的伟大重镇""胸怀世界的敦煌吐鲁番学家""笃信马克思主义的大学问家""季羡林的情感世界"十章，附编"我为何要写《季羡林评传》"，附录"季羡林学术年谱简编"。我写季羡林评传的原则是"客观、真实、实事求是""成就说到位，缺失也说到位""重视现象，不做现象尾巴""对传主、读者和历史负责""不给自己提过分要求"。目的是对季羡林一生的功绩、际遇和归宿做出归纳和基本评价。

全书五十多万字，甫一问世便受到中国和印度学者的肯定和好评。实际上，由于各种原因书中的缺失不在少数，我们准备认真听取大家意见，将《季羡林评传》修改好，翻译好，使之成为一本有世界影响的传世之作。

夏和顺：您 1965 年入北京大学东方语言文学系，学习印地语专业，季先生当时仍然担任东语系主任，他对您的学术道路有何影响？金克木、刘安武等先生呢？

郁龙余：对我一生的学术道路影响最大的有陈一冰、季羡林、金克木、刘安武、汤一介、乐黛云、胡经之等老师。

陈一冰是我的母校上海县三林中学的高三语文老师，围棋国手陈祖德和著名作家陈祖芬的父亲。是他鼓励我和同班的两位女生报考北京大学，结果都考取了。可以说，陈一冰老师是我学术人生的指路人。

进北京大学后，季羡林是系主任，金克木是教研室主任，刘安武是对我专业指导最多的老师。我离开北大时，刘老师嘱咐我继续研究印度文学，并把他案头正在使用的《梵语文学史》送给了我。从总体上讲，季羡林对我影响和支持最大，主要是人格激励和精神鼓舞。这种激励和鼓舞对我来讲是决定性的，我的许多做法和坚持直接与此有关。季羡林不仅是我的业师，而且是我的精神导师，我在《我为何要写〈季羡林评传〉》一文中，对此有详细交待。

到了深圳大学之后，中文系的创始人乐黛云、胡经之以及汤一介教授对我大力提携。乐老师曾语重心长地说：龙余，做个大学者必须中西印皆通，一般人做不到。你是研究印度出身，有这个条件，印度研究不可失。我来深大三十多年，正是按着这条路走的。我由一个小语种印地语的讲师，逐步胜任教授中文专业的课程，还当了中国文化与传播系主任、文学院首任院长，和他们的支持与教导是分不开的。

现在，我已到古稀之年，在一些人眼里，也算功成名就。可是，我依旧笔耕不辍，为中印文化交流而奔波。有人说我"壮心不已"，其实我离季羡林、乐黛云诸师对我的要求还相去甚远。

夏和顺：我看深圳大学印度研究中心的资料介绍，季先生于 2005 年被聘为中心顾问。当时季先生已经 94 岁高龄，他对深圳大学印度研究中心的创办和学术研究有没有直接影响？

郁龙余：2005 年 7 月，深圳大学正式发文成立印度研究中心，并由校长章必功签署聘书，聘请季羡林出任中心顾问。这对名闻天下的季羡林来说，只是一个小机构的兼职而已，但是，当我将聘书送到他手上时，他的脸上绽放出灿烂的笑容。

季羡林是不图虚名的人。他担任深圳大学印度研究中心顾问之后，对我们的工作加大了支持力度。2005 年是中国比较文学学会成立 20 周年，我请季先生题词，他所写的祝辞是"承接古今，汇通中外"。出席"中国比较文学学会第八届年会暨国际学术研讨会"的近四百名中外学者闻讯莫不欢欣鼓舞。2006 年，我主笔的《中国印度诗学比较》一书出版，他为此书题写了书名。我主编了一套六卷本《泰戈尔诗歌精选》，也是他题写的书名。2008 年，深圳大学成立"谭云山中印友谊馆"，季先生欣然题写馆名。当季先生得知深大校长章必功是位"平民校长"，坚持"大学无官"，坚持"办学以育人为本，育人以素质为本，素质以做人为本"时，主动写下"桃李不言，下自成蹊"八字相赠。

2006 年是中印友好年，深圳大学举办印度节以示祝贺。9 月 21 日，季先生发来了意义深远的贺词："在过去几千年中，中国翻译了大量的佛教典籍，中华文化之所以能久盛不衰，与吸收佛教文化的精华是分不开的。但是我个人认为，中国高僧翻译之功甚勤而研究则没能跟上，现在，虽已时过境迁，但研究仍有其重要性。祝深圳大学佛教学研究不断取得胜利。"在季先生祝词的鼓励下，深圳大学的佛教学研究取得了一定成绩，并获赠两套佛经——《乾隆藏》和《大正藏》。

综上可知，深圳大学印度研究中心一直得到季羡林先生的亲切关怀与直接指导。

夏和顺：您创办的这所深圳大学印度研究中心，为何不称印度文学或文化研究中心？我注意到北京大学也有一所印度研究中心，这两个中心有何关联？深大中心除文学或文化研究外，还做了哪些重要工作？

郁龙余：成立研究中心时，到底叫"印度研究中心"，还是叫"印度文化研究中心"，我们进行了讨论。后来一致认为叫"印度研究中心"好。这样研究的面更宽广，既包括文化，也包括政治、经济、法律、国际关系等。

经过十年多的打造，深圳大学印度研究中心已经成了国内外知名的印度学研究机构。2015 年 11 月，我应邀出席在印度总统府召开的"世界印度学家大会"，我们的研究成果已经获得印度和世界各国印度学专家的公认，并一致同意第二届"世界印度学家大会"在深圳召开。

深圳大学印度研究中心是季羡林、金克木开创的北京大学印度学的南方分蘖。北京大学印度研究中心和深圳大学印度研究中心是中国最有影响的两个印度研究中心，两者南北呼应，成合抱之势。当我在世界印度学家大会上表示可以考虑第二届世界印度学家大会在深圳召开时，北京大学印度研究中心主任王邦维教授当即表示支持。我们在今后应进一步提高、充实自己，和北大及其他大学新成立的一批印度研究中心一起，真正把印度研究好，为中印关系和"一带一路"建设发挥不可或缺的作用。

夏和顺：您最近上书深圳大学领导及深圳市有关领导，呼吁成立深圳大学东方学院。如果这个学院能够成立，应该也是基于印度研究中心和其他相关学科的现有基础，提出这一设想，主要是考虑扩展您自己的研究领域，还是关心深圳大学及深圳学术研究的未来？

郁龙余：最近我上书深圳大学领导和市领导，呼吁成立深圳大学东方学院，主要是出于以下两大原因：一是中国经济发展进入新常态，深圳和国家面临重大挑战和新的发展机遇。二是 2015 年 11 月，国务院颁发《统筹推进世界一流大学和一流学科建设的总体方案》，给了深圳大学一次难得的"建设世界一流学科"的机会。国家鼓励和支持高校差异化发展，突出"扶优扶强扶特"，深圳大学经过三十多年的发展，取得了令世人惊叹的成就，但是，由于各种原因，尚不尽如人意，与深圳的地位不甚匹配。在这关键时刻，应痛下决心，狠下实招。所以，我提出了成立深圳大学东方学院的呼吁。

现在，我们提出"大深圳"的概念，要发展"大文化""大教育"。我在北京大学东方语言文学系学习、工作 19 年，对如何办好东方学院，在认识上是有思想基础的，在资源、人脉上也具有优势。当然，我们在特区办学，应该走新路，走内涵发展之路，基础与应用结合之路，这样，才能在三五年之内将深圳大学东方学院建成中国一流、世界著名的智库型学院。

我是 1984 年来深圳大学的，属于深大的奠基者之列。一所大学有没有前途，要看它的基础，看它的奠基者做了什么。我深爱深圳这片土地，深爱深圳大学这所年轻、充满希望和活力的大学。所以在我的视野与能力之内，提出创办东方学院。自从印度提出"向东看"，南亚、西亚以至北非国家也都跟着"向东看"。向东看什么？就是看中国。在深圳大学成立东方学院，不但有地缘优势，而且有利于在"一带一路"沿线国家中展示深圳优势，大大增强中国在世界事务中的话语权。

夏和顺：成立一个新的学院不是一件容易的事，您提出成立东方学院，最主要的理由是什么？会遇到的最大困难是什么？

郁龙余：创办新的东方学院确非易事，有四十多年高校教龄的我深知这一点。但是，只要天时、地利、人和三者具备，就不难建成。1983年，深圳大学当年批准、当年建校、当年招生，创造了高校史上的奇迹。现在的深圳，条件比当年相比已有天壤之别。要办好东方学院，根本不是难事。要说难，难在观念上、思想上，思想通了，观念转变了，要人有人，要政策有政策，要资料有资料，要设备有设备，要需求方有需求方，办好东方学院就不难了。

夏和顺：您于1984年从北大调入深圳大学，是深圳大学中文系的创系元老之一。深圳大学或者说深圳这座城市对您的学术道路有何影响？请您回顾一下初来深圳时令您感动的一些细节和人物。

郁龙余：深圳大学中文系的创始人是乐黛云、胡经之、汤一介诸先生。我和章必功、张卫东、景海峰等也属创系元老之列。深大的性格和深圳的性格是一致的，就是一个"闯"字。当年，在张维、罗征启校长的感召下，国内外著名学者像凤凰一样来投深大这棵梧桐树，深大成了高校改革开放的榜样，参观考察者络绎不绝。当时的国家体委主任怕增添学校的接待负担，彻底轻车简从，一个人来到深大，被一位校领导认了出来，他还不好意思地说：你们接待任务太重了，不好意思麻烦你们。当时，深圳市每年财政收入才一亿元，就拿出6000万元来建深大，魄力之大、决心之大不言而喻。梁湘书记说，就是卖裤子，也要建深大。这成了中国当代高校史上的佳话，永远激励我们不懈前行。

夏和顺：深圳大学文学院成立于1997年，您是首任院长。该院的成立对深圳大学乃至整个深圳的学术架构的形成有何重要意义？担任行政职务对您本人的治学有何影响？

郁龙余：1997 年，深圳大学实行学院制，中国文化与传播系和外文系合并成立文学院。由于老师们的支持和校领导的信任，我担任了文学院长。筹建时，我正陪妻子在北京住院看病，回到学校，分管组织人事工作的校党委副书记王宋荣，像我担任中国文化与传播系主任前一样，找我谈话说："龙余同志，根据考察和老师们的意见，组织上又要给你压担子了，请您担任新建的文学院院长。"我没有辜负老师们的希望和组织的信任，除了上好自己的课，一如既往，执行每周五天坐班制，不管是老师、同学，还是来访者，都能在办公室找到我。这样，就大大提高了办事效率，增进了亲和力。当时我们下大力气招揽人才，进了大批高水平的青年教师。当时的学院有三个系，即中文系、外交系和传播系，还有一个留学生教学部。后来，文学院又进一步分出了外国语学院、传播学院和由留学生教学部发展而来的国际交流学院。由于文学院打下了雄厚的人才基础，分设成四个学院之后，依然保持前进活力，并获得了新的发展。

我担任行政职务，又坚持坐班制，养成了科学利用时间的习惯。有老师、学生或来访者找我时，我全力以赴接待；在能力范围内能解决的问题，我就当场解决。有一位东北来的同学，因家庭经济困难，要求休学，我就介绍她勤工俭学做家教，不但渡过了经济难关，还解决了她辅导的姐弟俩的困难。这三人后来都很优秀，事业有成，还成了好朋友。接待结束后，我就拿出科研课题，继续研读写作。这样，我基本上做到行政、科研两不误。和同龄的一些学者相比，我出成果比较晚，但因此而比较扎实，所写论文、著作没有太多后悔，基本上都能留得下来。我能在办公室里一边办公，一边搞科研，让人佩服不已。其实，这是一个心态问题，我既然当系主任、当院长，就要让来访者找得到我，并热情解决问题，坐班成了理所当然的事情。当然，在安排上也有一些技巧，办公室里忙里偷闲搞科研，要和晚上、节假日的科研结合起来，才能做到大局在胸，有条不紊地有序推进。

夏和顺：学术研究与社会活动是一对矛盾，学者频繁参与社会活动可能会消耗过多精力从而影响学术研究，但书斋里的研究成果往往又得不到社会应有的回声，您觉得应该如何处理两者的关系？

郁龙余：学术研究和社会活动这一对矛盾，困扰了许多学者。我自认为解决得比较好。这一对矛盾，集中在时间上。于是，我尽力减去可有可无的社会活动，只保留一些重要的学术活动。即使这样，也保不齐有些突如其来的重要社会活动必须参加。例如，我被评为广东省"十大杰出父亲"，并出席颁奖典礼。事先我一点也不知道，原来是申报者王金云怕没把握，不告诉我。等评审定下来马上要举行颁奖典礼了才通知我，我不得不从北京的学术会上赶到广州，典礼结束再赶回北京。这是一个特例。总体上两者关系我处理得比较得体。这里，有一点个人心得，愿与大家共享。

做一个学者，年轻时应埋头钻研，平心静气做学问，把功底打扎实。到中年时，如单位里需要你出来做点事，负点责，就不必推脱，而是怀着敬畏之心把工作做好。世界上没有免费的午餐，也没有白费的心血。到老年，你可能有了一定成就和声望，就要更多地为社会服务，为学术服务。学术和社会从来不隔绝。做一个学者，必须搞好写作，写出留得下来的著作；做一个大学者，还必须会运作，为学术服务，为社会服务，为培养年轻人尽心尽力。如果一生埋头书斋，两耳不闻窗外事，是可以出杰出学者的。但伟大学者必须关心人民，服务社会。这是孔子、孟子留下来的传统，是中国知识分子的一笔宝贵财富。

夏和顺：您说过季羡林先生的学术成果很大一部分是在他 80 岁以后完成的，如此说来您现在应该是学术盛年期，请您谈谈今后的研究计划。

郁龙余：季羡林先生以百岁之身谢世，勤奋一生，为我们留下了大量著作。已出版的 30 卷《季羡林全集》约 1500 万字，正在编辑的《季羡林作品全集》有 40 卷，计约 2000 万字。从他的学术年谱可知，他的许多重要著作是 80 岁以后写的。这里有社会原因，更有他个人原因。没有经过"文革"，没有进行改革开放，季羡林会一直钟情于他的考据研究。后来，他从考据迈向义理，甚至成了"耄耋义理狂"，是他的学术脚步和社会发展的自然而然的结合。如果季羡林只活到 80 岁，那他就是一位杰出学者，一位大学问家；因为有了八十岁以后一系列以义理为主的文章和著作，他就从一位大学问家迈向了大思想家。他的许多义理思想，如"三十年河东，三十年河西""只有东方文化才能拯救人类"等，在当时振聋发聩，到今天正在被世界所验证。

季羡林熔铸古今，汇通东西，是世俗世界的智者；同时他对精神世界了然于心，能预言并揭示人类发展大势，所以从智者、大学问家升华成了大思想家。

我今年七十岁，在古人眼里是古稀之人。但是作为今天的学者，我面前还有大片桃花盛开的美好天地。等有了时间，先把五六十万字的《中西印视野中的国学》一书校订出来，把和朱璇博士合著的《〈摩奴法论〉与印度社会》一书出版，还可组织学者研究撰写"中国印度学研究"丛书。另外，还有几本回忆录可写，如《北京大学十九年》《深圳大学中文系》《我的华梵人生》等。以上都是"私活"，如果深圳大学东方学院能上马，我愿先干这个"公活"。天行健，君子以自强不息。士不可不弘毅，任重而道远。

夏和顺：您是一位很有成就的学者，但很多深圳的年轻人未必知道您，但会知道您的女儿郁秀。郁秀也是深圳大学培养出来的学子，请您谈谈家庭教育及深圳大学这个环境对她成长的影响。

郁龙余：我与妻子郑亦麟是大学同班同学，我们有一对双胞胎女儿郁英和郁秀，她们都从深圳大学起飞。郁秀的知名度始于小说《花季·雨季》。2015 年，海天又给她出了五卷本小说集《花季·雨季》、《太阳鸟》、《美国旅店》、《不会游泳的鱼》和《少女玫瑰》。浙江少儿出版社出版了她的一本游记《我在仲夏清晨踏上征程》，这本书图文并茂，我很是喜欢。郁英毕业于英国女王大学，在商业上颇为成功。因为胞妹出了名，她就刻意低调。她们姐妹从小友爱，就是她们的婚姻也是用互为伴娘的方式完成的，我们做父母的很省心。少教训，多以身作则，海阔凭鱼跃，天高任鸟飞，让大海和蓝天教育锻炼下一代，是我们教育子女的基本做法。我们也从女儿身上学到不少优点，获得许多教益。如《花季·雨季》中说："你比人家强一点，人家会不服，会嫉妒你；你比人家强很多，人家就不得不服，就会喜欢你，甚至崇拜你。"当时我有点吃惊，一个十几岁的小女孩怎就明白这个道理！于是，我经常拿这句话自勉，并对学生讲，鼓励他们努力、努力，再努力。

附录：郁龙余学术小传

郁龙余，上海人，1946 年 4 月 3 日出生。1965 年 9 月考入北京大学东方语言文学系印地语专业，1970 年 3 月毕业留校任教，1984 年 9 月调入深圳大学中文系。历任深圳大学国际文化系副主任、中国文化与传播系主任、文学院院长兼院学术委员会主任、校留学生教学部主任，兼任中国经济特区研究中心（教育部人文社科重点研究基地）副主任。主要社会兼职有中国印度文学研究会副会长、中国东方文学研究会副会长、中国南亚学会常务理事、中国比较文学学会常务理事、中国中外关系史学会副会长。

郁龙余学有专长，孜孜不倦，2016 年 12 月 1 日获印度总统慕克吉颁授的"杰出印度学家奖"，现任深圳大学印度研究中心主任。

郁龙余教授研究方向为：印度文学，中印文学比较，中印文化关系，中国印度学，印度汉学（中国学）。出版《梵典与华章：印度作家与中国文化》（宁夏人民出版社 2004 年版。教育部第四届中国高校人文社会科学研究优秀成果二等奖）、《中国印度诗学比较》（中国社会科学出版社 2001 年版。广东省哲学社会科学优秀成果二等奖）、《中外文学交流史（中国—印度卷）》（山东教育出版社 2015 年版）、《季羡林评传》（山东教育出版社 2016 年版）、《中国外国文学研究的学术历程：印度文学研究的学术历程》（重庆出版社 2016 年版）等专著及编著 30 部。在《北京大学学报》《复旦大学学报》《文史哲》《人民论坛》《外国文学研究》《中国比较文学》等学术期刊发表学术论文百余篇，翻译印地语文学 35 万字，参与、主持国家及省部级项目 7 项。曾开设《中外文化交流史》《东方文学》《中西文化比较研究》《中印诗学比较》《中国印度文学比较》《印度文化史》《〈摩奴法论〉今析》《印度文化概论》（慕课）等课程。现主持国家社科基金重点项目"中国印度学研究"。

从半坡村到中英街

—— 孙霄访谈录

受访者：孙霄

采访者：夏和顺

时　间：2016 年 6 月 21 日

地　点：深圳市福田区梅林文体中心

　　1977 年，孙霄由一名知青被招进西安半坡博物馆，那一年既是新的历史时期的开端，也是孙霄文博事业的起点。他从开始朦朦胧胧地走进博物馆，到初步认识博物馆的基本规律；从普通讲解员，到成为一名博物馆的馆员；从开始不懂文物，到与北京大学力学系合作，利用实验考古学的方法对半坡尖底瓶能够"自动汲水"的成说提出挑战，一步步成长起来。在他调入深圳工作多年之后，有关尖底瓶的科学实验数据仍被国内部分核心期刊和研究者所引用。

　　1998 年，孙霄从深圳市文委来到盐田新区参加中英街历史博物馆的筹备工作，并在开馆后担任馆长，终于圆了他调来深圳后一直萦绕在心中的博物馆之梦。他在繁忙的工作中，先后撰写出版了《中英街的形成与变迁》《孙氏家族一脉——孙中山爱女孙婉人生探析》等著作，发表论文四十余篇，编辑书刊和图录十余部。他还是"中英街 3·18 警示日"鸣钟仪式的主要策划人。他为盐田区文博事业奋斗了 17 个春秋，从中英街到盐田和大小梅沙均留下了他的足迹。综观三十多年他从北方到南方的文博专业轨迹，他是从研究原始社会转向研究近代社会，他用了 20 年的时间完成了 6000 年的历史跨越。

　　夏和顺：西安半坡博物馆是中国第一座史前遗址博物馆。您是 1977 年进入那里工作的。半坡博物馆是您博物馆生涯的开端，也是您学术研究生涯的开始，请您简单介绍半坡博物馆的情况和您进入该馆的经过。

　　孙霄：1977 年 3 月 15 日，是我走进半坡博物馆的第一天。刚上班我们便受到馆长的接见；领导勉励的话虽然不多，但"好好干"三个字记忆犹新。记得第一个月发薪水，心情特别激动，领到的一个小牛皮信封中装着 29.8 元，钱虽不多，大家都没有怨言，能按月领工资比知青强多了。最初的工作就是观摩老讲解员讲解，反复听讲和揣摩，有点鹦鹉学舌的感觉。半坡村距城约 15 里路，博物馆周围除了两个工厂基本上是一片荒芜。当时半坡馆的学习风气很好，在老同事的感染下，新工作的讲解员开始"补课"。

　　1953 年发现半坡遗址，1954～1957 年经中国科学院考古研究所五次发掘，发掘遗址面积约 3000 平方米。1956 年陈毅副总理视察半坡遗址，国务院决定拨款 30 万元筹建半坡遗址博物馆，郭沫若亲自为"半坡遗址"题词。1958 年该馆正式落成开馆。由于该馆考古队承担省内原始社会遗迹的挖掘，因此，馆藏丰富，藏有仰韶和龙山文化遗址出土的文物遗迹。半坡馆在史前文化的馆藏、研究和展示等方面居于全国领先地位。1983 年，半坡博物馆创办了《史前研究》杂志，不少著名学者以此为阵地，研讨原始社会性质、分期以及原始艺术等，该馆的学术地位由此逐步形成。

　　夏和顺：那么您一开始对这个职业是否满意？在半坡博物馆，什么人对您的影响最大？

　　孙霄：开始上班后，我对博物馆的认识还比较肤浅，到半坡后不太安心工作，因为博物馆远离市区，非常冷清，工资低。加之，讲解员的社会地位不高，不少人对讲解员的工作抱有偏见。但在陕西文博界，有"听半坡，看秦俑"的传统，因为秦俑的文物比较壮观，而半坡的讲解水平全省最高。这主要得力于馆里的赵文艺老师，他是 1958 年从陕西省戏曲研究院调入该馆的老讲解员。他的讲解生动风趣，富有哲理。他有时连走路、坐车，脑子里都在组织讲解词。国家领导人到半坡、外国政要及学者来访，都要由他讲解，他因此有"御用讲解员"的绰号。当时博物馆招收社会发展史的学员，大家都喜欢听他的讲解。赵文艺老师是在讲解员的岗位上被评为正高职称的。他对讲解工作的热爱和执着影响了一批批新来的讲解员。在讲解方面，我受他的影响较深，那时，我很喜欢听他讲解，后来他退休后，我当了宣教部主任，也就是讲解员的头了。

夏和顺：博物馆在我国是舶来品，它进入中国也就一百多年的历史。在您近四十年的文博生涯中，您觉得博物馆的理念在中国有没有发生变化，它对您个人有何影响？

孙霄：从新中国成立初期到六七十年代，博物馆的性质和任务是"三性两务"。"三性"即是文物和标本的收藏机构、宣传教育机构和科学研究机构；"两务"即为人民服务、为社会主义服务。那时，我国的博物馆观念受苏联影响较大。比如，负责对外讲解接待的部门被称为群工部，之后，改为宣教部。如今教育推广和服务职能得到强化。在半坡，除了保管部我没待过，其他业务部门都干过，这种实践，使我对博物馆有了更为深刻的认识。

夏和顺：我觉得，学术研究是博物馆一项重要工作，没有研究，讲解就不够深入、生动；没有研究，展览就无法实现其科学展示的目的；没有研究，馆藏文物就失去意义。不知道您是否同意这个看法？

孙霄：您讲得很到位。在人民大学学习的时候，我曾参加班上关于博物馆学的一场讨论会。当时，全班有 69 位同学，来自国内各大博物馆。针对个别同学忽视馆藏文物研究的观点，我提出了自己的看法：有不少博物馆把文物长年存放在库房里，只保管、不研究。如果不研究，这些文物都是"死的东西"，无法在博物馆发挥它应有的作用。我的发言受到任课老师、中国历史博物馆王宏钧馆长的赞许。

夏和顺：您进入中国人民大学文博班学习是哪一年？是否经过统一考试？在人大的专业进修学习，对您的人生道路及学术研究有什么重要意义？

孙霄：20 世纪 80 年代，我国博物馆文博专业人才青黄不接。于是，国家文物局委托国内部分高校开设文博专业，其入学条件是必须通过全国成人高考。很幸运，1985 年，我同时被西北大学和中国人民大学历史系录取，我选择了人民大学。因为，北京是文化中心，集中了国内顶级的文博专家。故宫博物院、中国历史博物馆、自然博物馆、北京大学、国家文物局的专家都来给我们授课。如果不上人大，不接受系统的理论知识学习，也不会有后来我在文博岗位上取得的业绩和成果。从人大毕业后，我已成为中国博物馆学会会员，并陆续在国内权威的博物馆专业期刊《中国博物馆》杂志发表了七八篇关于遗址博物馆学的论文，论文多围绕遗址博物馆的课题展开，比较早提出了"遗址博物馆的分类""遗址的科学保护"，以及"遗址保护生态学"的观点和理念。

夏和顺：对仰韶文化半坡类型典型器物尖底瓶及后来的敧器研究，代表了您在半坡博物馆时期的学术研究水平，这项研究跨越了您在中国人民大学学习前后的阶段，请简单介绍这方面的情况。

孙霄：在人民大学的系统学习非常重要，毕业后，我很快成为半坡馆的业务骨干。从宣教部转入陈列部和史前研究室，成为我文博事业的转折点，我开始潜心研究半坡尖底瓶，连续撰写和发表论文，在学界产生了较大的影响。

1987 年毕业后，我被调整到史前研究室任副主任，当时我们跟陕西师大物理系、北京大学力学系有关专家合作开展科学研究。尖底瓶是仰韶文化的典型器物，尖底、鼓腹、双耳在中部偏下的位置，是陶质水器，它浮于水中，装半瓶水是直立的，装满水则会倾覆。后来发现，半坡尖底瓶与春秋时期的敧器具有相近的性质。

1988 年，我和半坡博物馆同事赵建刚合作撰写的《半坡类型尖底瓶测试》一文发表（《文博》杂志 1988 年第 1 期）。接着，1990 年第 4 期《文博》杂志发表了我撰写的《敧器与尖底瓶考略》一文。该文比较了敧器与尖底瓶的性质与关系。之后，与北京大学力学系王大均教授及研究生合作完成《关于半坡类型尖底瓶力学原理的讨论》，进一步确定了尖底瓶的性质。客观地说，尖底瓶测试所取得的科学数据促进了学术界对敧器和尖底瓶的研究。如李守力先生引据半坡尖底瓶的科学数据，在《敧器溯源》和《十二地支古文字考》等文中提出了"敧器与尖底瓶是同一类器物"的观点。《社会科学评论》杂志 2004 年第 4 期刊载《关于尖底瓶，流行半个世纪的错误认识》一文，国内多家学术刊物纷纷引用尖底瓶的研究成果。1989 年《中国考古年鉴》以"半坡尖底瓶自动汲水的成说有新说"，把半坡尖底瓶的研究成果收入年鉴。对半坡尖底瓶的研究是我去人大上学前开始的，从人大毕业回馆后，继续进行尖底瓶研究。我和赵建刚对这一研究入了迷，整天看着半坡遗址出土的神奇陶瓶在预测和分析半坡先民的创造性思维。其核心问题，双耳低于陶瓶中心以下的做法是半坡人无意的还是故意的。经过测量，半坡老祖先是故意这么制作尖底瓶的。物皆有源，尖底瓶是后世敧器的滥觞。也可以说，敧器是半坡人的发明创造。

夏和顺：您经过人民大学的专业训练后，在半坡博物馆已经有了不错的发展前景，为什么还想到调离呢？您是哪一年到深圳的？

孙霄：离开半坡博物馆调入深圳，跟我在人大学习期间结识的黄崇岳教授有关。黄先生是广东梅县人，早年毕业于中山大学历史系，是著名人类学家梁钊韬所带的民族考古学硕士研究生，后曾在河南省博物馆工作十年。他专业功底深厚，知识渊博，是人民大学古代史教研室主任，也是文博班班主任。

1987 年，我从人大毕业后，曾留校筹备校史展览。有一天，黄先生问我想不想去深圳发展。那时他已应聘了深圳博物馆馆长一职。当时特区对我是一个新鲜名词，深圳是一座富有魅力的现代化城市。我虽然没有马上答应，但心有所动。1989 年，黄先生已经担任深圳博物馆馆长，他写信到半坡劝我"孔雀东南飞"，当年 12 月，我乘火车经广州来到深圳。

1990 年 7 月，当我再次来到深圳时，市文委（文化局的前身）社会文化处接收了我。当时，深圳搞大文化，广播电视、新闻出版均归市文委统一管理；而社文处所辖的群文、图书、电影、文博、图书发行等工作，已经让只有 5 个人的处室整天忙得不亦乐乎，我分管图书和电影发行两条线。当时，深圳的文化正在起步发展阶段。参与"文化搭台，经贸唱戏"的荔枝节组委会的群众文化活动让我对这座南国城市的快速发展有了深刻印象。

1995 年，市文物管理委员会办公室成立后，为了回归文物口，我申请来到市文管办工作，主要负责流散文物的管理。在这里，我看到了深圳文物市场最初的发育、形成和经营管理工作。当时，开展了文物监管市场经营人员的培训，编辑了培训教材《文物商业管理手册》。

夏和顺：那么您跟中英街结缘是在什么时候？中英街历史博物馆是如何建设起来的？

孙霄：中英街是中国近代史的缩影，20 世纪 80 年代，沙头角中英街是"特区中的特区"。1992 年，我第一次去中英街，是因为镇内有一座电影院和一家新华书店，它归社文处对口管理。之后，当 1995 年再次去中英街时，我得知沙头角镇投资 30 万元，成立了中英街历史纪念馆，该馆只有一个讲解员。馆里设备简陋，利用沙头角文化站举办简单的图片展览，邀请有关博物馆专家前往指导。但中英街游客如潮，游客对"中英街故事"图片展览很感兴趣。

中英街历史纪念馆三年来坚持免费开放，共接待了 11 万观众；镇领导觉得中英街需要一座象样的博物馆。盐田新区成立后，建设新馆的工作由镇里移交给新区政府。1998 年 7 月中旬，市文管办黄中和主任和我一道去盐田区调研，她向区文化局领导推荐并介绍了我的情况。就这样，我从市文管办借调盐田区文化局，负责中英街历史博物馆的筹备工作。7 月 21 日，筹备办正式成立并开始运作。整个筹备建馆的工作只有 10 个月的时间。

1999 年 5 月 1 日，开馆那天，我至今仍记得很清楚，那天正好遇上台风，但开馆仪式并未受到影响，相反，原定参加大梅沙海滨公园活动的区领导全部转而参加博物馆开馆仪式。参加开馆仪式的有省文化厅副厅长薛连山，深圳市委宣传部部长白天。盐田新区四套班子的领导悉数到场，还有东纵老战士何基和深港两地居民代表。薛连山副厅长在讲话中说："中英街历史博物馆将成为南粤大地文博领域中的一颗璀璨明珠。"白天部长则认为："盐田新区刚成立就投资建设中英街历史博物馆，标志着该区精神文明建设迈上一个新台阶。"

夏和顺：听说您心中有一个梦想，就是利用自己所学的专业知识设计一所博物馆。在筹建中英街历史博物馆时您遇到的最大困难是什么？建成后的博物馆与您的理想目标有没有差距？

孙霄：是的，按照自己的想法去建一座博物馆一直是我的梦想，这个梦想是在中英街实现的，它让我感到欣慰。但是，由于种种原因，建成后的中英街历史博物馆确实与我的理想目标有一定距离。

筹建中英街博物馆，最难的还是文物征集工作。当我来到博物馆筹备办后，很快发现经费并未落实，能够反映中英街历史的文物和展品资料严重缺乏。经申请，区政府决定下拨本馆 40 万元，作为文物征集经费。但经费拨下来需要一段时间。12 月份，冒着严寒，我北上京津地区去寻找展览需要的展品，真是天无绝人之路，终于在天津征集了一批 19 世纪与中英两国有关的文物。之后，每次赴港，都会注意搜集香港早期的旧资料；再就是在古玩市场注意有用的旧物品。当时，我把这种能够辅证中英街历史的展品叫作"借鸡下蛋"。开馆前，通过港九大队联谊会的协调，本馆向东纵老战士征集了一批抗战文物和图文资料。沙头角镇委宣传部又送来了一批中英街老照片。随后，开始联系复制清代火炮，制作反映东和墟市（即中英街的前身，当时已是新安县重要墟镇）和"一街分治"的中英警察执勤的硅胶像，以及利用声光电现代技术制作的反映英国三次割占的地图。其中，东和墟的模型由于动手早，制作很精致，数百个历史人物和沙栏吓村落尽收眼底。

刚才说到，博物馆建成后，还留下许多缺憾。比如文物征集不到位；博物馆是在非常匆忙的情况下开馆的，不能完全符合标准；展厅是潮湿的，不利于文物的展出和保管。作为馆长，我时常自问：如果文物展品再丰富一些，开馆的时间再延长一些，经费再充足一些，楼层的空间再高一些，对中英街的历史研究再深入一些，效果会怎样呢？

话说回来，从地理位置上看，中英街历史博物馆可以说是唯一的。中英街寸土寸金，博物馆是从中英街狭小的空间挤出的一块场地，该馆建筑面积 1688 平方米，比纪念馆宽敞了许多。中英街本来就没有什么文物，就 8 个界碑，也不可能搬进博物馆。用香港历史博物馆原总馆馆长丁新豹博士的话来说，"如果给你建一座大馆，你摆什么东西给人家看？"因此，博物馆不能以大小论，中英街历史博物馆是一座专题性博物馆，开馆后受到许多专业人士和观众的好评。

夏和顺：中英街的历史地位毋庸置疑，您在设计博物馆时是如何凸显其历史地位的？在布置展览时有何设想？

孙霄：按照我对中英街历史文化的理解和想法，中英街历史博物馆应该作为生态社区博物馆去规划和实现发展目标。博物馆置身于中英街社区的整体生态环境中，外围博物馆广场建有浮雕墙《让历史告诉未来》《中英界碑》《警世钟亭》，中英街的八大人文景观和大榕树旁的《东和墟》均是博物馆文化的重要组成部分。每年 3 月 18 日的"中英街 3·18 警示日活动"则是博物馆承办的重要文化活动。这些活动已经引起香港中联办和新界校长会的重视。

博物馆常设展览《百年中英街》，是对中英街百年历史的浓缩和再现。其展览力求给观众清晰交代几个历史问题：一是中英街形成的历史背景；二是中英街形成的原因；三是中英街的变迁与发展；四是中英街百年历史的终结。既然是浓缩的历史，则无须面面俱到。选取具有代表性的老照片和文物，展示百年中英街的历史沧桑。2005 年陈列的调整基本体现了这些要素。当然，由于经费所限（每平方米约 2000 元），调整后的效果与我心中的理想仍有较大距离。但那次调整基本达到了"让观众走进中英街历史"的设想，15 个不同历史场景的复原，基本达到了这一效果。

夏和顺：您负责筹建中英街历史博物馆，劳神费力，事必躬亲，在这样的情况下，您仍然完成了 25 万字的专著《中英街的形成与变迁》，这部书在近代史的研究中有何价值和意义？

孙霄：常言道："十月怀胎，一朝分娩。"中英街历史博物馆在经历了一番"痛苦"后终于诞生了。硬件有了，作为中英街历史研究专著的软件何时能完成呢？2008 年是改革开放三十周年纪念，《中英街的形成与变迁》这部书在 2005 年就开始搜集资料，2006 年撰写大纲并开始写作。实不相瞒，这本书基本上是利用业余时间，是下班后和节假日在家中完成的。这两年我基本上没有双休日，早日完成这本书，成为我最大的心愿。当然，博物馆同事给予的协助至今难忘。杨洁琼联系了省档案馆，该馆提供了一批与沙头角历史有关的重要史料；张蓓联系了香港历史档案馆，联系翻译了一批英文资料；香港萧国健和夏思义先生提供了早期东和墟的资料和照片。香港地方志办公室主任刘智鹏博士、刘蜀永教授和深圳市文体旅游局副局长尹昌龙博士欣然为本书撰写了序言。非常荣幸，这部处女作被省委宣传部、省新闻出版局列为纪念改革开放三十周年重点读物。

这本书填补了中英街学术专著的空白。正如本书副标题"一条小街，两种制度，百年风云"所归纳的，它始终围绕中英街形成与变迁的主题。尤其是沙头角作为深圳东部改革开放的典型，这本书客观评价了中英街的开闸解禁在"对内搞活，对外开放"方面所具有的重要历史意义，以及在深圳特区改革开放的大潮中应有的历史地位和贡献。记录了有关领导人前来中英街视察的实况。

我觉得，一座小型专题博物馆，在部门设置不全和专业人员参差不齐的情况下，馆长首先应该成为一名"杂家"。不仅要能够撰写陈列大纲，更要熟悉日常业务工作规律，同时还应成为本馆学术研究的带头人。博物馆的文物一定要与学术研究相结合才能实现其价值。多年来，我首先要求自己成为一名忠实的讲解员。17年来，我举办各类讲座（报告）100多批次，包括辖区学校、企业、部队，还有南山和宝安区的中小学校，听过我讲解的观众已达数百批，十多万人次。

夏和顺：我觉得您对文物的热爱和您的文博事业相得益彰，最显著的例子就是您连续三年跟踪及最后征集到孙中山女儿孙婉、戴恩赛夫妇遗留的千余件家族文物，请您简单介绍一下这批文物的征集情况及其价值。

孙霄：2005年，我收到来自北京的文物线索——澳门"孙婉文物管理处"保存了一批孙中山家族文物。经了解，得知孙中山次女孙婉的谊女、美籍华人司徒倩有意将她保管了近半个世纪的孙中山家族文物捐赠给国内相关文物收藏单位。1991年，孙婉的女儿戴成功在澳门去世后，司徒倩女士将部分文物运到美国洛杉矶存放，另一部分体量较大的文物仍留在澳门。

这一信息引起我极大的兴趣。我很快通过越洋电话与司徒倩女士取得了联系，她很快回复，愿意将700件文物捐赠给中英街历史博物馆。几年之间，我与司徒倩女士来往的电子邮件达到100多封。她被我的诚意所感动，最后捐赠的文物数量增加到1784件（套）。市政府决定接收这批文物。其间，我曾随市文物专家组两次赴美国清点和移交文物。

2008年，这批文物从美国空运中国香港，经皇岗口岸运抵深圳，直接入藏深圳博物馆。2013年9月，"静谧人生——粤港澳藏孙中山次女孙婉戴恩赛伉俪文物联展"在深圳博物馆展出，引起市民的广泛兴趣。这批文物约分20个种类，包括照片、书信、瓷器、西洋艺术品，其中仅瓷器就有700多件。国家博物馆季如迅研究馆员称其"来源清楚，流传有序，资料翔实，能较好地反映卢慕贞及孙婉、戴恩赛家族的生平事迹及与孙中山的关系"。为配合展览，深圳博物馆专门邀我作了两场公益讲座。

夏和顺：您的《孙氏家族一脉》一书，张磊先生称之为"一本内容新颖、颇具特色的好书"，2013年由文物出版社出版后广受欢迎。此书副名《孙中山爱女孙婉人生探析》，读者由孙婉可以更为全面地了解孙中山，从而打开了认识辛亥革命的一个独特的视角。据说您是由文物进入这段历史而写作此书的，请您谈谈经过。

孙霄：2008年，我在促成孙中山家族文物落户深圳后，产生了为孙中山的爱女孙婉写本书的念头。2010年，当我把写书的想法告诉司徒倩女士后，她非常支持，开始向我提供由她撰写的《孙婉回忆录》。她还给本书题词"还历史以真实"，也是对我个人的希望。在动笔写这本书之前，我接到《世纪》杂志主编沈飞德先生从上海打来的电话，该杂志由中央文史研究馆和上海文史研究馆合办，沈先生约我撰写《孙中山女儿孙婉的悲喜人生》一文，该文于2010年发表后，即刻在网上引起热烈反响，《人民文摘》（2010年第11期）等多种刊物予以转载。该文还荣获了中国民族文化研究会优秀创新成果一等奖。

孙中山与原配夫人卢慕贞生有一子二女：长子孙科、长女孙娫和次女孙婉。孙娗于 1913 年早逝，年仅 19 岁。此后，孙婉更被视为掌上明珠。孙婉有过两次婚姻，在美国时与王伯秋育有一子一女，回国后又与戴恩赛结合，再育一子一女，孙婉于 1979 年在澳门逝世，享年 84 岁。《孙氏家族一脉》一书采用了纪事本末体例，集中介绍了孙婉一生所遇大事，介绍了她与父母孙中山、卢慕贞，哥哥孙科，两位丈夫王伯秋、戴恩赛的关系，以及她的四位子女王缵蕙、王弘之、戴成功、戴永丰。在写作时，我采用了以史证物、以物补史、实地调查和口述历史等方法。书中采用了 170 多幅孙戴家族珍贵历史照片，在附录的"家族遗珍"中精选了家族部分文物图片。

在研究和撰写孙婉人生历史时，我曾一度遇到困难。由于孙婉及子女存世资料稀缺，为了搞清楚孙婉及其子女的历史，我于 2010 年 6 月在香港学者丁新豹、刘蜀永先生的引导下，专程赴香港薄扶林基督教华人坟场寻找戴氏永久墓地，终于确认孙婉与丈夫合葬的时间。为了调查了解孙婉之子戴永丰的死因，我还曾三次到广州中山大学西区的民国坟场寻找，终有所获。孙婉是孙氏家族"一脉"，也是孙中山亲属与后裔研究中不可缺少的重要组成部分。此书还满足了海峡两岸学者及广大读者渴望了解世纪伟人孙中山及其家族历史的愿望。

附录：孙霄学术小传

孙霄，1955 年 10 月出生于陕西省西安市，1976 年入半坡博物馆任讲解员。80 年代参加国家文物局委托中国人民大学历史系培养博物馆学人才计划，经过系统的多学科理论知识的学习后返回原单位工作。1991 年从西安半坡博物馆调入深圳文化委员会工作。

1998 参加筹建中英街历史博物馆并担任首任馆长。这一工作经历开启了他博物馆事业和学术研究的新的开端。2002 年，他以策划和举办"中英街 3·18 警示日"系列活动推动学术研究，从 2004 年至 2008 年举办了五届学术论坛，前三次是全国性博物馆馆长论坛。论坛主题陆续以"博物馆国耻教育"、"爱国主义教育"和"科学发展观与博物馆实践"为主题。得到了国家文物局和中国国家博物馆领导的重视和参与。中国博物馆学会理事长张文彬出席，国家文物副局长张柏、中国国家博物馆马英民副馆长出席并发言。

2008 年，深圳报业集团出版社出版孙霄的《中英街的形成与变迁》，是为中英街首部学术专著，被省新闻出版局列为广东省纪念改革开放 30 周年重点读物。书中首次提出中英勘界不仅有"陆地勘界"，还有"海域勘界"，并把中英街划分为"一街分治"、"过渡阶段"和"一街两制"三个发展阶段，并对沙头角改革开放的历史地位给予肯定和重新评价。2017 年该书作为"我们深圳系列丛书"重订再版，更名《中英街往事》，书中对中英街百年历史给予反思，提出中英街是改革开放窗口的历史定位。2012 年，中英街历史博物馆成功申报中英街为中国历史文化名街。

2005 年至 2008 年，在孙霄助力下，孙中山家族三千多件文物从海外回到广东，此举不仅极大地丰富了深圳博物馆馆藏，还促成了对孙中山家族人物历史的研究。他发表在《世纪》杂志上的《孙中山女儿孙婉的悲喜人生》一文，首次披露孙中山女儿孙婉悲喜人生故事，在学界引发较大反响，《宋庆龄研究动态》等报纸杂志纷纷转载。该文荣获"2012 年中国民族学研究会创新成果一等奖"及"2012 年民族学影响力人物称号"。

2013 年 6 月，文物出版社出版孙霄专著《孙氏家族一脉》，深圳博物馆近代史研究者李飞认为，该书采取了"文物证史"、"口述历史"和"实地调查"相结合的研究方法，具有浓浓的"博物馆味"。

近三十年的文博生涯，使得孙霄在人类学、历史学、民俗学和博物馆学理论研究方面均有收获，发表论文 40 多篇，在学术界引起广泛关注。

三十年乡土，二十年乡愁

——廖虹雷访谈录

受访者：廖虹雷
采访者：夏和顺
时　　间：2017 年 1 月 10 日
地　　点：深圳香榭里花园

　　廖虹雷，深圳本土作家、民俗学者，出版有中篇小说集《老街》和散文集《热土流苏》，民俗学著作《深圳民俗寻踪》《深圳民间熟语》《深圳民间节俗》《深圳民间美味》等，其中《深圳民俗寻踪》《深圳民间熟语》分别获得广东省鲁迅文学艺术奖和广东省民间文艺著作奖。

　　2016 年是廖虹雷从事文化工作和业余写作的第 50 个年头。回顾这半个世纪的历史，廖虹雷说，自己前 30 年的创作可以称为"乡土文学"，后 20 年的研究可以称为"乡愁文化"。

　　夏和顺：文学创作可以天马行空，随心所欲，而民俗研究则需要从事大量的田野调查，需要坐冷板凳，相对而言是一件苦活。您是深圳本土为数不多的作家之一，当年即以中篇小说集《老街》和散文集《热土流苏》等享誉文坛，后来为何转而从事民俗研究呢？

　　廖虹雷：历史文化是一个城市的根脉，也是一个城市历史价值的重要体现。弹指一挥间，星移斗转仅仅 30 多个年头，深圳不可思议地从一个 30 多万人口的边陲农业县，迅速崛起为一座有 1600 多万人口的现代化都市，创造了世界城市化、工业化和现代化历史的奇迹。在这一伟大的历史变革中，深圳传统的历史文化、赖以存在的生产和生活环境都发生了翻天覆地的变化。物质民俗、社会民俗、精神民俗和语言民俗无不受到冲击，大量具有深圳特色的乡土文化日益消失，传统的建筑和古村落陆续消逝，许多习俗文化和民间艺术，也随着现代生活发展而逐渐淡去。

我认为，如果没有了传统，没有了文化，没有了乡愁，没有了精神家园，这样的城市无法想象。人们越来越觉得同质化的城市、雷同的社区生活空间、同一产品模式的商场食肆，令人索然无味。小桥流水，鸟语花香，帆影点点，山路悠悠，炊烟袅袅，鸡鸣狗跳的生活虽然不可回放，却叫人心生留恋……这可能就是我研究深圳民俗文化的初衷。

民俗的一个重要标志是语言，我会说广州话、客家话、潮州话，儿子会听不会说，孙子不会说也不会听。香港一个学者说，一百年后香港的客家话会完全消失，我认为不用一百年，深圳的客家话就会完全消失。我的上一辈年龄都很大了，没有精力从事这项工作，我的下一辈由于文化的隔膜已经不太懂，做这项工作我责无旁贷，要给后人留下一点东西。

夏和顺：那么有什么直接原因激发您关注并研究本土民俗吗？深圳从事民俗研究的学者不多，您在研究过程中得到过哪些专家的支持和帮助？

廖虹雷：20世纪90年代，我有一位侨居英国的表亲回深圳探亲，我们回忆起儿时在北门街旁的布吉河戏水抓鱼的情景，他提出想吃"深圳墟"的云片糕和"鸡屎藤粄"，但这些家乡美食都和童年记忆一起消逝了。后来我出席过很多文化沙龙和论坛，听到的声音都是深圳没有历史、没有文化积淀、没有历史名人、没有名山大川，甚至没有名优特产，我痛心疾首，于是想到写文章、著书，并利用沙龙和论坛登台演讲，要让深圳的人文历史和风俗民情被新移民了解。

从2005年5月开始，深圳连续举办三期非物质文化遗产普查培训班，著名民俗学家、辽宁大学教授乌丙安亲临授课，使我对物质文化遗产和非物质文化遗产有了更深刻的认识，2008年，我的《深圳民俗寻踪》一书出版时，乌教授为我写了序言。中央民族大学教授陶立璠也是著名民俗学家，当年我加入中国民俗学会，是他和乌丙安教授介绍的，后来他们两位都专程来深圳参加过我的民俗作品研讨会，给了我很大鼓舞，陶教授并为我的《深圳民间节俗》一书作了序。中山大学叶春生教授也为我的《深圳民间熟语》一书作了序。上述三位教授在民俗学研究上给了我很多专业指导，给了我很大帮助。

夏和顺： 民俗学起源于英国，这个概念传入中国是在 1922 年，当年北京大学出版《歌谣》周刊，发刊词中最早采用了"民俗学"译名。此后，顾颉刚、容肇祖等在中山大学成立民俗学会，出版《民俗》周刊、民俗丛书，开展了大量的社会调查。您认为您从事深圳民俗研究最大的优势是什么？

廖虹雷： 民俗学在中国展开不到 100 年，但它已经成为重要的人文社会学科。在老百姓眼里，民俗就是"风土人情"，他们把长期生产和生活中"过日子"沉淀下来的文化事象，谓之风情、民风、习俗、俚俗。这种文化形态，在不同族群里形成语言、饮食、信仰、仪礼、年节、行俗等方面不同的文化习惯，它能影响人们的心理和行为，甚至影响民族文化的发展。

既然是"过日子"沉淀下来的文化事象，往往不见于经传，就需要深入调查和了解。我从事深圳民俗文化研究，有一个先天的优势，那就是我世代居住深圳，是"老宝安"，对此地风土人情了然于胸。我 1966 年参加工作，在惠阳地区文工团从事文艺创作，1968 年初调回家乡宝安，被安排到"宝安县文艺宣传队"，民间俗称"文艺轻骑队"，开始到全县的农村、渔港、工厂、部队和学校等基层进行文化宣传演出。数年间，我们东从大鹏半天云村、南澳东西涌，西到茅洲河的塘下涌、楼村、光明农场碧眼村，北至龙岗诸鼓石村、平湖山厦村，南到盐田、蛇口渔港和南头南山村及大铲岛、内伶仃岛等，一步一步地行走完宝安 19 个公社、两个镇，190 多个大队的数百个村庄，有的甚至走过三四遍。20 年前，当我从文艺创作转向民俗研究之后，我又重新走访原来熟悉的村庄，按照我的计划寻找我需要的人群，每到一处采风问俗，寻踪访古，都坚持"心到、口到、手到"，记录了大量资料，这些是我研究民俗的基础。

夏和顺：叶春生教授称，"语言民俗学"还没有作为一个独立学科来研究，因此，钟敬文先生晚年呼吁：要把这一学科"尽快开展起来""这也是对'五四'新文化运动重视口头语言的学术传统的继承与发展"。您的《深圳民间熟语》就是这方面的有益探索，能否举一二例说明之？

廖虹雷：深圳俚语中有一种"蛇话"，客家民俗学家刘义章曾考证，它是从"蛇嫲"转化而来。"蛇嫲"意即畲族老太太。畲族是人数极少的族群，人们不识"畲"字，误作"蛇话"，其实是"畲话"。

这种声音的变异，白字的替代，也是目前媒体流行语病的病根之一。比如，把"埋单"作"买单"，"搞掂"作"搞定"，虽有行家撰文释疑，但报纸电视依然故我，以讹传讹。"埋单"一词最早应是广州茶楼的行业语。"埋"是走近、归拢的意思，如行埋、收埋、埋位。顾客吃完饭，伙计走"埋"来，把碗碟收拢，心算计价，然后一声："埋单啦！"告诉柜台，有客人来结账啦，茶楼风俗，由此可见一斑。"买单"则是另一种意思，在香港买某物品，"香港买单"，凭单到深圳或广州提货，意义和"埋单"完全不一样。同理，"搞掂"是"办妥""处理相当得体"，而不是"搞完了"的意思。

夏和顺：深圳源于宝安，宝安古已有之。东晋咸和六年（331）设宝安县，距今已有1685年。在新时期移民到来之前，宝安是客家人、广府人和少数潮州人杂处的地方，那么您认为，深圳或者说老宝安的民俗文化是属于哪种类型的文化？

廖虹雷：不能单纯地说它是客家文化或广府文化，我把它称为"咸淡水文化"。清道光年间，新安县人口共23.9万人，其中客家人占52%，广府人占46%，潮州人占2%，所以说五方杂处没有错。就像滔滔的珠江，一路汇合着东江、西江、北江之水，浩然进入南海一样，深圳在原有土著文化的基础上，融汇了广府和潮汕的"咸水文化"，又糅合了粤北、粤东客家的"淡水文化"，形成了既接近广府（广州）又不完全是广府，既是客家又不全是客家的"咸淡水文化"。著名客家学研究教授罗香林考察划定的全国27个纯客家县，就没有列入宝安县。当地人自豪地说这种"咸淡水文化"，大概指的是"深圳味"。我的研究对客家文化、广府文化没有偏向，而且它们之间有交差影响。

夏和顺：您早年写过以东门老街为题材的中篇小说《老街》，您跟老街有很深的渊源关系，据说还曾经准备策划"深圳墟建墟600年"纪念活动，能不能谈谈这些情况？

廖虹雷：我曾在老街生活工作过半个世纪，我太太在那里出生，后来我儿子也在那里出生。东门老街青砖黛瓦，有骑楼、石板路，有上大街、鸭子巷、谷行街、鱼街、牛巷，很有岭南风情，也保存着农耕时代的记忆。那里原来一直叫深圳墟，20世纪80年代后才改称东门。

康熙二十七年（1688）《县志》里第一次出现"深圳墟"。我曾经见过一份史料，称深圳墟建墟是在明代永乐八年（1410），因出自权威部门，我也信以为真。2010年时，我曾想策划纪念"深圳墟建墟600年"活动，包括文学、美术、摄影创作和系列文艺演出等。为慎重起见，我又翻阅了很多史料，包括明朝《广东通志》、《东莞县志》、宝安两部县志，都没有深圳墟建于明代永乐八年这一说法，我的策划也无疾而终。我的《深圳民俗寻踪》引用的绝大多数史料是准确的，我很后悔引用了"深圳墟建于明代永乐八年"这一错误说法；我又很庆幸，我因为多查了一些资料，才没有弄出"深圳墟建墟600年"这一以讹传讹的笑话。

为什么会有"深圳墟建于明代永乐八年"这一说法呢？我继续追溯史实后，怀疑它是把概念搞错了。深圳墟附近原来有四个张氏村庄：黄贝岭、湖贝村、向西村和水贝村。深圳张氏最早从粤东紫金县移居大鹏，时间是明朝洪武年间，明朝永乐八年，他们又迁至水贝。水贝张氏生有三子，先后在黄贝岭、湖贝村和向西村开村。深圳墟建墟，张氏四村是重要力量，后人在整理材料时，误把他们家族从大鹏迁至水贝的时间当作深圳墟建墟的时间，向前推了两百多年。

康熙《新安县志》编于1688年，那么我们再把深圳墟建墟时间往前推十年，最多也在1678年前后。

夏和顺：对啊，深圳墟应该是"复界"以后的产物，清初从康熙元年至八年（1662—1669）的"迁界禁海"是非常严厉的闭关政策，对原来的新安县影响很大，所以此前的繁华墟市不可能持续存在和发展。

廖虹雷：确实，此前的县志里曾有关于月光屯的记载，地点应该在今蔡屋围一带，两地相距几百米。就是说，明代就有月光屯，是当时新安县的 41 个墟镇之一，也是为驻军服务的小墟市。

"迁界令"使沿海居民全部迁离海岸，第一次回迁五十华里，第二次回迁三十华里，大鹏迁到龙岗，盐田、沙头角迁到坪山，南头、西乡迁到石岩，所有的房屋推倒，所有的船只烧毁，并设置界限，越界者斩。之后，整个新安县只剩下 2000 余户，县令向朝廷申请撤销该县，后来朝廷批准并入东莞，这在全国两千多个县中可能是唯一的。

复界后新安县恢复建置，很多人不愿再回来，于是朝廷出台奖励措施，比如免赋税三年，提供种子、出借耕牛，等等，这样新安人口迅速增长，到道光年间，全县人口达到 23.9 万，是全县人口最高峰。人口增长后，刚才说的张氏四村，加上蔡屋围蔡氏、罗湖袁氏，因为深圳河有船埠头、下步庙等码头，很繁华，通过码头费积累财富，投入深圳墟的修筑。关于深圳墟的形成，我有专门文章论述，其中提到当时在南塘围八横六纵，共有 276 间砖瓦平房，聚集了九省二十多个县的移民。

夏和顺：作为老街的原居民，您对东门老街的保护与改造是否满意呢？

廖虹雷：1996 年，香港议员文伙泰出资改造东门老街，但市里并没有批准他的全部项目，只改了一半，叫华城。当时拆除了很多建筑，包括我的老家，之前的建筑我都拍了照片留存下来，那一片现在变成了太阳城广场。我每次回东门怀旧，看到这些高楼大厦，总是感觉以前的那些建筑像村姑一样俏丽多姿，而现在的这些高楼则是城市里搔首弄姿的少妇，总感觉太阳城的太阳永远照不到我的心里。东门一带原来有六口井，养育了一代又一代的深圳人，而现在这些井全部被高楼大厦埋藏，因此民间又有东门"旺丁不旺财"之说。1938 年底，叶挺将军与廖承志、曾生等人在惠宝地区成立东江纵队，指挥部就设在东门老街的南庆街 13 号，这栋楼也被拆除了。东门老街原来还有车公庙，在此之前也已经被拆除了。

夏和顺：现在车公庙是深圳最大的地铁枢纽站，深圳人可能都知道，但是车公庙这一地名的来历可能没有人知道了，您能不能介绍一下这方面的情况？

廖虹雷：深圳历史上有三座车公庙，1866 年意大利传教士绘制的《新安县全图》和 1930 年的宝安地图上都有标注。其中上沙车公庙规模最大，1938 年日寇入侵后将其拆除，庙中木材用于构筑南头到太平公路的桥梁。东门老街的车公庙毁于 20 世纪 50 年代。

相传车公是江西南昌五福人，南宋末年的一员战将，因勘平江南之乱有功，被封为大元帅。后来蒙古大军压境，左丞相陆秀夫护驾宋帝昺南逃，车元帅随行，途中因病逝世。车公忠直英勇，死后被奉若神明，民间建庙祭祀。香港现存沙田、西贡车公庙，西贡庙建筑更为古旧，当年我曾去考察过。

夏和顺：地名是民俗的重要组成部分，历史上每座城市的街道、每个农村的村庄的命名都有来历，而现代城市化的迅速推进可能会使地名文化从民间记忆中消失，或者会出现以讹传讹的解释。深圳三十多年来的崛起过程中难免会遇到这个问题，您是怎么看的？

廖虹雷：深圳确实存在这个问题，特别是以讹传讹的现象，应该引起我们的警惕。我举两个例子说明。

一是梅沙这一地名的来历。其实就是指细碎的沙子，客家人称"靡沙"，潮州人称"霉沙"，都与"梅沙"相近，后来就称为梅沙了。40 多年前我在西坑驻过队，当时问当地干部为什么不种植水果？他们解释说，我们这里是"盐田风梅沙浪"，每年果树开花时节都会有一场季风从盐田坳吹来，果树花被吹落便无法结果。不久又来第二场季风，把树上剩下的一些小果子也打掉了，所以永远只长树叶不结果。后来有好事者编造了一个故事：这里原来有大片梅树，每到春季，漫山遍野开满白皑皑的梅花，所以才叫梅沙。实际上梅沙历史上从来没有种过梅树，这个故事完全是望文生义。

二是龙岗的由来，有人胡编滥造，说原来有十条龙，有九条飞到香港，所以香港有九龙，另一条落在龙岗，因此叫龙岗。关于龙岗地名的由来，我专门有一篇文章介绍。因此说，我的写作在某种程度上是想把深圳真实的历史告诉深圳人。

夏和顺：您曾经多次在公开场合批驳过所谓"羊台山的传说"，羊台山原名阳台山，那么这个传说和这个新地名是怎样产生的呢？

廖虹雷：羊台山，康熙《新安县志》、嘉庆《新安县志》均作阳台山。明朝《广东通志》和《东莞县志》也作阳台山。

大概在二十多年前，有人编造了一段凄恻动人的爱情故事：唐朝一位县官不满武氏专权，弃官离开中原故土，来到宝安石岩定居。他膝下有一千金名叫珠珠，美丽可爱。邻村吕财主有一长工海仔经常在山坡上放羊，并吹着短笛，优美的笛声使珠珠心迷神往，但吕财主想把珠珠许给他不学无术的儿子。结果海仔被吕财主害死，珠珠也相思而陨命。为了纪念他们，大家便把这座山叫作"羊笛山"，后来又演变成"羊台山"。这个"传说"在报刊和网上广为流传，石岩街道还以此做成吉祥物，在当地登山文化节显赫宣扬。

我世居石岩，是在羊台山下长大的，怎么就没听说这个故事？我问过比我大的文友、老乡，他们也都没有听过这个"传说"。我用石岩话、浪心话、龙华话、南头话、公明话，甚至龙岗话和东莞话反复比对"台"与"笛"的读音，都无法将它们"音近"。珠珠、海仔的名字是海边人喜欢起的，不像我们山里人习惯的称呼。据说新中国成立以后开始"扫盲"，扫盲队把农民难认、难写的繁体字"阳台山"，简化为"羊台山"。而且，"石岩"这一地名最早出现在宋朝。看来，"珠珠和海仔"是跟着"羊台山"一样，出生在"解放后"，绝对不是在"唐朝"跟随林姓县官到石岩定居的。由此，我觉得地方传说可以在有根有据的基础上，适当加工和丰富，但凭空臆造断不可取。

夏和顺：廖氏是广东大姓，您这一支世居深圳多久？原籍又在何处？您有没有做过考察？

廖虹雷：我们这个家族世居深圳 300 多年，大概在清初康熙年间是从粤东五华县迁来。1997 年版《宝安县志》记载廖姓共有 29 个村庄，我曾受廖氏宗亲会之托走访调查深圳廖氏分布及人口情况，开始发现这 29 个村庄中已有两个不存在。经过两三个月的深入了解，我们发现有大大小小 45 个村子姓廖，大概有 4 万多人，分别从不同的地方迁来，我曾写过一篇《深圳廖氏源流与村落分布》的文章。

2013 年 11 月 24 日下午，我到了龙岗街道洪围村，采访了村里三位 80 岁以上的老人，他们说村子有 250 年历史。我问他们有什么根据？比如有没有族谱、祠堂？他们说族谱已经被烧了，祠堂也因年久失修而坍塌，他们也是听上一辈人说村子有 250 年历史。我转而一想，问他们有没有坟墓，他们说有，于是带我去看，我看见有一块墓碑，刻有"二世祖廖太母童老孺人之墓"字样，立碑时间是光绪六年（1880），按照客家人的风俗，去世后约十年立碑，再算上他们家族在此生活了两代人的时间，我估计也应该在250 年前后，这样我就给洪围村的历史作了一次较为客观的考证。

夏和顺：公明麦氏也是广东大姓，您曾到公明塘尾村做过田野调查，应该也有一些精彩故事吧？

廖虹雷：据清嘉庆《新安县志》载，清康熙三十年（1691）辛未科周家村人麦某中武进士，清嘉庆十九年（1814）甲戌科合水口人麦锦琮中武进士。周家村距我的故乡石岩村只有七八公里，我小时候曾去游玩过，那里是著名的"将军村"，因此我很想做一次有关"将军村"麦氏的调查。

2014 年 2 月 11 日，大年初七，我到公明塘尾村寻访麦氏父子武进士家祠，县志里的周家村现已改为塘尾村。当时是春节长假的最后一天，又下着小雨，在社区工作站有几个青年在喝茶聊天，我说是来了解麦氏武进士家祠的情况，他们说不知道，等明天上班再说吧。白跑了这么远的路，我当时心有不甘，嘴里冒出一句"要是碰运气见到阿睦叔就好了"。正在那一刻，运气真来了。在场有一位青年社区干部麦锡太，正是"阿睦叔"麦永睦的孙子，他说："你要找'阿睦叔'？他是我爷爷。"麦永睦是该村始祖麦守信第二十四世孙，当天下午，麦锡太就带我找到他的爷爷麦永睦。

麦永睦出生于 1930 年，当时已经 84 岁，从来没有见过市里来的人，我们聊起麦氏历史，他的话匣子渐渐打开了。他说：周家村范围包括塘尾、田寮、龙湾、将石四个大自然村，而将石村是 20 世纪 50 年代"公社化"，把"将军村"与"石围村"两村合称"将石大队"，延续至今。"将石村"又辖 8 个小村庄，分别为大围、新围、南庄、塘下围、下石家、石坪围和罗群（裙）围等。"将军村"在这一带比较出名，源于该村在清康熙至咸丰年间出过两户共五位将军，其中一户是麦世球祖孙三代为将军，另一户则是麦胜福、麦庆父子将军。麦永睦老人一字不漏地背诵出麦氏族谱记载的诗："堂堂麦铁杖，忠勇出天然。岭表前朝事，楼名此日传。擎天回北极，柱国镇南延……"麦永睦又带领我们去看了两个祠堂，其中有一块乾隆五十四年的碑。

我现在仍然感到庆幸，如果我当年没能见到麦永睦老人，那么他口中的那些鲜活记忆就会被历史湮没。

夏和顺：孙中山领导的三洲田起义号称打响了深圳地区的"第一枪"，这段历史您也研究过，并做过实地考察，具体情况怎么样呢？

廖虹雷：我看过很多有关三洲田起义的史料，说法不一，矛盾百出。我经过梳理提出三点疑问：一是孙中山有没有到过三洲田，如果没有，怎么能说他领导了三洲田起义？二是龙岗马峦山有一块"庚子首义"碑，此地离三洲田约十公里，当时起义为什么在两个地方同时进行？三是三洲田起义历时究竟多长时间？

我是深圳市史志办民俗志、方言志和区志复审委员会委员，我带着这三个问题开始了长达两个月的调查走访。我查了《孙中山全集》、冯自由《革命逸史》、香港的有关口述史料，难能可贵的是，我看到了一本 1960 年广东省政协油印小册子，是当年秦咢生等三人受政协委派到三洲田座谈采访的实录。通过上述史料分析，我认为当时选定三洲田，因为该地处于深山密林，山高皇帝远，但又临近沙头角和香港，便于购买武器、交通运输和电报联络。孙中山未能潜入三洲田山寨亲自指挥起义，但他自始至终都在进行策划、领导和组织工作。

当时三洲田地区集结了两千多人，乡民只准入，不准出，因而谣言大起，盛传山寨有数万人谋反。有一位叫布吉李朗的神父将此事报告香港总督，香港总督又转告清廷。1900 年农历闰八月上旬，两广总督德寿派虎门防军和惠州防军分水陆两路封锁三洲田。起义军得到情报，决定先发制人。原定在三洲田廖氏祠堂祭旗，因廖姓耆绅反对，遂转至邻村马峦头兴中会会员罗生大屋中，与驻扎在三洲田的 80 名义军同时祭旗起义。这就是为什么马峦山与三洲田均有"庚子首义"碑的原因。

至于起义起讫时间，从 10 月 6 日开始，义军先打下沙湾，再到横岗、龙岗、坪山、坪地，又有博罗、惠州，然后是海丰、陆丰，此时由于武器供给不上，孙中山被迫下令遣散已经发展到 5 万人的起义队伍，其中约 2 万人乘船经香港转往南洋各地。这样，到 11 月 7 日，三洲田庚子起义历时 32 天，以失败告终。

夏和顺：非物质文化遗产的保护与民俗研究息息相关，您曾经参加过甘坑客家凉帽的保护与宣传，我很想听您讲一讲三进甘坑村的故事。

廖虹雷：在深圳非物质文化遗产普查中，我参与了麒麟舞、客家凉帽、大鹏清醮等 5 个项目的普查和申报工作，其中印象最深的是"三进凉帽村"。客家凉帽是深圳非常有特色的手工艺品，只流行于东江地区，在宝安、香港、东莞、增城、惠州一带才有，并且只有女性戴。关于凉帽的尺寸，我都做过仔细的测量、比对和核实。

布吉甘坑凉帽村闻名广东，据说是全国唯一一个以工艺品命名的村子。在 20 世纪五六十年代凉帽制作最兴旺的时候，甘坑全村都是做凉帽的，一年编制近万顶出口到东南亚，是广东的名牌产品。

普查开始，我联系该村进一步了解凉帽的历史、工艺和目前生产情况，村里做凉帽的老人大多已经去世，村后原有一座凉帽山，山上种有单竹，节长超过一米，是做凉帽的原材料，现在凉帽山已被推平，做了房地产项目。编织凉帽的工具包括削篾条的十几种刀，也无法找到。村里负责人以此为由推脱，不愿意接受访问。当时，蹲在甘坑村的路边，我花150块钱硬从一位过路的大嫂手中买下一顶凉帽，这就是我那本书的封面上的凉帽，戴帽子的姑娘当时在文化站工作。

甘坑村不接受访问，我想起家乡石岩的凉帽店，可以通过它"曲线寻访"。我在石岩有一位同学郑姓，祖祖辈辈做凉帽，他的母亲姓廖，我小时候就称她"阿姑"，就是做凉帽的高手。我带着几家报社的记者去采访她，她已经82岁高龄，然而对凉帽情有独钟，侃侃而谈。

报纸文章发表，对将要失传的客家凉帽工艺深表担忧，甘坑村领导也受到震动。我第二次进村时，他们表示欢迎。在与织凉帽师傅座谈时，我意外获悉我那位同学娶了甘坑凉帽村一位师傅的女儿，当年这两个青年人因为凉帽成就了一段美好的姻缘。

因为认识甘坑村的"女婿"，第三次进村采访时受到更热情的接待。村长请来五六位工艺师，准备了各种原材料、工具以及一些半成品，一边讲述历史，一边进行33道编织工艺流程，全程让我们拍摄照片并作影像记录。

我顺利完成"非遗"文本写作，甘坑村的客家凉帽成为深圳市首批非物质文化遗产之一。2013年，客家凉帽又入选广东省第五批非物质文化遗产保护名录。

夏和顺：从《深圳民俗寻踪》到《深圳民间熟语》，再到《深圳民间节俗》和《深圳民间美味》，您已对深圳民俗文化进行了一番系统的梳理，那么您还有什么进一步的研究计划？

廖虹雷：是的，通过近20年的努力，我对深圳民间的节日、语言、饮食和风土人情进行了一番梳理。眼下我正在撰写《深圳民歌民谣》，都是土得掉渣的一些民歌，越是民俗的就越有文化价值。此书共分五章——山歌、咸水歌、渔歌、盲佬歌、古曲，其中山歌又分劳动、生活、情歌、婚嫁，等等。写完这部书我想休息一下，现在参加社会活动太多，用于写作的时间太多，我想利用剩余时间对家人作一些补偿。

附录：廖虹雷学术小传

廖虹雷，中国作家协会会员、中国民俗学会会员，广东省民俗文化研究会第二届副会长，深圳市民间文艺家协会民俗文化研究专委会副主任。

廖虹雷从事深圳本土文化研究和著书数十年，一直关注城市化建设中，深圳消逝或即将消逝的古村、古镇、古桥、古井、古祠堂以及乡间民俗的留存。他在深入山乡渔村采风问俗，田野调查的基础上，进行系统的挖掘、整理和研究，撰写了《深圳客家凉帽》《深圳麒麟舞》《南澳草龙舞》《大鹏清醮》《深圳客家山歌》《清明祭祖"吃山头"》《深圳与"粽"不同》《深圳"追月"习俗》等数百篇文章及《非物质文化遗产是连结海外侨胞的精神纽带》等6篇论文先后发表在全国各地民俗文化杂志上，同时被百度收为多种词条。

廖虹雷结集出版《深圳民俗寻踪》《深圳民间熟语》《深圳民间节俗》《深圳风物志·风土人情》和《深圳风物志·民间美味》等深圳民俗专著5部200余万字。获广东省鲁迅文学艺术奖和省民间文艺著作奖多项，被评为深圳市"非遗"保护先进个人和广东省优秀民间文艺家。

廖虹雷的民俗文化研究，引起广东省和深圳市民俗文化界的关注。深圳市文联和市文化部门及罗湖区文联等单位，先后两次召开"传承和弘扬深圳民俗文化——廖虹雷民俗作品研讨会"。专程从北京、沈阳、广州等地赶来参加研讨会的专家、教授和深圳大学、市史志办等研究部门的民俗专家学者共50多人，对廖虹雷民俗作品的艺术特色和现实意义进行了研究，探讨了深圳民俗文化理论研究的方向与迫切性。

深圳市民间文艺家协会主席叶杨研究员说，数十年间，廖虹雷走遍全市各个山村、渔港、街道和社区，访古围、看祠堂、翻族谱、勘墓碑，了解村史变迁、姓氏渊源和风俗变化，是不可多得的"深圳土著"研究者。

深圳市史志办主任黄玲副研究员认为，廖虹雷是地地道道的本土历史文化研究专家。他的著作生动展现了深圳广府、客家民系的文化特色，是了解深圳民俗文化和地方历史文化很好的作品。它既填补了深圳这方面文化研究的空白，又以其独特的历史文化价值而被保留在地方史册中。

国家非遗保护工作专家委员会副主任、辽宁大学乌丙安教授对廖虹雷的民俗研究概括为三个特点。第一，在民俗题材的把握上，既关注深圳大型民俗文化活动或文化空间，也关注细微的深圳城乡民众日常生活风俗习惯。第二，在表现方法的运用上，他既运用文学散文的叙事笔法，对深圳民俗生活加以朴实的描述，又在介绍和解读深圳大型民俗文化艺术活动时运用了学术论文的见证和考证的方法，以确凿的文献典籍资料和亲身调查的材料为证据展开论述和说明。第三，在民俗内涵的解读上，既有作者从自观角度叙述的独到的民俗文化体验，又能从调查研究者的他观角度进行考察，得出客观的论证，对深圳民俗给予客观的评价。

我对物质文化遗产更感兴趣

——张一兵访谈录

受访者：张一兵
采访者：夏和顺
时　　间：2017 年 3 月 1 日
地　　点：深圳坂田源馨苑

夏和顺：您大学本科读的是中文系，后来怎么转而研究历史了呢？

张一兵：我是恢复高考后的第一届大学生，说是 77 级，1977 年底考试，1978 年春天入学。当时我的第一志愿填的是吉林大学历史系考古专业，第二志愿是黑龙江大学中文系，1977 年可能有很多杠杠限制，结果第一志愿没有录取，被第二志愿录取了，所以我的大学本科读的是中文系。读中文系有一个好处，我打下了比较扎实的古典文献的基础。1978 年，我也参加了吉林大学历史系的研究生入学考试，并参加了复试，当时竞争太激烈，我是唯一的初中毕业生，没有被录取，导师劝我过两年再考。

大学毕业后我被分配到东北烈士纪念馆工作，该馆设在黑龙江哈尔滨，1948 年 10 月 10 日开馆，是中共成立的第一个纪念馆。我的工作就是下乡征集文物，我征集文物、研究文物就是这样入门的。

世界文化遗产分物质的和非物质的两大类，我虽然是学历史文献的，但对物质文化遗产更感兴趣，这可能跟我上大学之前的经历有关。

夏和顺：听说您当时还有另外一个选择，即到政府机关从政，为什么没走这条路呢？

张一兵：其实是已经去了政府机关。当时毕业分配有一个需求名单，是不跟个人见面的，因此我看到的分配名单是到黑龙江省交通厅。我知道当厅长秘书是个机会，但我更知道那不适合我。经历过"十年动乱"和一系列政治运动，特别是受到家庭影响，我在潜意识里希望远离政治。后来是托人通过关系我才转到了东北烈士纪念馆。

夏和顺：大学停招十年，积聚了一大批人才，恢复高考后这批人一下子涌入高校，因此最初几届大学生年龄差别很大，社会经历也各不相同，那么您又有着怎样的经历呢？

张一兵：我父亲一生遭受政治磨难，在劳改农场几乎丧命，发配到林区后基本生活才有了保障，他以切身经历鼓励我们学手艺谋生。我小时候学了很多手艺，最后派上用场的就是木匠。我1969年初中毕业，算是新三届吧，后来下放到大兴安岭林业建筑工程局，我们是家属队，知青有400人，都是要下农田种地的。我因为木工活做得好，就一直当木匠，做家具，盖房子。那时候我就对家具对建筑感兴趣了。1973年我上了牙克石林业师范学校，牙克石位于大兴安岭地区，是中国森林工业之都，当时属于黑龙江，后来划归内蒙古了。那时候上师范学校可不容易，虽然工资也很低，但大家还是挤破了头争，因为是铁饭碗。我上的是速成班，1974年毕业当老师，一年以后又转到大兴安岭《林海日报》当记者，两年内换了三个记者站。

夏和顺：你在东北烈士纪念馆也只工作了两年吧？两年之后又读了研究生？

张一兵：是的，我觉得在烈士馆靠征集文献研究近代史不过瘾，于是又到吉林大学读先秦文学专业研究生，是在中文系师从张松如教授。张松如就是公木，著名作家，他创作过《英雄赞歌》《八路军军歌》《八路军进行曲》，后者1988年7月被定为《中国人民解放军军歌》；同时也是著名的古代文学专家，我跟他读的就是先秦文献。我刚才说过，我1978年就报考过吉林大学的研究生，当时没有被录取，导师劝我过几年再考，这样我又考到吉林大学。

夏和顺：我觉得，在中华书局的工作经历对您来说是一个转折，中华书局是指定的国家级古籍出版单位，您在此从事文献整理和出版工作，接触过很多学术界大师级人物，他们对您的人生道路的选择、学术规范的形成肯定都有影响，请您谈谈感受。

张一兵：我是1987年硕士毕业后分配到中华书局古典文学编辑室，从事古籍整理工作的，接触到一批大师级的前辈专家。周振甫先生学问扎实，功底很深，但是方法比较传统。傅璇琮先生因在政治运动中遭受批判，被调到中华书局接受改造，并由此走上学术道路，他属于学术理念比较前卫的学者。傅先生当时是副总编辑，总编辑是李侃先生，许逸民先生是古典文学编辑室主任。所以对于从事古典文献工作而言，中华书局是一个很好的单位，中华书局这几年的训练对我后来的学术研究确实有很大影响。

我能到中华书局也有一段故事。在我进去之前，古典文学编辑室的人都是北大的，我的本科毕业论文《"东皇太一"神话考》，是研究屈原《九歌》的，发表在《文化遗产》1984年第2期上。《文化遗产》就是中华书局出版的，最早由周振甫、傅璇琮等人发起的，大学中文系本科生在该杂志发表论文的据说只有两篇，除我之外，另外一位作者也进了中华书局古典文学编辑室。

夏和顺：从中华书局到深圳又是一次转折。您本人有志于学术文化，又占据了如此有利的地位，为什么选择了南下呢？客观原因是一个方面，当时心里是否仍有一些波动？

张一兵：这期间还有一个波折，那就是我曾有一段在日本求学的经历，从1989年到1992年。那个年头签证是一件很难的事，我是托了熟人找关系才签下来的。我在京都大学做访问学者，也是朋友介绍去的。到了日本我就开始恶补日语，好在也没有很硬的任务。我想了解日本古典文献的收藏和研究情况，但去了我才发现，我们能看到的资料都是在北京满地都是的那一类，真正的珍藏秘本一定要到混得很熟后才能看见。

1992 年我回到北京时，中华书局发生了很大的人事变动，我想熬出头非常困难，许逸民先生也劝我换一个单位，这样我就选择离开了。

夏和顺：那为什么选择了深圳呢？您是研究古典文献专业，深圳是一个新兴的特区，两者之间似乎有点格格不入。

张一兵：本来我是想去广州的。我的父母从牙克石被聘到广州外语学院，他们都是学俄语的，父亲还是最早的一批研究生。这样父母都在广州生活，后来母亲在广州去世，父亲要求我们三兄妹至少有一个到他身边。我思前想后，只有我比较方便调动，就决定来广州工作。

1992 年春节我去看父亲时，他的一个学生从深圳到广州看望他。交谈时，他得知我正准备来广州工作，就跟我说，深圳是经济特区，发展前景不错，可以去试试。我是从海外留学回来的，又是吉林大学硕士研究生，还有在中华书局的工作经历，这三块招牌在当时还是很有市场的，于是我决定到深圳试试。你说的没错，我的专业跟年轻的特区还真点格格不入。举个例子，我到深圳，跟父亲的学生骑自行车先找到图书馆。我以为自己中华书局的工作经历跟图书馆接近，或许他们会感兴趣，但当时深圳图书馆馆长告诉我：我们的馆藏方向是经济、科技和社会发展，没有古代文献，甚至连一本线装书都没有，你来干什么？一句话把我打发了，但他说得合情合理呀。我还去过深圳大学，他们的中文系要副教授以上职称的，我又不符合条件。

夏和顺：1992 年春天邓小平南方之行发表了一系列讲话，力挺深圳特区。随后各地精英纷纷南下，您到深圳可以说是紧跟邓小平南方之行步伐。

张一兵：当时深圳图书馆在荔枝公园北面，博物馆在荔枝公园南面，我们骑着车出了图书馆，就去博物馆。刚到博物馆门口，恰巧碰到馆长黄崇岳，他随即带我们回办公室。黄崇岳曾任教于中国人民大学，对中华书局非常熟悉，他对我说："我们现在就缺一个历史专业人才，你能来就最好了。"

深圳博物馆当时作器物考古研究的有十多人，原来还有几个历史专业大学生，但后来陆续调走了，所以急缺专业历史研究人员。黄崇岳马上把几个副馆长叫过来商量，并告诉我一两天之后答复。我回广州不久，就收到通知说深圳博物馆已经通过了，文化局也同意了，我可以先回单位等消息。

当时我也在广州联系了几家单位，中山大学、广州大学等，大家对我都比较有兴趣。我就想，哪个单位的商调函先到，我就去哪里。不到半个月，深圳博物馆的商调函就发到中华书局，这样我就决定来深圳了。我1992年2月就到深圳博物馆上班了，比邓小平南方之行还早一步。

夏和顺：您是研究古代史的，怎么会参与撰写《深圳经济特区创业史》呢？

张一兵：黄崇岳师从中山大学梁钊韬教授，是新中国恢复高考制度后第一批文化人类学研究生。他本来是一位学者，但在馆长任上要应付的行政事务性工作太多，就把学术研究这一块的任务交给副馆长杨耀林和我，我很快被提为馆长助理。

我还没到博物馆上班，他就交给我一个任务，就是编写《深圳经济特区创业史》。当时博物馆"特区研究室"的莫小培主任带领我编写，莫小培是"红二代"，在海南岛当过知青，他本人酷爱文学，喜爱创作，很有成就。我们的工作是联系采访早期来深圳建设的老工人、老领导、政府工作人员等，了解他们当年的生产生活情况，还要翻阅已有文献进行增补。

《深圳经济特区创业史》大概做了半年多的时间，我们按照莫主任的提纲把文本完成了，整本书大约20万字，涉及近50人的资料。我感到欣慰的是，经过我和莫小培的共同努力，这本书没有偏向文学的一面，还是按照史学的规范来操作的。这是我到深圳做的第一件与深圳历史有关的事。做这件事的一个额外收获是，我把深圳特区内外的路都跑熟了。

夏和顺：那么撰写《深圳古代简史》就又回到本专业了。这是两个不同的东西，一个是向前看，一个是往后追溯。到现在，我估计超过99%的深圳人都不知道有深圳古代史这回事，您的《深圳古代简史》是到目前为止唯一一本深圳古代历史著作，请您介绍一下这本书的成书过程、主要内容以及您的基本思路。

张一兵：第一本书还没有出版的时候，黄馆长又开始张罗第二本书，就是《深圳古代简史》。原计划是写《深圳通史》，我提出不能一口吃成一个胖子，要一步步来，我还提出分开写"深圳古代史"和"深圳近现代史"，这样每个人的任务就会比较明晰。我和杨耀林是主要操刀者，黄崇岳是统筹，但没有具体参与。老杨高风亮节，把我比较熟悉的古代给了我。实际上考古这一块他熟，他参与过深圳博物馆早期的很多考古发掘，他把这些资料都给了我，所以我说这本书至少有他一半的功劳。

写古代史要做两项准备工作：研究文献、实物和进行实地考察。文献包括方志及前人写过的有关深圳的文章和书籍，涉及的考古报告等。文献检索是我的强项，我利用半年时间把有关文献挖了一个遍，后来也挖不动了。对于实物，我首先要把有关深圳的出土文物看一遍，再把我们考古队和科研人员写的论文和考古报告看一遍。深圳博物馆负责文物出土和征集工作，深圳主要的文物都在我们博物馆，我找起来比较容易。

进行野外实地考察，我从南头古城开始，把深圳有关历史的点走了一个遍。好在文本亨先生已经对深圳的文物点很熟悉，他带着我跑，我的任务是为写古代史寻找碑刻、匾额等史料，他的工作则是文物保护和征集。文本亨曾在中国科学院古脊椎动物与古人类研究所从事旧石器时代文化研究，属于体质人类学，1984年就应聘到深圳市博物馆工作，是保管部主任。他是一个埋头苦干的人，他对我帮助很大，只要他知道的会毫无保留地告诉我。

深圳的面积约2000平方公里，古代史就要涉及这么大地方的遗迹、遗物，挖出来的刀枪剑戟、坛坛罐罐等文物。其实历史上的深圳比现在大很多，包括香港，现在的香港是割让3次之后的版图，这些我们都要有涉及。

创业史只花了一年时间，古代史也是一年，1994年古代史就交稿了，效率真是很高。那时条件非常艰苦，我们住在布心周转房里，一套房子住了4家人，只有3间，厅也用薄薄的胶合板隔出一间房，我就住在厅里。

夏和顺：这一部《深圳古代简史》是二十多年前的著作，现在您对它有何评价？

张一兵：这部《深圳古代简史》虽然迄今为止没有发现大的毛病，但是由于各种原因，缺环断节是难免的，写完后留下了无数的问题，因此我一直想找机会出一本新的更好的古代史，并为此搜集相关资料。这些资料我归为两大类：一类是方志，另一类是方志外文献。第一类方志我已经整理完成，方志外文献的整理工作还没做完。

夏和顺：深圳古代史可能不会被广泛关注，但明清以降，特别是到了近代，深圳（新安—宝安）却是一个不容回避的重要地区，因为它跟坚船利炮的入侵，跟西风东渐有着密切关联，它也是中国的积贫积弱和天朝崩溃的一个重要注脚，因而是学界一个持久的热点。您校注的康熙和嘉庆《新安县志》是研究这一段历史的重要史料，常常被学界引用。这也是一个繁复的工程，请谈谈编纂经过及重要意义。

张一兵：我整理完成的方志分两次出版，一次是《深圳旧志三种》，海天出版社出版，另一次是《康熙新安县志校注》《嘉庆新安县志校注》，中国大百科全书出版社出版。都在 2006 年。写《深圳古代简史》之前，我的主要工作就是把以县志为主的深圳古代文献全部通读。县志之外还有省志以及全国性的方志，如《广东通志》《大清一统志》等。

当时深圳博物馆资料室有两个县志的影印本，一个是康熙《新安县志》，另一个是民国的。康熙县志是手抄的油印本的复印件，广东省立中山图书馆曾派人到北京图书馆抄写有关广东的方志，用铁笔蜡纸抄的，这本康熙《新安县志》大概就是这样抄回来的，而该志是北京图书馆的孤本。我拿着这博物馆的手抄油印本到中山图书馆查对原件影印件。那是 20 世纪 60 年代拍的胶片，打开在阅读器里看，全是冰裂纹。我就这样慢慢用手摇着查看校对，发现油印本错漏百出，几乎每一页都有错字，很多页是颠倒的——而且距离很远。

这部县志为清康熙年间靳文谟撰修，是现存最早的深圳古代方志版本，因此史料价值极高。全志分舆图、天文、地理、职官、武官、宫室、田赋、典礼、兵刑、人物、防省、艺文和杂志共十三卷。

东晋咸和六年（331）设宝安县后，唐肃宗至德二年（757）改名东莞县，直到明万历元年（1573）才析东莞县置新安县。因此明代天顺年间的《东莞县志》是包括深圳的，紧接着一本崇祯《东莞县志》，新安县已分析出来，因此有深圳资料的《东莞县志》只有那一本。但天顺《东莞县志》全12卷，只残存3卷，与深圳有关的史料非常有限。我在《深圳旧志三种》中点校这个本子，以萧国健送给深圳博物馆的从日本影印回来的本子为基础，那个本子比较模糊，我又到中山图书馆找到一个清晰一点的复印件校了一遍。

清嘉庆《新安县志》是舒懋官、王崇熙主持撰修的，全志分训典、沿革、舆图、山水、建制、经政、海防志、艺文志和杂志等，共23卷。嘉庆《新安县志》是记载香港开埠前历史的重要文献。这个本子我也是利用广东省立中山图书馆馆藏的胶片整理校注的。

我在康熙《新安县志》的校后记中介绍了有关深圳方志的调查情况，我当时为查找有关深圳的方志，到过全国很多图书馆，如天津、南京、上海图书馆等，只要有一个版本，哪怕是残本我都要看，我也拍了一些胶卷。我还跑到北京图书馆，希望拍几页康熙《新安县志》原件作书影，好说歹说，他们最后同意了，但是只能拍一页纸，而且要他们自己拍，当时还不能拿，最后寄回来一张模模糊糊的照片，收费400块钱，底片还不给。

康熙、嘉庆《新安县志》之外，还有一个民国的县志，不是独立的方志，这个本子用的是嘉庆《新安县志》作底本，是铅字排印的，问题比较多，错字连篇，大篇幅的缺页和错乱，章节颠倒，是民国时期一位宝安县长印的，既没有文化又不负责任，价值最低，所以还要回头看嘉庆《新安县志》的原版。

我编两个注释本《新安县志》，由于时间比较仓促，注释中出现了一些问题，比如有"盐田村"字样，这个错误源自1984年的《深圳地名志》，我知道从来就没有盐田村，只有盐田墟，就像只有深圳墟没有深圳村一样，现在要写就不会错了。

夏和顺：王一宪女士写过一本有关岗厦文氏的书，岗厦文氏是文天祥堂弟的后裔。她在写作过程中，得到一部《文氏通谱》的很大帮助，我采访她的时候，她说此谱曾经过您审定，我想听听这个故事。

张一兵：我记得当时一个江西人拿这个《文氏通谱》来深圳，有人想买，朋友就介绍让我鉴定一下。我看了告诉他们：第一，这个本子是真的；第二，确实与岗厦文氏家族有关。听说后来他们买下来了。

夏和顺：从考古跨跃到古代建筑可能又是一段机缘？

张一兵：深圳博物馆原来有一个考古队，常规的工作就是带上水壶，骑着自行车，在深圳各地奔波。在这种环境下，他们对各种遗址进行了近200次发掘或者试探性发掘。我在来深圳前期，曾与考古队一起参加过考古发掘工作。在这个过程中我学到了很多东西，对进行深圳古建筑研究，提供了很多重要的帮助，比如方法论上的分类学和层位学。编写《深圳古代简史》时，进行野外实地考察时，引发了我对深圳传统建筑的关注。

后来考古队的实力慢慢增强，进来历史、考古专业的人才逐渐多了，经过一段时间的讨论、筹备，2004年下半年深圳市文物考古鉴定所正式挂牌成立。考古所以原考古队为核心，工作人员也从深圳博物馆剥离。很快深圳又成立了文物局，深圳博物馆和考古所都在文物局领导下开展工作。时任所长任志录也很喜欢、很了解中国传统古建，考古所一成立，他就设立了"古建筑研究室"，在人员配备、课题经费、工作安排等方面创造了非常好的条件。

其实早在为写深圳古代历史而做田野调查的过程中，我就看到遍布乡间的村落民居、祠堂、庙宇、炮楼；加上我经常就深圳地面遗存的古建筑向前辈学者请教，逐渐了解到古建筑研究领域的一般发展水平及深圳古建筑还缺少专门研究的现状，萌生了深入了解深圳古建筑的想法。我先是拿着深圳村庄的统计表，然后又拿着村庄的详图，1984年出版的，我把它折叠起来复印，现在肯定舍不得这样复印了。我用了10年左右的时间，遍访深圳1000多座古村落，记录地面遗存的上万座古建筑，挖掘其历史价值、科学价值和艺术价值。

　　夏和顺：古代建筑可能是一个很奢侈的词，在很多人的眼里，深圳根本就没有古代建筑，以为这里起源于一个偏僻荒凉的小渔村，所以我们说传统建筑可能更恰当一点。那么深圳的传统基础有何特点和意义？

　　张一兵："改革开放之前的深圳只不过是一个名不见经传的小渔村"，这种说法是不负责任的，即使是一座现代化大都市，它也应该有自己的历史，也有传统的痕迹可寻，如果我们读了厚厚的几大本《新安县志》，再读些有关深圳历史文化的文章、著作、丛书，你或许就会改变"小渔村""文化沙漠"之类的看法。事实上，深圳不仅有丰富的文字史料和鲜活生动的传统民俗，还有大量的传统庙宇、祠堂、住宅建筑等各种各样的历史文物，都在令人无可置疑地诉说着它悠久、辉煌、可歌可泣的过去。现在深圳已知文化遗存遗物的数量，明显超过全国的平均水平。

　　深圳现存传统建筑可分为五个主要的大类型：宝安（本地）型、广府型、客家型、闽南潮汕型、西洋型。在每一个类型里，还可能存在多种亚型及多种分支和变体。为什么会存在这五大类型呢？因为深圳传统建筑具有来自五个区域型的文化渊源。深圳在地理位置上有其独特之处：西北背靠东莞、广州，西南面海，东北背靠惠州，东南面海，正南与香港仅一河之隔，境内3/5为山冈丘陵，2/5为小面积平原。广东地区主要有三大区域文化类型：广府文化以广州为中心向四面延伸；客家文化以梅州为中心向四面延伸；闽南潮汕文化以漳州、潮州为中心向四面延伸。这三大区域文化类型的共同交汇点正是在深圳，并在此结束。所以，从区域文化类型的多样性上看，深圳是得天独厚的，而区域文化类型的多样性直接导致了深圳地区传统建筑的多样性。

　　深圳传统建筑类型，除受上述区域文化影响有三种外，尚有本地传统文化和西洋传统文化类型，其中本地文化类型最为重要。作为我国南方古越族的一支及其先民的聚居地，深圳的历史至少可以上溯到7000年以前的新石器时代中期，此后历经秦汉，到东晋成帝咸和六年（331）设立东官郡和宝安县，包括今天的东莞、深圳和香港一直保持着独特的文化现象，与周边地区明显不同，其传统建筑也与上述周边地区有着显著区别。

夏和顺：古代建筑与大规模、高速度的城市化进程是一对矛盾，这是一个体制性的问题。我听说您研究完深圳的传统建筑以后，又跑到内地的许多地方，用照相机与推土机抢速度，我感觉颇有一点现代唐·吉诃德的意味，不知道您是什么感觉？

张一兵：唐·吉诃德还可以去跟人拼命，而我为了提高效率还不能跟人拼命，我想到的一个方法是做抢救性记录，因为在城市化进程如此迅猛的形势下，要阻止破坏古建筑的进程是不可能的。

我关注深圳古建筑特别是古代炮楼（这是一种中国特有的建筑类型，是很有意义很值得深入研究的课题），是从写《深圳古代简史》开始的，我跟文本亨等人跑了 10 年，拍了大量照片。后来我读在职博士，4 年中跑了几百个地方，有两年时间我集中跑了山西、陕西，考察古建筑，效率高的时候一天能跑两三个点。馆里也没给我提供什么设备，胶卷都是自己买，每卷都要花一两百块钱。好在我的工资完全可以应付摄影及差旅费用，我跑山西、陕西，有时候住一个单间只要 10 块钱，我导师说我的工资是他的 3 倍。这样十多年间，我积累了大约 10 万张照片胶卷。我曾试图把它们转成电子文本，需要很大一笔资金不说，时间代价也太高，现在基本上没法完成。我自己买过机器，速度太慢，估计 20 年也扫不完。底片还保存在干燥箱里，早期的可能都褪色了。好在 2004 年以后可以用数码相机了。

夏和顺：您研究深圳古代史和传统建筑，还受到过哪些人的指导和帮助？

张一兵：我刚写深圳古代史时，是文本亨先生带着我去开展实地调查，文先生学识渊博，知无不言，言无不尽。但当我问到有关古代建筑的问题时，他说这个我就不懂了。后来我结识了香港的萧国健先生和东莞的杨宝霖先生。他们在学术上路子很正，也是我的引导者。他们讲一个史实的时候，会指出与之相关联的地点，我就跟着他们跑，香港的乡下、东莞的乡下都跑了很多地方。杨先生带我跑东莞的文物点，那时我们是坐小巴，到一定的地方换乘拉客仔的摩托车，杨先生怕我多出钱，基本上是我们俩共骑一辆摩托。他们俩不仅帮我解决了很多文献上的问题，也使我在古建筑上开了眼界。

夏和顺：您是广东省文物鉴定委员会的委员，您对文物保护特别是古代建筑的保护现状有何看法？

张一兵：我曾跟国家文物局的领导探讨过这个问题，我建议立即停止所谓的古建筑修缮。现在的古建筑修缮变成一种建设工程，几乎所有参与者都把这件事作为赚钱的机会，降低成本、偷工减料、增加利润等各种事就出来了。文物修复一偷工减料就全部变成假的了，一个庙的每一块砖都是假的，一块花岗岩他恨不得变成一块塑料的石头，怎么可能保持原有建筑结构？

这种对古建筑的致命破坏源于我们无原则地学习东洋，始于民国时期。日本奈良的东大寺每 30 年更新一次，京都的清水寺每 50 年更新一次，所有的木制构件全都换，严格地说它不是文物，只是非物质的文化遗产。我们大量的所谓修缮过的古建筑也是如此，是新材料堆砌起来的一个模型，文物的本质没有了。

夏和顺：您一开始就说，您对物质的文化遗产更感兴趣。我注意到您收藏了大量的手工工具，大概有多少件？有何感想？

张一兵：我早年做过木匠，我的工作就是做家具、盖房子，这离不开手工工具。关于工具，我想了解的是材料、造型和造型的方法，我能很快地了解。

我收藏手工工具是为了配合研究古建筑和古家具，当年调查古建筑时顺便收了一些，本来是想写一篇论文，后来开始大批量地收，也没有经过详细统计，大概有上万件。中国的手工工具一百年前开始西洋化，有一部分地区东洋化了，到今天纯中国传统的手工工具就全国的面上看，已经不足 5%，我认为今天有文化的人看到的手工工具几乎都是西洋化或东洋化的，因为剩下的那 5% 散落在极其偏僻的地方，我自己都不一定去过。广东地区的西洋化进程更早，有四五百年历史，从葡萄牙占据澳门就开始了。我的这些藏品整理起来也是一件浩大工程，我想在此基础上写一部《中国手工具史》，但还有待时日。

夏和顺：《明堂制度源流考》是您的博士学位论文，已经出版，遗憾我还未及拜读。明堂制度是否与建筑有关？我们对明堂这个词并不陌生，常说的"搞什么明堂"（名堂）即如此。我去婺源的时候，听导游小姐解释过徽州建筑里的明堂，但她显然也是从讲解提纲里背的。中国文化明堂（名堂）深奥，我到现在也不得其详，请您解释一下明堂制度，您为什么要做这个选题？

张一兵：我把方向转到古建筑研究后，1999 年在职攻读吉林大学历史系先秦史专业博士学位，师从金景芳、陈恩林教授。我读硕士和博士时，面对的专业文献是一样的，没有脱离十三经和《诗经》《楚辞》。做论文选题时我就想把这两个东西结合起来，既跟导师的专业吻合，又为我今后的学术研究铺路。导师看了我的题目很满意。

《明堂制度研究》还不是博士学位论文，它是博士学位论文《明堂制度源流考》的前身，把明堂制度分成几个大问题来讨论，每一个问题都有其延续的过程，问题之间又是并列的关系，是明堂制度几个重要理论问题的讨论分析。这本书在我论文答辩之前中华书局就准备出版。《明堂制度源流考》就是明堂制度史，其实这两本书合在一起才形成完整的明堂制度研究。《明堂制度源流考》作为深圳社会科学文库第一辑 2007 年由人民出版社出版。

明堂是中国古代政治制度执行时需要的道具。明堂这个词在汉代以后衍生出很多意义，比如中医称人的某个部位叫明堂，中医还有关于明堂的一套理论，风水先生指房屋建筑的某一个院落叫明堂，墓葬中某一块宽敞的地方叫明堂。明堂制度源于周代，最早是一套礼仪制度，与之相对应的建筑则是礼仪制度的实施场所。明堂是中国古代礼仪中的顶尖问题，它把皇权神授演绎成仪式做给老百姓看，可以说是帝王实行统治的理论根据。

夏和顺：您编辑过《苏东坡书画全编》和《徐文长诗文书画全编》，您的研究领域已经从古代史、古代建筑跨越到古代书画。中国文化殊途同归，这些领域本来是有关联的。您做这两项工作有何起因？它们的出版情况如何？

张一兵：这是当年河北人民出版社约我的稿子，他们换了领导后把原来的一批选题全部枪毙，包括这两本，所以稿子一直压在我的仓库里。书画一直是我的业余爱好，我在北京时跟艺术圈的朋友比较近，《中国书法》杂志发表过我的作品，现在看当时的水平也不高，但我对书法还是有自信的。我在当博物馆馆长助理时，有一段时间比较清闲，因此就编了这两本书，还写过一些艺术评论。

我喜欢看古代书画，对现在书画界也有些看法。以我的鉴赏水平，我认为现在浮在面上的一些人水平都比较差，一个比一个烂，而沉在下面的还真有高手。古代书画造假现象严重，前几年出现的《封燕然山铭》、《出师颂》，最近的《功甫帖》，包括所谓黄鲁直的东西，一眼看上去就是假的，大部分是民国时期的伪作。我清理过苏轼、徐渭的东西，绝大多数是赝品，极少真品。苏东坡墨迹以台北故宫为主，美国、法国等海外有极少量。溥仪带出宫所谓回流的一批，个个都有大疑问，是先做出来打着回流的名义塞进来的。艺术鉴赏需要知识，更需要眼光，悲惨的是国人对传统艺术的欣赏水平已经沦落到太平洋里去了，那些所谓大家居然能把赝品当真品。

附录：张一兵学术小传

张一兵，历史学博士、文博研究馆员，现为广东省文物保护专家委员会委员。

张一兵出生于1953年11月，1970年入大兴安岭林业建筑工程局为学徒，1973年入牙克石林业师范学校，毕业后教过书，做过记者。1978年3月入黑龙江大学，为恢复高考后第一届大学生，毕业后入黑龙江革命博物馆任馆员，参与调查编写抗日战争史料。1984年考入吉林大学，为古典文学硕士研究生，师从张松如教授，毕业后入中华书局为编辑。

1992年初，张一兵入职深圳博物馆，参与有关深圳的文物考古与文献整理工作，主要著述有《深圳经济特区创业史》（合著，人民出版社1995

年版）、《深圳古代简史》（文物出版社 1997 年版）、《深圳旧志三种校点》（海天出版社 2006 年版）等。

1999 年，张一兵攻读吉林大学古典文献博士研究生，师从金景芳、陈恩林教授，于 2002 年获得博士学位，毕业论文《明堂制度源流考》，人民出版社 2006 年出版。2004 年转入深圳市文物考古鉴定所，主要从事地方历史文化研究、文物保护以及古建筑研究和保护。主要著述有《深圳炮楼调查与研究》（知识出版社 2008 年版）、《明堂制度研究》（中华书局 2005 年版）、《深圳东北地区围屋建筑研究》（合著，文物出版社 2014 年版）、《新安县志》校注等。

知其白，守其黑

—— 任志录访谈录

受访者：任志录
采访者：夏和顺
时　间：2017 年 5 月 3 日
地　点：深圳市文物考古鉴定所

　　任志录毕业于中山大学历史系，曾经在山西从事文物工作 20 年，2003 年调入深圳，现任深圳市文物考古鉴定所所长、研究馆员，中国古陶瓷学会常务理事，广东省古迹保护协会副会长，广东省文物保护委员会委员，广东省文物鉴定委员会委员。任志录多年来主要从事唐宋陶瓷调查和考古工作，曾主持发掘山西长治古瓷窑、山西浑源古瓷窑、山西孟家井古瓷窑，对华北地区、长江流域、华南等广泛地区的古代瓷窑做过广泛调查，发表过大量学术论文。任志录即将出版的《唐代陶瓷谱系研究》洋洋 200 万言，梳理了上万座唐代墓葬中出土的数万件器物，他自称是"二十年磨一剑"。近日，任志录在位于鸿昌广场顶层的深圳市文物考古鉴定所接受了本报记者的专访。

　　著名收藏家、深圳望野博物馆馆长闫焰认为："正是因为任志录的努力，深圳在陶瓷研究领域与北京、上海形成三足鼎立之势。"

　　夏和顺：您 1979 年考入中山大学历史系，您对历史特别是考古专业的兴趣是在大学里培养的还是与您早年的经历有关？

　　任志录：高中毕业后我当了一年多代课老师，第二年考取中山大学历史系。"文革"结束后文学首先复兴，和同辈大多数人一样，我也是个文学青年，我那时候还做着作家梦，喜欢看小说，首选中山大学就是因为欧阳山《三家巷》的影响。选择历史系是因为它与文学靠得比较近，对历史本身我并没有特别的兴趣，更不知道考古是什么。1979 年冬天，英国牛津大学的一位汉学家到中山大学来讲学，没有人提问题，我提了一个问题：学历史有什么用？那位汉学家回答：学历史就是研究人类的过去，就是梳理资料。我还是不明白研究过去有什么用。汉学家又说：英国派往世界各地的总督，十个中有九个是牛津大学历史系毕业的，理由是他们有着把无序变成有序的训练。

中山大学历史系曾有"八大教授"之说，我读书的时候，梁方仲的弟子汤明燧，陈寅恪的弟子胡守为、姜伯勤、蔡鸿生等人都给本科生代课。从他们的口中，我们知道了陈寅恪是史学大家，是可以与郭沫若抗衡的所谓资产阶级史学的代表人物，那时候"陈寅恪热"还没有出现，但我们作为中山大学历史系的学生，感到很骄傲。端木正当时也是历史系的老师，杨荣国教授刚刚去世，他因"批儒评法"有很大名气。中文系则有容庚、商承祚、王季思、楼栖等著名教授，外语系则有戴镏龄教授。容庚还给我们讲过古文字课，他跟商承祚都是一身白色唐装，每天打着伞，从家里到古文字研究室，真跟仙人一样。王季思的穿着比较现代，他每天在校园里跑步。

夏和顺：这么多名师，他们讲的课哪些您印象最深刻，或者受到的启发最大？

任志录：蔡鸿生老师给我们讲中亚历史，中亚史本来是一个很乱的系统，结果被蔡老师讲得有序而又清楚。到了最后一年分科，我学的是古代史，我记得姜伯勤老师给我们讲"敦煌学概论"。姜老师是敦煌学大家，我们古代史专业本来只有十几个人，后来本系甚至中文等文科系的学生都来听，能坐几十人的教室来了近百号人，很多人都站着听。姜伯勤认为敦煌学是一门显学，敦煌在中国，敦煌学在海外。他说，作为一名文科学生特别是历史专业的学生应该了解敦煌学，但他不指望有人研究敦煌学，因为研究敦煌学实在是一门太辛苦的学问，就像下地狱一样。可能是被他的话吓住了，我们那一级历史系的学生没有人研究敦煌学，但姜老师的话仍然给我留下了很深的印象，也使我真正对历史产生了兴趣。我毕业论文写的是关于宋代屯田制度的研究。我分配到山西工作后，姜老师去敦煌还曾绕道来太原看望过我，我们一直保持着联系。我到中文系听了一学期王季思老师给研究生讲的魏晋文学课，他让学生读一首诗，学生用普通话读，他说不对，他用古音读出来，我们完全听不懂，但是朗朗上口，我才知道古诗有自己的语境。这也使得我对不同历史阶段有着特定文化有了认识。

夏和顺：恢复高考后的最初几届大学毕业生，特别是文科毕业生大多选择去了政府机关工作，我注意到您当时去了山西晋祠博物馆工作，此后在那里工作了 8 年时间。您为什么会选择一家文物单位呢？

任志录：我当时是去太原市人事局报到，可以选择的单位有 3 家：市委办公厅、宣传部和组织部。我明确表示不愿意去机关工作，又无可选择。山西大学愿意要我去教书，可是我的关系在太原市，调不过去。于是我选择了市委宣传部，因为觉得靠文化比较近，但我又表示不想待在机关。部长找我谈话，说当时太原准备成立社会科学研究所，正在筹备，他又说有一家文物单位，你可以先去看一看。这个单位就是山西晋祠文物管理所，1952 年成立，原名山西晋祠古迹保养所，1958 年更名为山西晋祠文物管理所，离市区 22 公里，当时已属偏远。我去看了，一路上汾河、晋水，绿树成荫，一派江南气象。晋祠内古树参天，楼阁层层，溪流荡漾，其库房里还存有许多文物，更有一间大的资料室，古籍文献资料甚多，我当即决定留在晋祠。

夏和顺：它是什么时候改为晋祠博物馆的呢？它的主要特色是什么？在晋祠博物馆这段时间，您是否对古代建筑也有研究？您认为山西古代建筑特别是晋祠的保护状况如何？

任志录：1989 年，我担任晋祠文物管理所所长时，将其更名为太原市晋祠博物馆。

晋祠亦名晋王祠，为晋国宗祠。祠内有几十座古建筑，1961 年 3 月成为第一批全国重点文物保护单位，主体建筑圣母殿是典型的北宋时期的代表性建筑。晋祠保存着唐太宗李世民撰书的《晋祠铭》，作于贞观二十年（646）。在清乾隆时曾经做过台湾学政的太原人杨二酉修亭题匾"贞观宝翰"，是非常珍贵的文物。北魏时期的鱼沼飞梁，郦道元在其《水经注》中曾有记载。因为国家和地方比较重视，晋祠的文物特别是古建筑保护状况还是比较好的。

晋祠的馆藏文物在很多方面是可以和省博物馆相比的，比如傅山书画、部分陶瓷等。我到晋祠之初，是在资料室整理文物和书画，那时候工具书很少，我所做的第一件工作是整理山西历史上著名书画家的作品和生平简介，多是从方志里找出来的，共有 100 多人。另一件是将晋祠的匾额整理归位，这些匾额是"文革"期间被摘掉的，因为内容可能被归为"四旧"，一直不敢挂，我来了以后，形势开放了一些，领导就让我把它们找出来，重新挂起来。我根据手抄本的《晋祠志》一件件地找，总共有一百四五十块，约有一半在库房，其他是从各个地方找出来的，包括做了桌子的、做了民工的床铺的。基本上都是明清的匾额，个别是金元的，都是我重新挂上去的，后来发现有个别挂错了地方。1993 年，我在山西人民出版社出版了《中国晋祠宋代雕塑》。

夏和顺：晋祠博物馆内有一座傅山纪念馆。傅山（傅青主）是明清之际一位重要思想家。纪念馆是怎么成立的？请您谈谈其过程及对这位人物的看法。

任志录：傅山纪念馆也是在我手上成立的，但其中最关键的人物还是老所长牛树檀。他是阎锡山时期山西民众教育馆馆长，是一位很有风骨的学者。

牛所长年近古稀，学问极好，喜欢读书，每到北京出差就买回一大堆书，单位的归单位，个人的归个人。他对山西历史、晋祠的历史了解得非常深。他每天早晨 8 点到办公室，先处理好文件，用信封装好后亲自派送。我经常去他家，他告诉我，晋祠所藏 130 多件傅山书法作品，是他 20 世纪

60 年代从北京荣宝斋买回来的，当时押了 10 万元钱。荣宝斋是当时国内最大的经营文物书画的单位，经理侯凯是牛树檀的中学同学，就这样傅山的作品全部回流山西，很多作品是一元、两元、八元、十元钱买回来的，侯凯因此还遭到非议。

牛所长 1985 年退休后，我担任副所长主持工作。当时河南开始大规模宣传清初书法大家王铎，山西的傅山在日本同样有很大影响，但在国内宣传得不够。这样，当时宣传部组织了一个班子，我带着一帮人沿着傅山的足迹跑了一个遍。傅山是太原阳曲人，明末清初的思想家、学者、书法家、医学家，在某种意义上他还是反清复明的政治家。他在灵石、临汾住过一段时间，东边在阳泉也有活动，他到南京见过顾炎武，希望组织反清力量。晋祠原有一个展览厅，改革开放后我在此举办过山西省首届书画展，我就在这个展厅里挂上了"傅山纪念馆"的牌子，宣传提纲是与市委宣传部联合组织编写的，那时宣传纪律还是很严格的。为纪念馆题名的事我还是费了一番心思，当时山西有不少书法名家，但我还是觉得沙孟海先生的字比较合适，我不认识他，斗胆给他写了一封信，没有想到就一个星期时间，他就把字寄过来了，现在"傅山纪念馆"的馆名就是沙孟海先生题写的。

傅山纪念馆成立后，山西大学郝树侯、江地、姚奠中等几位教授给市委书记孙英写信，说阎若璩是清代山西籍著名考据学家，也应该建纪念馆。孙英书记带着信到晋祠找我谈，我说有你支持就行。这样我们又建了阎若璩纪念馆，规模要小一些，因为他只有书籍，我们又找了一些图片。董寿平先生是山西临汾人，是当代著名山水画家，再后来，我们又建了董寿平美术馆。那时候的领导还是很重视文物建设的。

1994 年，中华书局出版《傅山全书》，我是参与编写者。

晋祠原来保存了一批陶瓷，我最早研究陶瓷就是始于那时。这批陶瓷大部分来源于 20 世纪六七十年代的考古发掘，另一部分是零星征集来的，晋祠博物馆成立时我们征集了一批文物。

夏和顺：山西是文物大省，在山西省博物馆工作这段时间，可能您接触的文物范围更广。

任志录：是的。山西省博物馆现称山西博物院，前身为 1919 年创建的山西教育图书博物馆，1953 年起称山西省博物馆。因为我在晋祠博物馆做了一些工作，业务比较熟悉，引起了省里有关领导的重视。1991 年，我被调到山西省博物馆任馆长，接触的文物范围也更广，因为这些文物是来自全省各地的，包括发掘、征集和捐献，共有十几万件。

夏和顺：您 1996 年 3 月至 2002 年 3 月任职于山西省考古研究所，这一段工作经历可能与您现在担任的深圳考古鉴定研究所所长有直接关联，使您的学术方向更加确定？

任志录：多年的实践，使得我对文物工作兴趣日益浓厚。因为一直在博物馆工作，我发现自己的兴趣点还是在陶瓷上，并将其选为主攻方向。因为博物馆没有发掘任务，我就开始跑窑址做调查。1996 年 3 月，我由省博物馆调省考古所任书记。考古所与博物馆分工不同，一是考古，二是展览。山西省考古研究所前身为 1952 年成立的山西省文物管理委员会勘查组，1958 年正式成立考古所，直属中国科学院山西分院，是中国最早成立的考古所之一。博物馆是相对封闭的单位，自成一个系统，考古所与各地市有交集，会有一些新的考古发现，需要做研究，业务上有更大的提升机会，也容易出成果，这也是我选择考古所的原因。

我当时经历了一次思想转化的过程，我在晋祠博物馆和山西省博物馆时接触了很多领导，他们也有很深的文化情结，经常跑博物馆，甚至下库房参观，我也经常跟他们聊天。但我发现了一个问题，他们在位时是一方大员，叱咤风云，退休后，他们常常说的一句话就是：你们这个项目的经费问题，某某文物保护问题，我在位的时候怎么不提呢？我觉得这种马后炮很无聊，我也感觉到可能是因为落差太大，感到非常寂寞而致，但使我内心产生了一种不可名状的情绪。我虽然 33 岁就提了正处级，但我想自己坚决不能走他们的路，我感觉自己好像又回到大学时代，对学术文化的兴趣更加浓厚了。

夏和顺：山西省博物馆虽然收藏丰富，但您认为它此前在学术研究上做得还不够？这也是您去考古所的原因？

任志录：就以瓷器为例吧，博物馆的馆藏往往找不到娘家，不知道出自什么窑。窑口是当年最基础的生产工场，对收藏来说它可能不重要，但要做研究，一定要靠发掘窑址。发掘窑址是要解决陶瓷准确的时代和窑口等实际问题，时间和地点明确以后，了解当时这种手工产品的生产状况及生产规模，再通过这种手工艺了解到那个时代的生产、生活、宗教、文化及艺术，甚至整个社会面貌。而单独一件藏品，你很难确定窑口，也很难确定它与那个时代的关系。

我到了考古所后，主持发掘了长治八义窑、大同浑源窑、太原孟家井窑，正式拉开了山西陶瓷考古的序幕。长治八义窑为目前所知专业烧制红绿彩的窑口，它的发掘为解决中国早期彩瓷烧造的区域、烧制工艺等提供了重要依据。大同浑源窑是首次发现的中国烧造镶嵌瓷的窑址，之后我在河南地区中部做了大量调查，发现了中国早期烧造的镶嵌瓷，这一问题的提出和解决，使国际古陶瓷学术界长期以来认为高丽青瓷镶嵌未受中国影响的论点受到了严重质疑，引起了海外尤其是日本、韩国学术界的广泛关注。

我那时做的发掘工作主要是窑址，也有一些墓葬、遗址。除山西之外，还跑了河南、河北、江西、浙江等与古代窑址有关的各个省份，工作非常艰苦，但很快乐。

夏和顺：那么根据您的发掘和调查，山西古代陶瓷在中国历史上处于一种什么地位？它与周边地区的关系又如何？

任志录：山西的古代陶瓷生产自具特色，但又跟周边的河南、河北有着特定横向的联系，包括跟西夏的古代陶瓷都有关系。如果山西的陶瓷面貌搞不清楚，河南、河北地区的也搞不清楚；反之，如果把山西的面貌搞清楚了，河南、河北地区甚至全国的也清楚了。山西的特色是黑釉、黑釉刻花、黑釉铁锈花、白釉、白釉褐彩、白釉黑彩等，包括专业烧制红绿彩的八义窑，产品极为丰富。闫焰的望野博物馆收藏了一部分红绿彩等山西陶瓷，山西的古代陶瓷现在分别藏在山西博物院、山西各地博物馆，而大部分精品都流散到海外，本地的反而不多了。可能民国时期就流出去一部分，新时期开始的民间发掘的陶瓷大部分也流出去了。拉开序幕后，我们通过研究一步步精细化，使古代陶瓷的面貌越来越清晰。

这段时期我发表的专业学术论文包括：《山西长治东山窑发掘简报》，载《文物季刊》1998 年第 2 期；《山西浑源窑的考古新发现》，载《文物季刊》1999 年第 3 期；《中国早期的建筑琉璃》，载《南方文物》1999 年第 11 期；《中国孔雀绿釉器物的起源》，载《中原文物》2001 年第 3 期；《山西浑源界庄唐代瓷窑发掘简报》，载《考古》2002 年第 12 期。

夏和顺：我采访张一兵时，他曾谈到深圳市文物考古鉴定研究所成立后，他转而研究深圳古建筑，他说您也很喜欢中国传统古建筑，专门在考古所成立了古建筑研究室，在人员配备、课题经费、工作安排等方面创造了非常好的条件。请您谈谈深圳文物考古鉴定研究所成立的经过和您调动的过程，是否在深圳您更能实现自己的学术理想？

任志录：我是 2003 年调来深圳的，当时深圳向全国引进人才，我的职称是研究馆员。我刚来深圳时，关系在博物馆，人在文管办上班。深圳市文物考古鉴定所是 2004 年 10 月挂牌的，是由博物馆的考古队和文管办的文物鉴定组合并而成的，也算是深圳特色，其主要职责是承担地上、地下文物的调查、发掘、保护、维修和相关研究；对缉私、罚没、流散、销售及馆藏的文物进行鉴定、定级、估价；开展文物考古与鉴定的学术研究。

我来到深圳后感觉视野更开阔，开展考古研究更为便利。虽然本地的考古资源有限，但深圳具有独特的地理位置，紧邻国际艺术品流散地香港，接受的海外信息更丰富，看到的海内外文物精品更多，与内地各省市之间联系更广。由于经济发达，深圳对文化事业的支持力度更大。我就举一个例子，有钱了，你就能买更多的资料，能掌握更多的信息，有钱了还能跑更多的窑址，个人的收入更高一些，为生活的担忧更少。我一年的工资大都用来买书了。我们单位一年的购书款有 20 多万元，我个人用于购书的钱甚至超过这个数。我们所对过往考古期刊、基本古籍、地方志的收集（电子版）在深圳、广东省算是比较全的；我个人收藏的陶瓷考古方面的资料，包括海内外各大博物馆的资料，19 世纪晚期、20 世纪早期的国内外陶瓷考古学图书比较全，这可能在国内不多。

夏和顺：深圳是一座年轻的城市，其考古发掘的时间也比较晚。在考古所成立之前，深圳的考古发掘达到什么样的程度？我们应该如何认识深圳的古代历史？考古鉴定所成立后在这方面又做了哪些工作？

任志录：考古所成立后的第一件事就是决定继续对咸头岭遗址进行发掘。咸头岭遗址位于龙岗区大鹏镇（今大鹏新区）。广东地区新石器时代中期早段的遗址寥寥可数，出土文物不多，咸头岭遗址曾引起考古学界高度重视，此前深圳博物馆考古队已经做过四次发掘。咸头岭属于沙丘遗址，在珠三角地区是普遍现象，发掘难度高于其他类型遗址，因为沙丘遗址的地层中黏土含量少，结构比较松散，发掘中一些露出的沙层不稳定，很容易造成探方坍塌，导致不同层位遗存的混乱。2006 年又进行一次发掘，我们的副所长李海荣采用了一套"固沙发掘法"，基本解决了探方坍塌问题。

此前关于深圳地区古代文明也有很多说法，但如果没有考古发现来证实就只能属于猜测。前几次发掘没有木炭出土，因而没有做碳 14 测定。最后两次发掘，终于找到了科学测定的标本——碳 14，可以确定咸头岭遗址距今为 7000 年到 6000 年，为新石器时代中期，是深圳乃至环珠江口地区最重要的新石器遗存，也是深圳地区迄今发现最早的有人类活动的遗迹。咸头岭遗址还是珠三角地区唯一一处有地层的遗址，它把珠三角其他地方一些零散的遗址串联起来，其时间线索就清楚了。咸头岭出土的陶器和石器的工艺制作水平已经相当高。大量陶器的出土说明当时已经人口众多，众多人口聚居又表明当时人们已经具备较强的生产能力，能够获取足以让他们生存的食物。

因为在珠三角地区具有典型性，因此咸头岭遗址被考古界称为"咸头岭文化"，2006 年入选"全国十大考古新发现"。

夏和顺：到了深圳以后，您个人的兴趣和研究领域也一直在陶瓷方面，您对钧窑的研究卓有建树，在海内外享有盛誉，请介绍一些这方面的情况。

任志录：我到了深圳以后，对考古发掘只是担负着组织领导任务，我个人的兴趣和主要研究领域仍然在陶瓷方面，其范围在原来的唐宋古窑址的考古发掘基础上又扩大了一些，比如河南地区的官钧窑。

业界有北宋五大名窑——钧窑、汝窑、官窑、定窑、哥窑之说。钧窑在今河南禹州境内，禹州古代称钧州，属北方青瓷系统，窑址位于禹州城内钧台八卦洞。钧瓷釉色绚丽，造型优美。官钧是相对于民钧而言，是在民窑钧瓷基础上发展而来。官钧烧制工艺复杂，采用先素烧后施釉的二次烧成法，胎质细密，无杂质，釉厚层多，釉色变化非常丰富，烧成后釉面形成的"蚯蚓走泥纹"是其显著的特征之一。底足多用从一到十的数码来标注器物大小，因此又称"数码钧"。

2004 年初，考古所还没有成立，我和郭学雷、刘涛去了禹州，见到第一批 40 多件官钧窑的标本，当时决定买下来，3 万元是我个人先垫付的，以此为基础，之后又收入一大批。我们做了大量的调查和研究，对官钧瓷器产生的年代提出质疑，认为它可能为明代初期烧造。我们召开了学术研讨会，北京故宫、上海博物馆，以及香港、台湾和海外众多学者与会，我们的新见解得到国际古陶瓷界的很大认同。现在，世界各大博物馆都吸收了这一研究成果，包括英国大英博物馆、美国大都会博物馆、台北故宫以及日本的一些博物馆将文物陈列中的官钧瓷器改为元末明初或明初。世界最大的拍卖行苏富比在当年的伦敦春季拍卖中直接应用了这一研究成果。这一项工作具有颠覆性，很有意义。

我的《中国早期镶嵌瓷的考察》发表在《文物》2007 年第 11 期上。长期以来，中国学界对于古代镶嵌瓷的研究比较少，而日本和韩国的学者在这一领域的研究却较深入，这是因为高丽象嵌（镶嵌）瓷的资料比较多，而且镶嵌瓷是高丽陶瓷的主要品种之一，大量保存于国内外的博物馆中，因此，韩国学者认为镶嵌瓷起源于高丽。自从山西浑源窑发现镶嵌瓷以后，中国学者对此领域有所涉猎，但仍处于探讨和猜测阶段，对其工艺、品种、装饰类型、产地及流行时代不甚清楚，对其与高丽瓷的关系更不清楚。镶嵌瓷是一种烧制工艺，在白色或青色的泥胎上刻出花纹后，再加一层不同颜色的泥，烧出的成品出现色差。这种工艺早期出现在铜器上，以金银镶嵌。此工艺始于唐朝晚期，到宋代已很普遍，山西、河北、河南的窑口都有出土，而高丽青瓷镶嵌产生的年代相当于金代。这样通过对大量标本的调查研究得出的结论，使包括韩国在内的国际学者信服。

夏和顺：深圳考古鉴定所做过很多有意义的活动，我就参加过一次明正德年间瓷器的展览与研讨活动，当时是您主持的，我印象深刻。请您介绍一下其他展览的情况及其意义。

任志录：2010 年 3 月，我们举办了"唐人器物展"，展品来自广东、上海等地收藏家的唐代器物个人珍藏，包括铜器、银器、三彩、青瓷、白瓷等，共 95 件。展后我主编了《唐人器用》图录，由文物出版社出版。通过展览及图录，把唐代同样形状、不同材质的器物汇聚于此，我就想说明一个问题，即一个时代的器物具有"异质而同形"的规律，它的艺术风格是相同的，也就是说它的样式和面貌是当时流行的，它可以是玉、石，可以是铜器，也可以是瓷器，到另一个时代就可能是另外一种样式和风格。比如唐代僧人使用的净瓶，形状虽然一样，却有铜质、白瓷之分；而形状与大小一致的盖罐，也有铜质、唐三彩皮球花、唐三彩点蓝彩的区别；还有口杯，也有银质、长沙窑印花与青瓷，等等。这项工作以前没有人做，我想让大家了解艺术史的一个普遍规律：你看见一件实物，根据大体的艺术风格，就可以对其产生的时代有一个基本的认识。这个展览特别是这本书影响较大，现在成了很多人的案头工具书。

过去黑瓷中国南北都有，北方的黑瓷更为精致，也更为普及。2016 年10 月，我们举办了"知白守黑——北方黑釉瓷精品文物展"，故宫文物专家、95 岁高龄的耿宝昌先生亲临现场致辞，称赞此次展览属于业内一流，所展瓷器均为北方黑釉瓷中的上乘之作。展览结束后，我主编了《知白守黑——北方黑釉瓷文物精品》图录，由岭南美术出版社出版。我想通过鉴赏唐代到元代的北方黑釉瓷精品，来阐述对北方的黑釉瓷器的认识，通过对比，更清晰地认识到不同年代、区域的黑釉瓷器特征之间相互影响、发展及演变的关系，使人们能感受到古人的审美情趣以及人文面貌。老子《道德经》有言："知其白，守其黑，为天下式。"名为"知白守黑"还有一层意义，就是对古人去巧守拙精神的褒扬，提倡一种质朴的文化。这一场展览也引发了收藏界的黑釉瓷热，黑瓷在市场上都涨价了。

此外，我们通过对浙江龙泉窑的大量调查，举办了"官样龙泉青瓷展"，提出了龙泉窑曾经为宫廷烧造定制瓷器，这种青瓷既存在于杭州城市遗址，也存在于北京、台北的故宫旧藏中，不但廓清了龙泉官样青瓷的面貌，而且对认识两宫旧藏与杭州官窑的差异丰富了资料。

夏和顺：长期担任行政职务对学术研究有没有影响？请谈谈您个人目前的学术研究情况。

任志录：刚才我谈的都是日常工作，摆在台面上的，大家都能看得到。其实对我来说还有一项重要的工作，我已经持续做了20年了，始于我到山西考古研究所工作之后，现在已经到了收尾阶段，希望今年能够完成，可谓20年磨一剑。

多年来，我持续在做的，也是月力最多的，是收集、整理和研究解放以来考古发掘的上万座唐代墓葬、遗址的考古资料和世界各国所藏唐代陶瓷，结合唐代历史文献，对唐代陶瓷在不同时期、不同区域、不同人群的使用情况，对各类器物和纹样的演变规律，对各种文化相互影响的因素，对唐代陶瓷的基本工艺特征，均作出详尽的类比研究，力图呈现出大唐时代的政治、经济、社会生活折射在陶瓷艺术上的光辉。书名拟作《唐代陶瓷谱系研究》，其实研究领域包括唐代所有器物，金、银、铜器，石器、玉器，贝壳类、玛瑙、陶瓷等，陶瓷类中又分黑瓷、白瓷、青瓷等。出土墓葬总数超过11000处，其中有考古简报的约3000处，出土遗物10万多件。对同一或同类墓葬的器物进行归类，运用考古类型学的方法，区分锅、碗、瓢、盆、罐、瓶等，每一类里又分出很多种，每一种里又会出现不同的变化，出现在哪些地方、哪个时间段。考古学中每一件器物都联系着一个器物群，都离不开具体的时间、地点，否则就是飘忽的。某一件器物在哪个地方出现得最多，其所用材质能不能代表流行样式，这就反映出一种文化，就能说明一种物质的发达程度。

我们的美术史、艺术史在撰写过程中，往往是秦琼战关公，写唐代美术拿宋代的器物来做参照，还写得津津有味，其实它们之间根本不搭界。即便是唐代三百年，初唐文化与晚唐文化也根本是两码事，如果把两个不同时代的器物放在一起，也讲不清唐代的历史。正是有鉴于此，我才埋头做这件事。我的这项工作，一是要反映唐代物质文化的发展变化，二是要给唐代器物提供一个时空坐标，每件器物都能在坐标中找到自己的位置。

夏和顺：这项工作确实很有意义，希望能早日完成以嘉惠学林。您能不能谈谈其中一些有趣的细节呢？

任志录：这项工作的量很大，仅文字部分就超过 200 万字，我是抱着只争朝夕的态度来做这件事的，不分白天黑夜，没有节假日。刚才我说到个人购买搜集那么多书籍，都是为了这项工作。在浙江的"南青北白"瓷器国际研讨会上，我也作了学术报告，完全用数据来说话，比如初唐、盛唐、晚唐的南北白瓷、青瓷是什么比例关系，"南青北白"是晚唐才开始形成的格局，关于其使用人群我也做了分类，比如一至三品官、四至六品官、七至九品官及普通人群对陶瓷的使用也是不同的。报告结束后现场提问环节，没有人提问，而是全场都站起来拱手致谢。

每一件器物的出现一定会有它的生活基础，有它的时代背景。比如佛教里的钵，是和尚用来化缘饮食的，它出现在中国，但源头在印度。我经过考查，发现钵是印度，甚至是中亚、西亚地区的日常器物。中国在新石器时代也曾出现过类似的器物，但后来消失了。当钵这种器物从印度回流中国后，它成了特殊人群——僧人使用的器物，普通人群不再使用。这个结论是怎么得来的呢？我查阅了大量的印度以及中亚、西亚地区的考古资料，发现钵是普通人群日常生活中的器物，佛教僧人只是取其便而已。其他方面的资料我都备齐了，我原来以为中国有关古印度考古的资料很多，后来一查，根本没有，我又咨询有关印度学的专家，他们也不知道。经过查找，我发现日本和欧美国家有这些资料，于是在节假日跑到东京的神保町，一泡就是几天时间；利用看望在英国留学的孩子的机会，跑到英国去逛旧书店，费时费力又费钱。

夏和顺：一个地区、一座城市的学术有赖于各个领域众多专家学者的共同努力，著名收藏家、深圳望野博物馆馆长阎焰说："正是因为任志录的努力，深圳在陶瓷研究领域与北京、上海形成三足鼎立之势。"您怎么看深圳在考古特别是陶瓷考古方面的成就？

任志录：我也想过这个问题，就是我们个人能对深圳的学术文化做些什么贡献。深圳文物考古鉴定所成立后，对深圳古代墓葬、遗址的发掘，对深圳古代史的推断做了一些工作，有目共睹，而我个人的主要学术研究一直在古陶瓷上。我研究官钧窑时，有人曾问我：钧窑是什么地方的？我说是河南的。他又问：那与深圳有什么关系？我举了一个例子，交响乐源于欧洲，中国人为什么要演奏交响乐呢？道理是一样的，学术文化是不分国界，也不能分省界和地域的。我们能对陶瓷考古作一些突破性的研究，说明我们已经站在这个学术领域的前沿。深圳在任何一个领域能站在全国的前沿，也说明深圳学术文化水平有了很大的提高。所以，我认为我们所做的工作提升了深圳的文化影响力，也为深圳学派建设做出了应有的贡献。

附录：任志录学术小传

任志录，1958年2月生，1983年中山大学历史系毕业，1999年山西大学考古专业研究生毕业。曾任山西省博物馆馆长、山西省考古研究所书记，现任深圳市文物考古鉴定所所长、研究馆员，考古领队资质，中国古陶瓷学会常务理事，广东省古迹保护协会副会长，广东省文物保护委员会委员，广东省文物鉴定委员会委员，暨南大学兼职教授。

1983年以来，任志录在山西、深圳从事文物考古工作，主要从事唐宋以后雕塑和陶瓷调查及考古工作，曾主持发掘山西长治、山西浑源、山西孟家井古瓷窑，对华北地区、长江流域、华南等地区的古代瓷窑做过广泛调查。

任志录主要学术成果：

第一，所发掘的山西长治窑为专业烧制红绿彩窑口，为解决中国早期彩瓷烧造的区域、烧制工艺等提供了重要依据。发掘山西浑源窑，第一次发现了中国烧造镶嵌瓷的窑址，之后在河南中部发现中国早期烧造的镶嵌瓷。这一问题的提出和解决，使国际古陶瓷学术界长期以来认为高丽青瓷镶嵌未受中国影响的论点受到质疑，引起欧美及日本、韩国学术界关注。

第二，通过大量调查和研究，提出官钧瓷器可能为明代烧造的新见解，得到国际古陶瓷界的很大认同，世界各大博物馆普遍吸收这一研究成果，将陈列文物中的官钧瓷器改为元末明初或明初，苏富比拍卖行直接采用了这一研究成果。

第三，研究并提出中国建筑琉璃制造和使用可能早至西汉时期而与汉绿釉同期出现，揭示了中国古代豪华建筑装饰中的一个基本问题的渊源。

第四，收集、研究和整理了上万座唐代墓葬、遗址的考古资料和世界各国所藏唐代陶瓷，结合唐代历史文献，对唐代陶瓷在不同阶层、不同区域的使用特点，对各类器物和纹样的演变规律，对各种文化相互影响的因素，对唐代陶瓷的基本工艺特征，均作出详尽的类比研究，力图呈现出大唐时代的政治、经济、社会生活折射在陶瓷艺术上的光辉。

第五，通过对浙江龙泉窑的大量调查，举办"官样龙泉青瓷展"，提出龙泉窑曾经为宫廷烧造定制瓷器，这种青瓷既存在于杭州城市遗址，也存在于北京、台北的故宫旧藏中，不但廓清了龙泉官样青瓷的面貌，而且对认识两宫旧藏与杭州官窑的差异丰富了资料。

为构建"文化深圳"大厦添砖加瓦

——杨宏海访谈录

受访者：杨宏海
采访者：魏沛娜
时　　间：2016 年 2 月 28 日
地　　点：深圳荔园酒店

　　"在'文化深圳'的征途中，我紧跟时代的脚步，一刻也未曾停歇。"在 20 世纪 80 年代，跟无数青年一样，杨宏海怀抱理想主义的文化情怀，走出梅州的客家围龙屋，来到中国的发展前沿——深圳。30 年来，伴随着深圳一座座摩天大楼的拔地而起，他也为构建"文化深圳"这座大厦不断付出心血，参与了影响深圳文化发展的绝大部分重要文化实践。例如他率先提出"打工文学"概念，深入推动深圳文化研究，并曾担任深圳市特区文化研究中心首任主任、深圳市文联专职副主席等职，时刻把握着深圳文化的脉动，呵护着它的成长。回顾其心路历程，可以借用他一本书的书名概括之，即"一个人与一座城市的文化史"。

　　魏沛娜：您撰写的《黄遵宪与民俗学》最早发表在《中国文化研究集刊》上，并于 1987 年 6 月获得广东省"优秀社会科学研究成果奖"，这是深圳第一次荣获省级社科学术论文奖。民俗学是您最初的研究方向吗？
　　杨宏海：我在嘉应师范专科学校时最早是做当代文学研究，但我对民俗学比较感兴趣。1982 年，全国首届黄遵宪研究学术交流会在梅州召开，当时正在华南师范大学中文系进修的我提交了这篇论文。本来我在华南师范大学的指导老师还不是很赞成我的论文观点,因为有关黄遵宪的研究已经很多,大家的关注点主要在其爱国主义、民歌或是作为外交家、教育家的贡献,但我自己发现黄遵宪在民俗研究方面是独树一帜的。我想起"吾爱吾师,吾更爱真理""大胆假设、小心求证"的名言,于是写下了《中国民俗学的先驱——黄遵宪》,并被推选到会上发言。那次学术交流会结束后,复旦大学主编的《中国文化研究辑刊》特约编辑杨天石先生要在参会的50多篇论文中选一篇在该刊发表,最后只选了我这一篇,这完全出乎我的意料。发表时改名为《黄遵宪与民俗学》,此文于1987年6月获得广东省"优秀社会科学研究成果奖"。后来我在北京见到杨先生,谈起此事,他非常淡然地说:"我们选稿不看作者的资历,只看作品(文章)的价值。"斯人斯语,至今让我非常感念。

魏沛娜:您来到深圳后又站在民俗学的角度,写了一篇《试论深圳新民俗文化》,对市场经济条件下深圳新的文化现象进行探讨,是否也是遵循着既有的研究思路?

杨宏海:我非常尊崇客家先贤黄遵宪关于民俗的一个理论,他把"治国化民""移风易俗"作为研究民俗的主要目的,这在当时来说是难能可贵的。他讲到古时皇帝会派"辒轩使者"到各地,"采其歌谣,询其风俗,又命小行人编之为书,俾外史氏掌之",然后向皇帝反映,为朝廷制定政策参考。黄遵宪认为"治国化民"必须研究、通晓民俗。他说"国称之为礼,沿之为俗",政府倡导可能就变成一种风气,下面的百姓执行后就变成一种风俗。但与此同时也有许多民间的自发性活动,虽然没有政府的主导参与,因为契合了百姓需求,也相沿成俗,这部分民俗甚至在整个民俗范畴内占的比重更高。比如现在的微信拜年、"抢红包"也是一种新民俗,但并非由政府倡导。

我来到深圳后发现,这个八方移民杂居的城市,新风旧俗相互渗透,有可能形成新的民俗。然而有内地的民俗学者好奇:深圳改革开放,怎么会跟民俗界发生关系呢?对此我就举例,深圳有很多劳务工,他们来到新环境需要一种新的生活方式。例如,1986年以来,深圳出现了"大家乐"

这种引人注目的文化现象：市青少年活动中心创办的"大家乐群众自娱晚会"，在广场上搭起一个舞台，采用自荐自演的方式，吸引了为数甚多的观众。观众都站着观看，很少有中途离场的。演得好的给掌声，演得不好的则给笑声，始终充满着融洽、欢愉的气氛，从未发生过起哄、打架的现象，许多前来参观的海内外游客也暗暗称奇。这是移民城市深圳的一种新民俗现象，我对深圳新民俗的关注即源于此。后来，《试论深圳新民俗文化》这篇文章获得了广东省"鲁迅文艺奖"。深圳作为改革开放的窗口，市场经济先行一步，民俗民间文化在新形势下如何发展，是民间文艺界乃至文化理论界值得关注的问题。

魏沛娜：至今在很多人眼中，深圳是一座伴随改革开放应运而生的新兴城市，而对深圳的前身宝安县的历史文化不了解，于是一直认为深圳缺乏人文历史积淀，是名副其实的"文化沙漠"。但您在1997年就提出应当重视挖掘深圳人文历史资源；2003年又在政协会上提出要重视深挖掘、整理深圳民俗民间文化遗产。为何您会坚定地认为深圳不是"文化沙漠"？

杨宏海：深圳地处南国边陲，毗邻香港，背靠广州，其文化渊源属岭南脉系。新时期以来，它是中国改革开放的"窗口"与"试验场"，是举世瞩目的新兴城市。过去，由于种种原因，许多人对深圳的历史不甚了解，只知它是改革开放中发展起来的"一夜之城"，而不清楚其亦有悠久的历史；只知道深圳的现代文化，而不清楚其亦拥有丰富的传统文化遗产；甚至一些人还误认为深圳缺乏人文历史积淀，是"文化沙漠"。其实，深圳的人文历史资源十分丰富，特别是近代以来，这里更是中国社会变革的风雷激荡之地，曾经在此打了鸦片战争抗英侵略的第一仗，打响了辛亥革命前推翻封建帝制的第一枪，抗日战争成立了南方游击武装第一队，点燃了当代中国改革开放的第一炮，是实施"一国两制"、和平统一祖国的第一站。

深圳还长期被称为"边陲小镇"，在许多研究岭南文化的专著中，深圳往往被漠视乃至不屑一顾，从而成为岭南文化中被遗忘的角落，这其实是一个历史的误会。深圳的前身宝安县（包括今香港地区）历代名人盛事众多，民间文化资源丰富。这里有新石器时代的遗址，宋末皇帝的遗踪，有明代古城的胜迹，有抗英名将的故宅，等等。这些史迹轶闻，至今还在民间广泛传扬。深圳也是多方言区，就原宝安县来说，既有粤方言，又有客家方言，还有大鹏"军语"和介乎两者之间的本地方言。不同语系的地方文化融合杂呈，使深圳民间文艺更具特色。这些都是深圳历史文化内涵的具体体现和重要标志，是历史留给我们的一笔相当可观的宝贵财富。

所以，我们可以清楚地看到，深圳的先民已给我们留下了丰富的人文历史资源，而当代深圳人又在不断创造着新的文化景观，深圳犹如一座亟待开掘的矿藏。那种认为深圳"没有多少人文历史积淀""是文化沙漠"的说法是苍白无力的，那种对深圳文化漠视的心态是不正确的。深圳不是文化贫瘠之地，恰恰相反，深圳的历史发展已经证明了它在文化沉积上的丰厚之处。这其中既有民族传统文化因素、现代革命文化因素，也有当代市场文化因素。特别是它在近代以来中国历史上的独特地位，已经使这一地区成为 20 世纪以来中华文化在南部沿海一带的生动表征。它既体现了中原文化的厚重与智慧，也体现了岭南文化在吸纳内陆文化与海洋文化中的丰富和发展。事实充分证明其不但不是"文化沙漠"，相反还是中国新文化的生长基地，是文化研究生生不息的鲜活的素材，是颇有鲜明时代价值的精神宝藏，需要进一步挖掘与弘扬。

当年暨南大学一位研究史学的教授看了拙文《应当重视挖掘深圳人文历史资源》后对我说，他决定要求调到深圳大学，共同参与对深圳人文历史资料的挖掘整理工作。

魏沛娜：自 1985 年从高校调进深圳至今，您对深圳特区文化的探索思考从未间断。1986 年您和王效文曾合作撰文《深圳，呼唤特区文化"特"起来》，由此带来"特区文化"概念的产生。你们在文中提出深圳在"特"起来的情况下，要"在文化的管理体制、活动方式、文化生产等各方面，进行全面的改革，以适应全面开放和外向型经济的需要，在改革中试验中总结和发展"。今天深圳文化的发展是否在您的理想之中？

杨宏海：深圳文化总的态势应该说是一种超常规发展，但还不尽如人意。1995 年特区文化研究中心要招聘人才，我带着文化局的一个人事处长和一个工作人员到北大招研究生。当时深圳正是非常"热"的时候，北大听说深圳来招人，本科、硕士、博士共来了 30 多人。其间有学生就问我："深圳究竟有什么值得我们去服务一辈子的？"对此，随行的人事处长谈了待遇，我则谈了自己的理念：深圳这座城市的优势，在于其思想观念、生活质量、现代化程度和自由度都比内地超前了 20 年。许多学生觉得很有道理。

此外，当时我给应聘报考的学生出了一道题目"我心目中的深圳文化"，让大家自由想象。学生们在答卷中各抒己见，大都希望深圳有很好的图书馆、研究院、博物馆，有活跃的文化交流，有很多的文化人来到这里，他们当然更多的是从硬件角度来希冀。这是令人欣慰的。如今 20 多年过去了，这些硬件条件基本都达到了，但不足的是缺乏浓郁的、高品位的艺术氛围和学术文化环境，可见文化软件，即真正的文化"软实力"方面还有待继续努力。

魏沛娜：但时至今日，仍有不少人在困惑、在思考：究竟深圳文化"特"在哪里？

杨宏海：按照我当年的研究和思考，深圳文化是伴随着特区的建立、改革开放的深入、市场经济的发展而产生并与之相适应的新型文化，是既继承中华民族传统文化的精华，又吸纳世界先进文化的内容，既能满足深圳市民不同层次的文化需求，又能为海内外人士所能接受的一种开放、多元、创新、充满活力的文化。当我们今天重新来审视这个问题，会感到这个问题仍然没有过时。无论是"深圳文化""文化深圳""特区文化"，还是"深圳学派"，我们都可将其视为一个"斯芬克斯之谜"，需要我们不断探讨，而且需要一种学术真诚。简言之，深圳文化"特"在要不断开拓创新。

可以说，不同阶段的深圳文化有其不同的特点，需要在长期实践中不断积淀并加以提炼。尽管人们对此还存在困惑，但有一个问题我们可以取得共识：就像你我愿意来深圳的原因，这是一片崭新的神奇的土地，无论是经济的机会，还是文化的发展，都值得我们来追求。

魏沛娜：您 1993 年创建由文化部与深圳地方合办的全国首个"特区文化研究中心"并主持工作，其间为何会邀请余秋雨担任特区文化研究中心名誉主任？

杨宏海：1995 年 10 月，广东省委宣传部、上海市委宣传部在上海举办"沪粤两地文化发展研讨会"，其中也邀请了深圳的学者。会上我代表深圳作了一个发言，题为《从深圳看岭南新文化的萌生与发展》，谈我所理解的深圳文化。当时余秋雨先生也在场，当我发言之后，他就走过来跟我聊天，称赞我的发言很好，并表示下来会花更多精力对深圳文化做研究。在聊天过程中，我觉得余秋雨先生的思想非常新锐超前，带有上海学者的创新精神。当时我就提出一个请求，邀请他到特区文化研究中心当名誉主任，没想到余先生当场很痛快地答应了，称很乐意。回深圳后我跟市委宣传部、市文化局的领导汇报，就以市政府的名义正式聘请余秋雨先生担任特区文化研究中心名誉主任，接着成为深圳的文化顾问。在聘任仪式上，他发表了《深圳应有的文化态度》的学术演说，该文随后在《深圳商报》"文化广场"全文刊发，其中最引人关注的是当时他在文章里提出了"深圳学派"的构想。

魏沛娜：距 20 世纪 90 年代提出构建"深圳学派"，已有 20 年时间。您对"深圳学派"有更进一步的理解吗？当时这个概念的提出是否更多是出于一种理想主义的美好愿景？

杨宏海："深圳学派"是深圳的学术理想和追求目标。不仅余秋雨先生倡导，而且一些深圳学者也敏锐地予以积极呼应。如果按照余秋雨先生的理解，更多是一种少年文化、青春文化、后代人文化，他不主张老年文化、正统文化。今天来看，余秋雨先生的说法可能有值得商榷之处，如果我们认同他是对的话，那么景海峰先生的国学、郁龙余先生的印度学，都可能成为他的批评对象。那么，余秋雨先生的少年文化、青春文化是指什么呢？我同意胡经之先生说的，深圳最适合研究的就是现实文化。那么，什么又是现实文化呢？

我认为，真正的"深圳学派"，一定是在原有传统文化的基础上进行创新发展。所以，我发现余秋雨先生是非常睿智的，他的观点至今也是不过时的。他觉得深圳没有更多传统文化的重负，又面临八面来风，是最适合多元文化交融与创新的"松软地带"。当时我们要探讨的深圳文化，是既不同于内地计划经济体制之下的传统文化，但又不能像港澳台比较西化的文化。深圳文化就是一种在市场经济条件下，在改革开放的大潮中形成的传统与现代、本土与外来融合交汇的新型文化，包括物质与精神两个层面。

魏沛娜：就像在武林门派里，各门各派都会拥有自身独特的剑式拳法，以此作为行走江湖的看家本领。那么当我们谈起"深圳学派"时，它有没有这种领先独特的"招式"，即一种比较清晰的主攻方向？

杨宏海："深圳学派"以基础研究和应用研究相结合，突出现实研究为主体，是立足深圳、面向全球的本土、原创的理论体系。主攻方向是市场经济条件下的新文化。市场经济新文化有市场经济新伦理，比如有一些深圳企业就提出了新伦理，像康佳提出"我为你，你为他，人人为康佳，康佳为国家"；万科提出"创造健康丰盛的人生"；华为则是"不让雷锋穿破袜子，不让焦裕禄累出肝病"；等等，这些就是市场经济新伦理。而景海峰在研究国学的同时，也在研究国学在现代社会的功能和价值；郁龙余的印度学也可以研究中印两国在"一带一路"过程中的经济文化交流。简言之，如果从全球的视野看，每个学者最终都可以在市场经济新文化当中找到自己的研究重点，从经济学、伦理学、社会学、文学等方向切入，这些都可以设定为"深圳学派"的总体目标。在全球视野下，深圳经济是中国物质文明的样本，深圳文化是中国精神文明的样本。所以，市场经济新文化就是"深圳学派"的靶子，深圳学人有这个先天的有利条件在这方面做出积极的探索和贡献。

魏沛娜：作为"打工文学"的首倡研究者，这20多年来您一直跟踪收集和整理相关资料，对打工作家群体的文学创作成果进行了保存和梳理。您是如何关注到这一文学现象并展开研究的？

杨宏海：20世纪80年代，改革开放和商品经济的发展催生了波澜壮阔的打工大潮,"东西南北中,打工到广东",当时打工大潮席卷全国,广东深圳宝安首当其冲。在这样的背景下,1985年我到深圳文化局从事文化调研工作,当时给我一个非常深刻的印象是,深圳的人口急剧增长,从全国各地涌来那么多的打工青年。他们缺少文化场所,白天在流水线上进行简单操作,晚上下班后无所事事,即所谓的"白天是机器人,晚上是木头人"。后来有一些文学爱好者拿起笔来书写自己的喜怒哀乐,其中有一首诗是这样的:"一早起床,两腿起飞,三洋打工,四海为家,五点上班,六步晕眩,七滴眼泪,八滴鼻涕,九做下去,十会死亡。"这首诗是写在蛇口的三洋厂厕所里面的"打工诗",这是当时打工者生存状况的真实写照。

1984年,打工青年林坚创作的短篇小说《深夜,海边有一个人》,通过描写主人公进城打工的经历,反映在社会变革时期打工青年面临的生存竞争。后来我才发现,它是我阅读视野当中第一篇发表在期刊上的反映特区打工者生活的文学作品,所以我把它定位为打工文学的开篇之作。1985年10月,中山大学中文系黄伟宗教授来深圳讲学,我向他介绍了深圳的这种"打工文化"现象。黄教授对此很感兴趣,并鼓励我继续跟踪调研。1988年,深圳宝安区文化局创办了一个《大鹏湾》杂志,众多的打工青年不再只是在厕所里面涂鸦写打工歌谣,而是可以把他们的作品投稿到《大鹏湾》,由此,培养了很多打工文学作家,包括林坚、张伟明等,所以这个杂志是当年打工文学的"黄埔军校"。像林坚和张伟明的作品可以说是影响了当年整整一代打工青年。而令深圳打工文学发生更广泛影响的,是1991年打工妹安子的纪实作品《青春驿站》在《深圳特区报》发表之后,被上海的《文汇报》首先连载,一下引起人们对广东文学的关注。同一年,我发表了一篇名为《打工世界与打工文学》的文章,正式提出了"打工文学"这一命名。1992年8月,上海《文汇报》也发表了《"打工文学"异军突起》的文章,称其"以短、平、快的节奏冲入中国文坛,掀起一股旋风",打工文学由此在文坛上开始得到关注。

2005年10月,在东莞首届广东诗歌节上,我在专题发言中评价郑小琼、谢湘南、柳东妩等一批打工诗人的作品,明确提出打工诗歌已经成为独树一帜的文学品牌。同年,由我向深圳市委宣传部、市文联提议,在深圳主办"全国打工文学论坛"，并得到了采纳。那一年首届全国打工文学论坛就在宝安举行，此后全国打工文学论坛每年举行一届，迄今已是第十三届了。打工文学诞生至今已经汇聚了大量的打工文学爱好者，不断涌现出可圈可点的作品，有广泛的读者群。我与这些作家大都有过交往。

魏沛娜：关于"打工文学"的概念，您当初给出的定义是"反映'打工'这一社会群体生活的文学作品，包括小说、诗歌、报告文学、散文、剧作等各类文学体裁"。但是，今天的"打工文学"仍然存在不少争议，比如在概念上有人就觉得应该改为"劳动者文学"。很明显的是，2016 年底举行的第十二届原为"全国打工文学论坛"就已经改为"全国劳动者文学论坛"，您如何看待这些争议？

杨宏海：当年我根据"打工文学"发源地深圳的创作实际，对"打工文学"作如下定义："广义上讲，打工文学既包括打工者自己的文学创作，也包括一些文人作家创作的以打工生活为题材的作品……但如果要对打工文学作一个稍微严格的界定，那么，我认为，所谓打工文学主要是指由下层打工者自己创作的以打工生活为题材的文学作品……"今天看来，为了防止"打工文学"的泛化，以保存其文学形态的文化个性，还是应确定为"体制外打工者自己创作的以打工生活为题材的文学作品"更好些，简言之，就是"打工者写，写打工者"的文学。

对"打工文学"这一概念产生的时间，许多资料都引用 1996 年中山大学黄伟宗教授召开"打工文学座谈会"的一种说法，即打工文学是"1985年由深圳青年文学家杨宏海提出来的"（《南方日报》1996 年 2 月 7 日李红雨整理《一种走向泛化的文学现象：打工文学》）。客观地说，在我提出"打工文学"之前，尚未找到其他人关于"打工文学"的专门论述或文献资料。但 1985 年我向黄伟宗教授介绍的是正在兴起的"打工文化"现象，还未明确提出"打工文学"。1990 年 1 月 19 日，我在《深圳特区报》发表《深圳文艺绽新花》，首次评价宝安县《大鹏湾》发表打工题材作品，称其为"打工仔文学"。正式提出这一概念的准确时间应该是 1991 年，我在《打工世界与打工文学》一文中提出了这一命名。

近年来，关于"打工文学"有一些新的提法，比如"劳动者文学""青少年产业工人文学"，等等。可能认为"打工文学"比较草根，叫起来不那么响亮，故改叫一个名字，对此我表示理解。但正如莫言所说，"打工文学"是自然形成的，不是倡导出来的。作为打工者自己创造的文化品牌，"打工文学"已成为海内外约定俗成的一种文学形态，不管提法如何改变，"打工者写，写打工者"的内涵应该不会有变化。最近，广东省团委、省青年产业工人作家协会主编了一套《亲爱的南方》（作品集），邀请作为该协会顾问的我写序文，我还是从"打工文学"的角度去评述。

魏沛娜：打工文学作家代表王十月说过："三十年后回头看打工文学，可能才能真正清楚它的价值。"您如何理解王十月的观点？今天回头看打工文学，您依然坚定地认可它的文学价值吗？

杨宏海：我想，把中国30年来最大的一个群体的情感经历，通过打工文学的创作去折射时代的真实，去提升最具特色的中国经验，这是作家王十月独特的发现。打工文学群体里面有着丰厚的人才资源和各具特色的创作个性，在他们的作品中，体现了深刻的人民性，或者说体现了一种对"真善美"的讴歌和对"假恶丑"的批判。北京大学洪子诚教授所最赞赏的，就是这种批判性，他认为打工文学非常可贵的就是要保留它对"假恶丑"和对现实生活当中不合理现象的批判。

在2015年第十一届全国打工文学论坛举行期间，我跟打工诗人郭金牛有一个交流。他说，当时海外邀请他出去介绍中国的打工文学与打工诗歌，介绍之后，海外很多学者认为，打工诗歌所经历的生命体验，不少正是与世界文学高度同步的。打工文学同样可以有终极关怀与文学审美的意境，同样也可以具有先锋性，其中国经验尤其值得世界关注。他的这一观点和海外评论界的评论，我觉得值得分享。事实上，打工文学不仅得到广大打工青年的爱戴和参与，也一直得到文学界专家的关注和扶持。像莫言、陈建功、何西来、张胜友、蒋述卓等一批作家、学者就一直热心地扶持，海外也有日本、韩国、美国、荷兰等国的学者热衷于研究，使打工文学备受瞩目。

　　自 1992 年以来，我先后在海天出版社、花城出版社、社会科学文献出版社等主编出版了有关"打工文学"的系列丛书共 6 部，为广大读者与研究者提供了可资参考的文本。我一直认为，打工文学是打工者发自内心的呐喊，为当代文学注入了新鲜血液，具有突出的历史价值与文学价值。打工者直接参与了改革开放与市场经济这场伟大社会变革的实践，他们经历的一切，都是我们国家和民族的宝贵精神财富，与时代主潮、民族经验息息相关，具有"毛茸茸的生活的质感"（何西来语）。将"打工文学"比作一座金字塔，其塔基有着"时代记录"的真实性，具有文学社会学的历史价值；其塔尖则有如王十月、郑小琼等人的作品，具有一般作家很难写出的"元气淋漓"的鲜活气息，其艺术抒写的文学价值是毋庸置疑的。

　　魏沛娜：1996 年，深圳育才中学高中学生郁秀的一本《花季·雨季》，成为青春文学发端的标志性事件，深圳也因此成为青春文学的发源地。20 年过去，深圳青春文学也已经成为深圳文学的重要组成部分，这与您曾经不遗余力地推动深圳阳光写作和生态阅读分不开，听说您就是郁秀《花季雨季》"最早的读者与支持者"？

　　杨宏海：大约是在 1992 年，年仅十几岁的学生郁秀拿着一摞打印文稿来到我家，将她反映特区中学生生活的长篇小说初稿交给我"审阅"。我浏览了一下，觉得文笔清新，风格阳光，故事带有鲜明的移民城市的文化特色。我随手交给正在念初中的女儿。女儿阅读后大喊过瘾："写的都是我们的真情实感，很好看！"于是，我向有关出版社与媒体推荐。不知为何，一开始并不顺利，未能引起应有的关注。随着时间的推移，终于峰回路转、柳暗花明，这本书 1996 年以《花季雨季》之名正式出版，一炮而红。郁秀的父亲是深圳大学教授、外国文学专家郁龙余。书出版时郁秀在美国留学，郁龙余特地送给我一本书，并题词："宏海，您和您的家人是这本小说最早的读者与支持者。现在正式出版了，并成了全国第七届书市上的第一畅销书，其中有您的功劳。代小女送上一本，请继续批阅，提出修改意见。郁龙余记。"这就是深圳第一部青春文学作品。海天出版社出版后一再重印，印数从最初的 3 万册一路飙升至近 200 万册，连续 5 年雄踞全国畅销书排行榜，获得不少重大奖项。郁秀也就因此成了我国青春文学萌芽期的标志性人物，比韩寒、郭敬明的作品要早两年问世，开全国青春文学写作的先河。

作为新兴城市，深圳移民的新一代人才辈出，郁秀之后，又相继涌现出妞妞的《长翅膀的绵羊》、李梦的《我要把阳光画下来》、张悉妮的《假如我是海伦》等一批优秀作品。为了加强对中学生的人文教育，我与深圳市教育局有关领导及相关专家商议，策划成立全国第一家"中学生文学创作联合会"（简称"中学生文联"）。2004年11月，"深圳市中学生文联"正式成立。与此同时，我与中学生文联秘书长谢晨策划，以"阳光写作"为旗帜，以培养文化新人和加强人文教育为使命，筹备全国性的校园文学论坛，对"阳光写作"进行理论建构。2005年11月，在"深圳读书月"期间举办了"全国首届校园文学论坛"。会上，我与著名学者、北京大学教授曹文轩就"阳光写作与人文教育"作专题对话。曹文轩教授强调反对青春写作中"秋意太浓"，过多表现死亡、叛逆、残酷、颓废和忧伤，应该更具丰富的色彩，更具激情、悲悯、乐观、开阔、坚韧的品质，这样就没有理由不看到一个阳光地带。我认为，阳光写作是青春文学的一种写作姿态，具有积极向上的价值趋向。阳光写作既有对爱、美、信心、力量的讴歌，也有对忧郁、苦难、沉重的面对与描写。阳光写作要反对矫情，但不能拒绝感动。从此，阳光写作作为深圳本土原创的理论，成为深圳乃至全国青春写作的一种审美指向。

此外，我们还倡导"生态阅读"与"创意写作"。通过举办"全国首届未成年人阅读文化论坛"，探讨阅读文化在青少年德育、美育和智育方面发挥的独特作用。通过邀请英国创意大师霍金斯前来举办"青春文学与创意未来"论坛，为深圳青春文学增加想象力和创意元素，深受青少年学生欢迎。

魏沛娜：为什么深圳能涌现出许多优秀的青春文学作品？

杨宏海：我觉得，改革开放的深圳为青少年提供了丰润的成长土壤。从文化上看，就像当年的纽约、上海等城市一样，深圳出现五方杂处、八面来风的文化共融景象。深圳文化既与岭南文化、京派文化、海派文化以及中原文化存在对流，也与其毗邻的香港文化保持着交融之势，融汇成一种"朝阳型""青春型"的新质文化。从经济背景上看，深圳作为改革开放的前沿阵地，经济发展速度较快，学生的家庭环境普遍比较优越，在内地电脑还没普及的情况下，深圳的学生已经开始使用先进的技术在互联网上遨游了，这使得他们在掌握信息方面具备优势，这一点恰恰为文学创作提供了新的储备。同时，物质文明的发展推动了精神文明，改革开放的窗口，也提供了最大可能接触世界先进文玥的机会，逐渐形成了深圳人开放的视野、昂扬向上的精神状态、博爱的胸怀和阳光的心态，在这种氛围中成长起来的深圳孩子，更具阳光心态与自信和包容。正是在这样的环境中，深圳比国内其他城市有明显的优势，才为"青春文学"的出现作了充分的准备。

此外，深圳各个中小学校中存在许多文学社团，这些社团给那些在文学上有追求的少年提供了一个交流的场所和阵地。他们的指导老师都是一批在文学上很有造诣的青年教师，对孩子的文学启蒙以及文化学识上的帮助发挥出重要作用。近年来，深圳每年都持续不断地开展"深圳校园十佳文学少年"和"十佳文学社"的评选活动，使包括校园文学、儿童文学在内的深圳青春文学方兴未艾，人才辈出。继郁秀、妞妞、张悉妮之后，又涌现出陈诗哥、袁博、赵荔、杜梅、郝周等优秀人才，令深圳在中国"青春文学"版图上引人注目。

魏沛娜： 作为梅县客家人，客家文化与您的生命"一直有种剪不断的天然情缘"。据我了解，您是"文革"后大陆地区最早研究客家文化的学者之一，曾在钟敬文教授支持下创办了《客家民俗》报。请问您是如何把对客家文化的热爱转化为研究志业的？

杨宏海： 谈起客家文化，对我影响最深的有两个人。其一是我的父亲杨冀岳先生。父亲是古典文学教师，他常常勉励我要继承客家人优秀的文化传统，爱国爱乡、崇文重教。其二是被誉为"诗界革命巨子"之一的晚清爱国诗人黄遵宪，这位客籍先贤无论是求学、仕进、外交、乡居，毕生都不忘"搜集文献、叙述风土、不敢以让人"。这种执着的精神和担当的意识,一直鞭策我将对客家文化的热爱转化为研究工作的动力。自幼就深受乡土文化熏陶的我,在上山下乡期间,就拜当地民间艺人为师,到处采风问俗,搜集资料。1982 年高校毕业后留校,兼任校报执行主编,因有机会赴京参加"全国民俗学民间文学讲习班",在钟敬文教授指导下,我创办了《客家民俗》报,成为"文革"后大陆第一份研究客家文化的报纸(钟敬文教授为报纸题写报名),由此团结了一批客家文化研究者,为嘉应学院(原嘉应师专)成为大陆客家研究最早的发源地打下基础。

1985 年,我调到深圳市文化局从事调研工作。我有意识地将"老客家"与"新移民"、传统客家文化与当代新客家文化相结合进行调研,梳理阐述以"大家乐"为代表的广场文化、华侨城为代表的旅游文化等系列新民俗文化现象,撰写《试论深圳新民俗文化》一文,在"全国民间文艺理论研讨会"上引起反响,被全国 20 多家报刊转载并获奖。由此被推荐出席北京第五届"全国文代会",受到邓小平等国家领导人的接见。2004 年,梅州市委、市政府聘请我为文化发展战略顾问,我提出建议,整合梅州、广州、深圳的学术资源,共同编纂广东历史上第一部客家研究系列丛书,此项建议被采纳。由我和华南理工大学谭元亨等人主编撰写了八本专著。其中深圳学者参与的有《客家诗文》(杨宏海)、《客家艺韵》(杨宏海、叶小华)、《客家围屋》(黄崇岳、杨耀林)。

魏沛娜:2009 年 12 月,国内首个以个人名字命名的客家文艺创作机构"杨宏海客家文化与艺术工作室"成立,标志着客家文化研究正式纳入深圳文化建设的宏观构架当中。在您的带领下,工作室这几年来是如何在继承传统中弘扬创新客家文化的?

杨宏海:为探索文艺创作新机制,2009 年在市委宣传部、市文联的重视支持下,深圳成立了七个文艺名家工作室,"杨宏海客家文化与艺术工作室"位列其中。在此之前,我所主持的深圳民间文艺家协会已做了基础性工作。工作室成立后,汇集了一批颇具实力的客家文艺专家,富有成效地开展了打造精品、创造品牌的实践。

对于深圳客家文化来说,2006 年的一个文化实践值得一提。当年深圳市对台办林洁主任委托我与团队策划一次新中国成立以来最大规模的两岸客家文化交流活动，这场名为"两岸一家亲，共叙客家情"的活动分论坛、参观、文艺联欢三个环节，取得圆满成功，让两岸客家同胞在活动中感受到"血浓于水"的深厚感情，得到国台办高度评价与表扬。由此，我深感文化拥有心灵滋润的巨大力量。深圳历史上拥有众多的客家人，改革开放以来，全国客家地区来深圳创业的新移民达到300万人左右，同时，还有1000多万来自全国各地的特区建设者，这些新移民也被称为"新客家"，新老客家都有着一脉相承的"落地生根、开拓创新"的精神，挖掘这种文化、弘扬这种精神意义重大。为此，我建议在深圳创设一个"客家文化节"，得到采纳。在市委宣传部的支持指导下，自2006年以来，将"客家文化节"放在深圳"创意十二月"活动之中，到2016年已成功举办了十届。

在举办深圳"客家文化节"的过程中，我们感到，随着现代化、城市化浪潮的兴起，传统的客家文化失去了原有的生存土壤，加上外来文化的影响、现代多媒体技术的传播，以及年轻人审美情趣的变化，弘扬和传承客家文化面临挑战。为了结合实际，在继承传统中创新发展，我提出一个口号："抢救原生态，精品传后代；创新原生态，吸引新一代。"我们既要抢救、保护好原生态，让它能保存下来，同时又要创新发展，特别是吸引年轻一代传承下去。对此，我们主要抓了如下工作：其一是搜集、整理出版传统客家文化资料，如出版《深圳民间歌谣》《客家围屋》《客家艺韵》《客家诗文》等。其二是推动客家山歌进校园。在每年的"客家文化节"举办"客家山歌进校园"活动，举办"山歌创新面对面"讲座，创作《新编客家家训》作为乡土教材等。其三是创新客家舞台艺术的表现形式，注重客家元素与现代审美相结合，创作大型客家歌舞剧《月照围楼》，创新专场晚会《岭南三韵》《客家流行风》，精选《客家金曲》优秀歌曲专碟。在2016年第十届深圳"客家文化节"上，又推出快闪山歌表演《好久唔曾相会过》，让观众在浓郁的客家韵味与新颖优美的表演形式中寻找到艺术的震撼与共鸣。其四是挖掘、提炼新的学术增长点。

魏沛娜：有人指出，近年来随着海内外客家研究和客家运动的蓬勃发展，深圳客家的影响力越来越小，与其地位很不相称，故需要重整旗鼓。而国家"一带一路"发展战略和文化创新战略为深圳客家文化发展提供了最佳契机。您怎样看待这种观点？

杨宏海：近年来，海内外客家研究风起云涌，蔚为壮观，被国际学术界认为是一门"显学"。应该说，各地客家研究都有长足的发展。深圳经过客家学界的不断努力，在深圳客家史、建筑文化史、客家山歌及演艺创新等方面成果突出，尤其是近年来深圳客家文化界在"深圳滨海客家文化""客家与西方文化交流"等史料挖掘方面，提供了新的学术增长点而引人瞩目，影响力越来越大。在第十届深圳"客家文化节"大浪高峰论坛上，与会学者一致认为深圳可望在新时期成为客家研究的新风向标和学术重镇。而国家"一带一路"发展战略和文化创新战略，确实为深圳客家文化发展提供了最佳契机。历史上惠、东、宝文化圈就有重要的人文地缘关系，在深圳进入粤港澳湾区与实施东进战略过程中，加强对香港、深圳、惠阳等地客家文化生态圈的研究，对于整合资源、合作共赢可以发挥积极作用。

魏沛娜：在您看来，目前的客家人文研究是否已形成一门成熟的"客家学"？尤其在全球化背景下，"客家学"的核心精神又是什么？

杨宏海："客家学"是一门融汇了众多人文社会学科的综合性学科，以民族学基础理论为基础，兼容非常丰富的学科内容。自从罗香林先生1933年出版《客家研究导论》以来，经过历代学者80多年的努力，"客家学"日趋走向成熟，在历史学、考古学、谱牒学、人类学、语言学、民俗学等领域成果显著。但也存在有待填补与完善的地方，诸如艺术学（音乐、舞蹈、曲艺等）以及客家与西方文化交流和客家文化如何科技化、产业化等方面。

在全球化背景下，"客家学"研究任重道远。我所理解的其核心精神是：立足本土，开拓创新，海纳百川，与时俱进，既仰望星空，又俯接地气。

附录：杨宏海学术小传

杨宏海，广东梅州人。嘉应学院中文系毕业，深圳大学文学院研究生。原广东省民间文艺家协会副主席、深圳市文联专职副主席。现为深圳市客家文化交流协会会长，嘉应学院、深圳大学客座教授、硕士生导师，《客家人》杂志总编辑。

1985 年由嘉应学院调入深圳市文化局，长期从事文化研究与文艺创编策划。1988 年代表深圳市文艺界出席北京第五届"全国文代会"，受到邓小平等党和国家领导人亲切接见。

1993 年参与创办由中国文化部与深圳市文化局合作的深圳市特区文化研究中心，并主持"中心"工作。1995 年带领"中心"团队起草《深圳市文化事业发展（1995～2010）规划》，提出将深圳建成"现代文化名城"，被深圳市政府采纳为政府工作规划。

2001 年调到深圳市文联任专职副主席。

2005 年参与中国作协与深圳市文联合作的"改革开放 30 周年文学创作工程"，任工程办公室主任。同年，因致力于"打工文学"与"阳光写作"的研究，被中国作协《文艺报》授予"理论创新奖"。

2009 年成立国内首个以个人名字命名的"杨宏海客家文化与艺术工作室"，为深圳市首批名家工作室之一。先后与深圳大学等单位合作，连续成功主办八届深圳"客家文化节"，受到社会广泛关注。创作《月照围楼》《岭南三韵》《客家流行风》等客家舞台艺术与音像作品，获得系列奖项。

2012 年应梅州市委、市政府之邀，出任梅州市"首届文化艺术节"总策划，参与策划创编专场晚会，取得圆满成功。

其主要学术成果有：《文化深圳》《我与深圳文化——一个人与一座城市的文化史》《深圳民间歌谣》《客家诗文》《打工文学纵横谈》等专著。参与创作的《祖国，深圳对您说》（歌舞剧）获中宣部"五个一"工程奖。

儒学复兴要走到平民当中

——王兴国访谈录

受访者：王兴国
采访者：魏沛娜
时　间：2016 年 4 月 1 日
地　点：深圳眠石轩茶馆

　　"深圳是经济如此发达的城市，又是最需要思想的地方。所以，深圳的发展空间非常大，关键是我们能有多大的思想容量。"2005 年从云南师范大学调到深圳大学的王兴国，至今不后悔当初的选择。在他眼中，深圳的自由和经济条件以及新的生活体验，有助于自身的哲学和儒学研究。

　　王兴国现为深圳大学哲学系、国学研究所教授，目前的学术主攻方向为中国儒家哲学（以当代新儒家哲学与先秦儒家哲学为重心），同时兼作佛学、伦理学等的研究。王兴国早年读过不少中外文学作品，他说，在治学路上，让他的人生态度发生改变、产生震撼、有所启悟的不是小说，而是《庄子》。

　　魏沛娜：听说您在青少年时期读过许多文学作品，那么后来走上哲学研究道路是一种偶然吗？为何您说庄子是您的"救命恩人"？

　　王兴国：我本来最大的兴趣不是哲学，而是文学，"五四"以来的小说我读了很多，比较推崇郁达夫。初中三年，我读了大量的古今中外的书籍，其中绝大多数是所谓的"毒草""禁书"，似乎知道了许多，也明白了许多。我每天都写日记，不仅记录我的所见所闻与重要事件，而且记录我的所思所想。文体杂乱，记事与议论、诗歌与散文都有，不仅以现代白话文写，还模仿文言文体写。笔记本虽薄（是我母亲厂里以牛皮纸印制的带表格的登记簿一类的手册），却也写了几十本之多，不下数十万字。但在一夜之间，全部化为灰烬。一日，我父亲很恐慌地对我说："我可能要有麻烦了，可能坐牢，你写的日记全部都烧掉，不能留下一个字！"当天晚上，我从一只木箱中把所有的日记请出来，看了它们最后一眼，算是诀别，然后在一个洋瓷盆中付之一炬。值得庆幸的是，我的小小思想在不知不觉中发生着一场内在的"革命"，但愈是如此，我就愈是苦恼与困惑。我虽然也曾怀疑过自己的正确性，但到了极端的时候，我好像看到了闻一多诗中的"死水"：社会是"一潭死水"，家庭是"一潭死水"，我自己也是"一潭死水"，总之，整个世界都是"一潭死水"。此时，我失落在生命的低谷与精神的崩溃状态。未料，在闲读《庄子》的过程中，由"养生主"忽然体会与悟出"齐物"与"逍遥"的意义，希望原来是在绝望中找到的，于是重新肯定生命与"养生"（非养体之谓）的价值，生命似乎翻开了新的一页。这可能是我后来对尼采和叔本华感兴趣的缘由，也是我喜欢哲学的缘由，但我自己对此并没有自觉。

直到读高中，我自认为最感兴趣的是文学与科学（物理学）。我浏览了杨周翰主编的《欧洲文学史》和郭绍虞的《中国文学批评史》，读了陈望道的《修辞学发凡》、夏丏尊和叶圣陶的《文心》、巴人的《文学论稿》、朱光潜的《谈美书简》、周振甫的《诗词例话》和《文章例话》等，还自学了逻辑学（人大版的逻辑学教材，主要是传统逻辑），初步触及哲学外延的边。我喜欢英国哲学家培根和罗素。事实上，我父亲非常不喜欢我学哲学，他最希望我学医。而我对学医恰恰不感兴趣。尽管我在上初中的时候，有两年多的时间跟同学去山上挖过野生中草药，甚至发明了两个自鸣得意的治疗外伤的药方，但我始终与医（无论西医或中医）相隔离，并渐行渐远。

但是，走上哲学道路，很难说是偶然还是必然，但有两方面的原因：一跟时代有关，20世纪80年代给我的思想很大的刺激，让我思考很多问题。二是个人原因，我大概在上大学后养成好睡懒觉的毛病，每天醒来以后满脑子都是问题，不是我要去想问题，而是问题自己跑到我脑海里来，赶也赶不走，就喜欢躺在床上思考，觉得我这方面像笛卡儿。这种状态大概持续了十几年，跟看书可能也有关系。那时候我被同学看作理想主义者，几乎完全脱离现实地玄想，讲话做事好像都跟大多数人不同。我跟同学朋友经常会讨论很多问题，小范围会有很多交流，后来不少人都考了研究生，毕业了就谋个人的发达，不再论道了。

可以说，我最早喜欢文学，后来慢慢转为特别喜欢哲学。在 20 世纪 80 年代到 90 年代的一段时期，我尤为喜欢存在主义，尼采、萨特的著作，能找到的都读了。很有意思的是，上高中的日记我还保留下来，那时还不知道有存在主义，但写的东西有存在主义的气息和味道。我从未看过他们的书，可怎么会有类似的想法呢？我想，这就是时代、经历与感受使然。

魏沛娜：您大学本科就读于云南大学哲学系，那时已经有比较清晰的研究方向了吗？

王兴国：大学时代，我读的专业是哲学。这个专业是我自己坚持选的，第一志愿（又逆了家父要我报经济学专业的愿望，我只把经济学排到第二位。哲学专业在那时是冷到极致的冷门。由于受"文革"的影响，人们以为"哲学"就是整人的"政治"，避之唯恐不及，报哲学专业的人相当少，绝大多数生源都是靠校内调剂的。好在云大有录取的优先权，抢得了一批高分的优秀学生）。当时，我的主要兴趣集中在中西方哲学史、科学史和科学哲学、逻辑学、心理学以及政治学和社会学等，可以说是兴趣泛滥的时代。对中国哲学的兴趣，一是先秦哲学，尤其是老庄；二是佛教，但受制于时代的影响，学习佛学走了弯路。西方哲学的兴趣则在古希腊哲学、德国古典哲学以及存在主义，尤其是叔本华与尼采哲学让我沉醉过好一阵子，但后来我选择了比较哲学的方向。所以，毕业论文就以庄子哲学与尼采哲学的比较研究为题，我非常顺利地以优异成绩通过答辩，获得了学位。

我在大学第一次系统地接触和学习到数理逻辑，也曾经有过成为逻辑学家的梦想，但自觉数学基础差得太远，只好放弃。然而，没有料到，我后来居然与逻辑学打起交道，教了八年的逻辑学，并向政教系的学生讲授数理逻辑的入门知识。但是，更没有想到的是，这却为我日后顺利进入牟宗三哲学之门奠定了基础。

魏沛娜：除了哲学，您还曾经师从丁长青先生学习科学哲学与科学史，但我注意到您后来似乎没在这个方向继续拓展下去。

王兴国：大学毕业后许多年，我主要徘徊在中西哲学之间，但有数年时间，跟着丁长青先生做科学史的工作。那段时期，对我思想产生比较大的影响的是丁长青先生。丁先生是专门研究"自然辩证法"（此专业后来改名为科学哲学，前者来自苏联，后者则主要来自英美）。我喜欢看他的文章，受其影响，加上当时还看了一些关于科学哲学的翻译论文，上大学期间又修学了科学史、科学哲学导论、自然科学中的哲学问题、科学哲学专题研究等相关课程，也就对科学哲学感兴趣。丁先生邀请我与他合作编写一部《中外科学史事典》，其中古代的一部分由我编写，中国部分由我负责两汉时期。后来，丁先生调到了南京河海大学，计划大大地扩展了，又有几十位学者加入，还专门成立了一个关于西方科学的"编译小组"，这个课题和课题组就变得很庞大了，书名也相应地改为《中外科技与社会大事总览》，所以我和他原来合作写的几十万字也增加到了几百万字。这项工作，对我来说收获还是不小的。在工作中，我查阅了自民国以来的相关书籍和数十种杂志，还尽可能地找到古籍原文进行核查，把能利用的图书馆和人情关系都利用起来了。外文原文则由"编译小组"负责。行文有严格的规定和要求，不能按照国内写文章的通行做法（"党八股"），必须依照百科全书的行文风格写，保持客观、严谨与公正。老实说，这项工作是相当枯燥的，但对我也是一种训练，也在一定程度上拓宽和丰富了我的知识结构。后来有很长时间，我一直都喜欢谈论科学史与科学哲学的问题，可能与这段经历不无关系。

我太太是学物理学的，以前是同事，我们在一起时也会谈到科学史或科学哲学的问题。值得一提的是，我后来在研究牟宗三哲学的过程中，也碰到过与科学史密切相关的问题，这也引起了我的兴趣与关注。所以我曾写过一篇《牟宗三和李约瑟对"李约瑟问题"研究之比较——兼论牟宗三的科学观和李约瑟的科学观》的论文，可能与这段经历也不无关系。

至于后来我为什么没有继续研究科学史的问题，一方面我觉得自己在自然科学方面的基础很不够，也没有自觉地去补课、"充电"，要全面地研究科学史是无从下手的。如果要研究西方科学史，不仅需要很好的外语水平，不说精通也至少要通晓两门以上的语言，而且要拥有大量的第一手资料，对我来说显然是不现实的；如果做科学哲学的研究，那是需要进入西方自然科学与科学哲学研究的学术前沿，才有可能与西方同步进行，并取得像样的成果，那当然最好到西方发达国家去做研究，否则，也就只能跟在洋人后面，向国人兜售二手货了；如果研究中国科学史，就需要以一门具体的科学入手，如数学、天文学，或医学、物理学、化学，而在这些学科史的研究方面，前贤和老一辈的学者已经首开先河，并取得了诸多的研究成果，要想在他们的基础上继续下去并做出突破性的成就，我认为太难了，"难于上青天"；另一方面我最深的兴趣还是在哲学本身，这是最根本的，对我具有决定意义的，而不是科学史或科学哲学，事实上，科学史对我来说只是一段小小的插曲而已。所以，我最终还是从科学史回到了哲学史研究。这也许是一个人的生命曲线在现实中难以避免的一种曲折的表现吧！只不过今天回想起来，心里还是有一种温情的。

魏沛娜：听说您在20世纪80年代末有一个系统想法，希望研究中国古代哲学里面的人格问题，旨在为重塑中华民族的人格提供形而上学的基础。当时还写了详尽的提纲。

王兴国：参与撰写完《中外科技与社会大事总览》，此后我转向了先秦儒家哲学和一项以人格为主线的中国文化政治哲学的研究，其实这些研究是更早就开始的，但因为参与撰写《总览》就停顿下来了。我在研究先秦哲学的同时，最为集中和系统的一项研究，就是试图透过中国的人格观念，尤其是中国文化政治人格观念的历史演变和表现，来探讨中国的文化政治哲学及其形而上学基础，并试图提出重建中国文化政治哲学形而上学基础的观念和原则。我首先写成一份研究提纲，4万多字，现在还保留着。1989年，我在黄山开会时遇到陕西人民出版社的编辑，碰巧他们想出一套跟这项研究有关的书，就向我约稿，于是我便动手写作。但是写了两章后，时局已经大变，我就没有心思再写下去，也很难再写下去了。我被抽派到学校的工作组，去农村搞了一年的"社教"（农村社会主义教育）。但我的这个研究主要是以批判反省的眼光来看儒学的，与我现在对待儒学的态度有非常大的区别，甚至是大相径庭的，给人以前后判若两人的印象。

与此同时，我对西方哲学仍然保持着持久的兴趣，受赵仲牧先生的巨大影响，喜欢康德哲学，对分析哲学也不失顾恋之情；此外，教学的需要又使我关注马克思主义哲学，但早期的马克思著作更对我有吸引力。不知不觉间，对马克思主义的关注增强了我对现实的关怀与批判，当然也逼使我对"马克思主义哲学"产生了反思。我当时比较系统地对所谓的"哲学基本问题"进行过思考，1988年写出了一篇论文《哲学基本问题与时间》，还到曲靖教育学院作了《哲学基本问题：研究之研究》的专题讲座。但并不满足，还想以恩格斯的哲学思想为中心写一部系统的反思"马克思主义哲学"的著作，但是谈了几个出版社，人家认为我的基本观点是属于消极类型的，都表示很难出版，就只得作罢了。我因为前面提到的对于儒学的态度以及这一缘故，而被一些人目为自由主义者。其实，我倒觉得自己更像一个保守主义者。所谓"自由主义"不过是青春气息的洋溢而已。

魏沛娜：您是什么时候接触到当代新儒家哲学的？

王兴国：20世纪80年代末至90年代初那几年，我开始接触到港台当代新儒家的论著，为他们的真实人格与精神所感动与感召，于是大感兴趣。当时接触较多的是方东美、牟宗三与唐君毅的部分著作。后来，我决定报考博士研究生的时候，便决定以他们三人，再加上新士林主义的代表人物罗光，一共四人为备选的研究对象。我写信给台湾正中书局的总经理周勋男先生，咨询购买唐、牟的著作，未料竟与他成为忘年之交。他解囊相助，购买了牟宗三的《心体与性体》和唐君毅的《中国文化的精神与价值》馈赠予我。我最先与他讨论了我的博士论文的选题计划，考虑再三，我选择了以牟宗三哲学为题去完成我计划中的博士研究生学业。经过不懈努力，我终于如愿以偿，进入南开大学，得以亲炙于方克立先生门下，攻读博士学位。在入学第一天，与方先生谈了我的选题方向与研究计划，就定下来了。此后，我又与牟宗三先生的高足蔡仁厚先生相交，与他讨论了我的牟宗三哲学研究提纲的初稿，得到他的指点，同时在资料上得到他的大力支援与帮助。蔡仁厚先生慷慨出资购买了牟宗三先生的一大批著作赠予南开大学哲学系，但直接寄我，保证让我优先使用，用完以后由我直接交与南开大学哲学系资料室，以广利用。但在开题报告会上，我的研究提纲几乎被否决。原因是内容过于庞大，不可能按期完成。当时，刘文英先生就说"你五年也做不完"。所以，大家纷纷建议我重新考虑。没想到，方先生却发话说："我相信，以王兴国的悟性和勤奋，完成这一选题是没有什么问题的。"此言一出，别人再也不敢讲话了。最后，方先生提议，先通过，细节问题下去后再去调整和修改。就这样，"牟宗三哲学思想研究——从逻辑思辨到哲学架构"就作为我的博士学位论文选题正式确定下来了。

魏沛娜：既然您的博士论文开题就存在"内容过于庞大"的担忧，写作期间又是如何克服困难完成的？

王兴国：当时做这一选题需要克服两大困难：一是资料的困难，二是理论的困难。第一个困难经过多番努力解决了（我在《牟宗三哲学思想研究——从逻辑思辨到哲学架构》一书的"后记"中有详细的交代）。关键是克服第二个困难。我这篇论文的原创性与突破性，是在于从牟宗三哲学思想的进路与内在的哲学理路线索去把握牟宗三的哲学思想。如果牟宗三哲学的进路与思想线索搞不清，就不可能准确地去理解与把握牟宗三哲学的全体。但要做到这一点，也非常困难。而这也正是牟宗三哲学研究中存在的一个重大问题与空缺，一直无人问津。我对牟宗三哲学的研究，必须从这一问题的突破开始。这不仅需要准确地把握牟宗三从早期到后期的哲学思想演变的过程与轨迹，而且要能理解和掌握他学贯古今和融通中西的特征与背景，打通他的逻辑学、知识论、历史哲学、政治哲学、文化哲学、哲学史、伦理学、形上学、美学和方法论等相互联系的内在关节，在深入和系统地厘清他思想的来龙去脉的基础上，关联时代性和学术性，在中西视角分别互换与整体互联互动、儒释道视角分别互换与整体互联互动的过程中，寻觅他哲学的理论架构、思想的逻辑起点和展开的进路与运演的内在"逻辑"，并发现他的创造与贡献，揭示他的问题和不足，指出这一哲学思想体系对于中国哲学和世界哲学的意义，因此必须向自己挑战，打攻坚战，攻克无数的哲学理论难题和种种困难。这对我来说，面对的艰难不仅是前所未有的，而且是难以想象的。真是"不在其中不知其味"呀！进去以后，就骑虎难下了！但也只能忍受煎熬，一点一点地啃下来。如果让我重新选择，我可能就不会选择这样一个题目了。我也不知道当时哪来的勇气和冲劲，确实是"明知山有虎，偏向虎山行"啊！当然，我对这一选题是自信满满的。经过四年的艰苦努力，熬过了许多个不眠之夜，啃下了牟宗三哲学中的无数个"硬骨头"，我终于完成了这一选题的研究。论文写得很长，初稿已达六七十万字，破了南开大学博士学位论文的记录。最后，只拿出四十万字答辩。论文答辩后，以优秀论文获得通过，并顺利拿到了博士学位。此事至今成为南开大学哲学系的美谈佳话。论文传出与出版后，一直得到海内外的关注与高度评介。台湾"中央研究院"的《文哲辑刊》发表了数万字的长篇书评，是著名康德专家和牟宗三专家、美国东方人文哲学研究会的创始人李淳玲先生写的，大陆学者张晚林教授也写过一篇长文进行评论。但是，也正如有学者对我所说的那样，这部著作在大陆很难得到多少真正的理解。我必须承认，这是实情。因为有人直言不讳地告诉我，说我的这部书不仅太长，而且实在是太难懂了！这我也完全承认。不过，也有例外。有的非哲学专业的读者对我说，拜读我那部书后，在思维方法和写作以及如何学习上都受到非常大的启发。更令我感到欣慰的是，这部拙作在台港和海外得到了极高的礼遇和评价，被视为代表大陆研究牟宗三哲学思想的不可多得的具有最高学术水准的著作，成为后来研究牟宗三哲学思想不可绕过的必读著作。与此同时，大陆不少学者也当面对我表达了同样的看法。使我有点激动的是，台湾有教授亲自对我说，阅读此书不下五遍之多。这是我完全不曾想到过的！对我来说，这当然是一种鼓励和鞭策。哲学研究需要得到鼓励，同时批评也不可缺少，我感谢所有给我鼓励的人，同样也感谢那些批评我的人。我希望以后能够写出更好的哲学著作！

魏沛娜：您曾经说过，牟宗三哲学只是您通向哲学的爱智之路的一座桥梁而已，而您的学术重心之一就是当代新儒家哲学，您最初是否就是由牟宗三哲学引发对新儒家研究的兴趣的？

王兴国：我研究当代新儒学确实是以牟宗三为中心的，但我也涉及新儒家的其他人物，特别是第二代人物几乎都涉及了。在研究牟宗三以前，我读的更多的是冯友兰、梁漱溟、贺麟等人的著作。20 世纪 80 年代末期，我开始接触方东美、牟宗三、唐君毅以及刘述先等人的著作，产生了很大的兴趣，后来的研究就主要集中于牟宗三哲学。我没有终身研究牟宗三哲学的计划。但是，牟宗三哲学太大也太复杂。面对有关的询问，我经常讲一句话：牟宗三哲学太大了，粘上了手就一辈子也甩不掉。这不仅是说对他的研究不可能短期做完，而且是说，到了现在的状态，想甩手也不行啊，人家不答应嘛。况且有关他的研究尚未最终完成，我以前对牟宗三哲学的研究，也只是完成了必要的一步。我还会断断续续做下去。我目前的研究还有几个重点，一是当代新儒家的中道思想，二是又回到先秦儒学，特别是先秦儒家思想和经典诠释，以及纯哲学领域的课题等。

魏沛娜：对中国传统文化如何现代化的问题，作为新儒家最重要的代表人物之一的牟宗三提出了至今仍产生影响的"开出"说，即"返本开新"，要由儒家的"内圣之学"而开出"新外王"，以及"道统""政统"和"学统""三统"并建说。您对新儒家的观点持怎样的批评态度？

王兴国：通过这几十年对新儒家的观察和研究，并且参与到他们的活动里，我认同新儒家对儒学的基本态度和判断，以及他们的基本路向，尤其是他们关于中西哲学文化精髓的结合但又不失中国之本根本色的态度；赞同他们认为中国社会要发展科学和走向民主道路，以及无论是新儒家的文化理想或者哲学主张，皆要有一个终极的关怀目的，不仅仅解决中国社会发展的道路问题，而且寻找解决人类的普遍问题与终极关怀问题之道。新儒家在 20 世纪那个时代就能有这样的眼界与心怀，就能思考这样的问题，非常难能可贵。到现在为止，很多问题也还没有解决，他们提出的解决这些问题的方式与论域还可以再作讨论。我们当然要以冷静的批判态度总结与反省他们的得失，百尺竿头更进一步，把儒学运动继续推向前进。

魏沛娜： 您是否也自视为"新儒家"，抑或是儒家学者？

王兴国： 我虽然研究儒学尤其当代新儒学有二十多年，但不敢自称"儒家"或"新儒家"，因为不够资格。按照中国古代的传统，要做一个儒家，需要具备三方面的条件：一是道德境界要达到一定标准的高度；二是精神上要有儒家的担当意识和气魄，并在思想上有开创新局的气象，这就要有一套既表现儒家精神智慧又切合时代现实需要的思想理论；三是在躬行实践方面做到知行合一，才能体现儒家的风范，而不至于辱没儒家，这是最难的。按照这样的标准来要求自己，根本不可能做到，所以我从来不敢称自己是儒家。我只是一个儒家的研究者，并且是受儒家思想影响很深的人，仅此而已。

魏沛娜： 近年来关于"港台新儒家"与"大陆新儒家"的争论很多，双方关注的问题焦点不同，是否也影响到其本质不同？

王兴国： 从儒家自身来看，应该说"港台新儒家"和"大陆新儒家"没有根本的区别，因为所谓的"大陆新儒家"并没有超出"港台新儒家"，他们所谈论的内容，根本精神都被包含在所谓"港台新儒家"的思想里面。但是从主张来看，"大陆新儒家"想与"港台新儒家"画出一条界限，自立门户，从这个意义上讲，双方有分歧。另外，"港台新儒家"关注的是儒学的全景问题，研究儒学的"在地化"与"全球化"问题，立足于中国和世界的文明对话，走的主要是哲学化的道路，这是他们最根本的一条道路。其次才是他们注重民间儒学，推广儿童读经、儿童儒学教育、中国文化基本教材问题等。还有当代新儒家做的重要工作就是儒学社会实践，在中国政治上来实践儒学，像从梁漱溟、张君劢到现在的"港台新儒家"，事实上都有这方面的关怀和诉求，做出了一些重要的贡献。但是"大陆新儒家"标榜的是政治儒学，就是"公羊儒学"，而最近比较活跃的是讲康有为的政治儒学，把康有为看作大陆新儒学的开山与象征，要走康有为的路子。在我看来，这实际上是一种政治主张。儒学是一个多面体，政治儒学只不过是儒学众多面相中的一个而已。只把儒学讲成政治儒学，就把儒学单面相化了。即使是讲政治儒学，也不一定就不好，但总不能与人类先进文化和时代的正确方向相背离。

魏沛娜：您似乎也不太赞同"大陆新儒家"的走向，那在您看来，儒学在当今应该走怎样的发展路子？

王兴国：儒学一定要走到平民当中，向整个社会开放和普及，让全社会受益。儒学的根在平民社会，儒学之花也要盛开在平民社会之中，果实也要结在平民社会之中，而不能仅仅把根扎在政治的坛土上。我认为现在只是一味地强调搞政治儒学，非常危险。理由：第一，从历史上看，儒学很容易为政治所利用，儒学本身会受到扭曲和损害，不能走自己独立发展的道路。到辛亥革命时，代表传统"政治儒学"的帝王儒学的道路已经结束了。所以，我主张平民儒学，儒学要重新得到复兴和发展，只能走这条唯一的道路。如果当今仍然走复古的老路，把儒学官学化、经学化、专制化，把儒学重新变成为桎梏人民的思想工具，儒学就只能徒有躯壳，不会有活的生命，那么就真的断送了儒学。第二，儒学能不能跟现在的政治完全结合，我认为儒学自身与政治方面都要做调整变化。我不反对儒学跟政治结合，政治儒学只是我所谓的平民儒学中的一个面相，但绝不是唯一的面相，在新的时代要开出新的政治儒学——民主政治儒学，需要一个探索的过程。政治属于"上层建筑"的东西，是以政权的统治为中心的实体，而儒学在今天实际上只是流为一套学术思想和修身养性的功夫，两者相结合能不能走得通，这是一个问题。儒学在以"平民"为中心的全社会铺展开来以后，必然会对社会的政治造成影响；同时，儒学在"全球化"的过程中，有一个国际化、世界化的面相要处理。儒学不但是中国的，而且是世界的，这同样会对社会的政治产生影响。

魏沛娜："平民儒学"反映的主要是来自平民阶层的精神和利益诉求。有学者认为，平民儒学意在解决普通民众精神世界和价值信仰重建的问题，这对我们当下的社会现实具有强烈的参照意义。那么，平民儒学与儒学的主要载体——知识精英阶层的儒学，会产生某种紧张的矛盾吗？如何看待二者的地位？

王兴国：首先，我必须说明，我所谓的"平民儒学"不是与"知识精英阶层的儒学"相对立的一个概念，而是对现在和未来的儒学应该有的一个建设和发展方向与形态的看法。今天所有的"知识精英阶层的儒学"，都只是我讲的"平民儒学"的一个面相和具体表现。这里所谓的"平民"也不是与"贵族"或"权贵"相对立的一个概念，而是现代社会公民的意思。简单地说，"平民"就是现代公民、市民的意思。因此，"平民儒学"所代表或反映的就不仅仅是一般平民阶层的精神和利益诉求，而是全体社会公民的精神价值和利益的诉求。我提出"平民儒学"这一说法，不是心血来潮的偶然冲动，而是根据对于儒学的历史、现在和未来发展趋势的基本考察得出来的观点。简单地说，"平民儒学"是儒学历史发展的必然结果，同时也是儒学未来走向的必然结果。儒学的历史发展，有三个大的阶段，我称之为"儒学的三个大时代"：第一个大时代是儒学的创始和形成时代，这当然是先秦儒学，要知道先秦儒学的本质就是"平民儒学"。不仅儒学的创始人孔子是自由平民（尽管他是贵族的后裔），而且他所创立的儒学是在野的、流行于儒生儒士阶层的为"天下"即整个社会服务的学问，而不是为某个君王、为某个阶级（无论统治阶级或被统治阶级）服务的学问。第二个大时代是儒学成为官学的时代，也就是帝王儒学的时代，从西汉武帝时代一直到清代，大约上下两千年，一般称为"经学时代"。在这个时代，儒学为皇权所垄断，儒学与专制政治交互为用，儒学丧失了自身的独立性，被政治所扭曲。直到辛亥革命结束了帝制，帝王儒学才走向解体与消亡。在新文化运动和五四运动的连续打击中，儒学迎来了自身转向的时代，即第三个大时代，也就是一个新的"平民儒学"的大时代。在这个时代，儒学还回自身的"平民"本色，回到了"平民儒学的地位"。一个世纪以来，儒学不仅成为"丧家之犬"，而且是"落水之犬"，所以在向"平民儒学"的转向之路上，走得极其艰难与曲折，当代新儒学的出现和挺立于世，实际上已经成为"平民儒学"的先驱。但是，对于"平民儒学"的自觉意识至今不够，更不充分，甚至还有人梦想让儒学回到帝王儒学的老路上去。

如果说今天和未来还有儒学，并且儒学还要继续存在下去的话，那么儒学除了走一条"平民儒学"之路以外，别无他途。在我看来，儒学必须与世界先进文化精神的精髓融为一体，必须成为社会全体公民的儒学，成为全体公民的价值主流精神，才能成为现代社会与未来社会所需要的儒学，而这样的儒学必然是一种"平民儒学"和新儒学。

当然，"平民儒学"在具体的存在和表现方式以及类型上，是可以有不同层级、多种向度和具体型式的，譬如说，精神儒学（宗教儒学、哲学儒学、道德儒学、艺术儒学），制度儒学（政治儒学和经济儒学），民间儒学（都市儒学和乡村儒学、社区儒学与企业儒学、群体儒学与家庭儒学），等等，它们在"平民儒学"中各有自己的地位与目标，也都是同一个"平民儒学"的不同的具体表现。它们之间不应该存在矛盾和冲突，但是不同的人对儒学会有不同的认识与理解，难免其中会有争论，见解可能大相径庭、南辕北辙，但是这有利于形成不同的儒学群体或学派。总之，无论如何，在我看来，它们都是"平民儒学"。

魏沛娜：我们可以看到，这几年不少企业都在用儒家思想来诠释企业文化精神，而且很多儒学活动都是由企业主导举办，也就是说，企业成了推动"平民儒学"传播的一种力量。但是，我对这种力量的传播效果存有怀疑，因为企业总是带有"功利"的目的。

王兴国：我认为"平民儒学"假以时日的话，是完全可以做到的。我自己有一个很重要的体会，从我父亲身上就可以看到，老一代人从教育上着手，从小孩子抓起培养，经过三代，儒学基本的思想观念就会深入人心，就会体现在我们的待人接物的方式里。

今天的社会跟过去很不同，我们处于一个商业社会，商品经济特别发达，很多人看到儒学教育里的商机，将儒学商业化，这是不可避免的。但这很不够，不能把儒学教育仅仅限制在一种商业活动之中，应该作为一种大众的公益活动，应该有更多力量参与其中。现在的很多家长还没有意识到，儒学也需要重新恢复成为一种家庭教育，家长自身学习，然后教孩子跟着学。此外，学校也重视，如此会更好，形成一种整体的社会氛围。需要注意的是，如果单靠一些企业、单靠一些培训机构来推动，效果有时往往是相反的，儒学难免变成一种牟利的工具。

魏沛娜：是不是可以说"平民儒学"是您的思想的一个宗旨？在您看来，怎么表达"平民儒学"的伦理价值体系呢？

王兴国：谢谢您提的这个问题！您看得很准，"平民儒学"的确是我对儒学的一个基本态度，是我讲儒学的宗旨。但是，"平民儒学的伦理价值体系"，这是一个很好的提法，是整个儒学的思想体系中的重要核心内容，因此是与整个儒学思想体系密切地联系在一起的，这个问题非常庞杂，要讲清楚不太容易。这里只能简单地谈谈。

七八年以前，我有一篇名为《儒学的复兴与儒学的世界化》的文章，是根据在两次会议上的发言整理出来的，后来收在一个会议论文集（张造群主编《儒家文化与社会发展》，广东人民出版社 2010 年版）中。在这篇文章中，我有一个对儒学的认识，至今不变。我把儒学理解为"即世俗即神圣，或即神圣即世俗的中庸之道"，借用牟宗三先生的话，也可以称之为"即内在即超越，或即超越即内在的中庸之道"。之所以说儒学是一种"极高明而道中庸"的"中庸之道"，乃是因为它不离世俗性与神圣性，或者内在性与超越性，并以道德实践为基础将世俗性与神圣性，或者内在性与超越性完美地统一起来。一般世俗的理解，只能理解到儒学的世俗性一面，也就是把儒学理解为传统所谓的"立德、立功、立言"的"三不朽"之说，对于儒学的神圣性或超越性一面常常理解不了，就有失儒学的中道了。其实，儒学也同样有神圣超越的一面，就是说，儒学绝不以实现"三不朽"为满足，而是提倡在过好世俗生活（不是说人人都要实现"三不朽"，那是不现实的，但人人都可以过好世俗生活，这应该是可以实现的）的过程中自觉地追求"参天地，赞化育"、与"天地之大德"合一无间、"与天地同流"而生生不息、不断地提升自己的人生境界，以求实现生命的超越意义。这一方面说，儒家与佛道在归趣上又是一致的。

在我看来，要实现"平民儒学"，首要的最佳路径不是建立一套新儒学的伦理价值体系，这固然也很重要，我后面再说，而是要在全国范围内恢复与重建文庙。不仅从乡、镇到县、市以上的中心区至少要有一座文庙，甚至每一个数十户以上的村子也应该有一座文庙，才能满足人们的需要。文庙的活动应该日常化，天天开放，不能仅在相关的节假日才开放、才搞活动，这样才能满足大家的需要。深圳在历史上是一个县，就是新安县，属于东莞郡管辖，应该也是有文庙的，今天已经发展为 2000 万人的大都市了，现在寺庙复建了，教堂复建了，但是却没有一座文庙，这很不像话，也说不过去嘛，不知领导们是怎么考虑的！大家知道，在纪念孔子诞辰 2565 周年大会上，习主席已经代表中国共产党重新肯定与高度评价了孔子及其对中国历史文化的伟大贡献，全国迎来儒学热，现在讲孔子无罪，恢复孔庙有功，但是在深圳，除了我们办过几届儒学大会，好像就没有什么别的动静了！我想，深圳不能只是向钱看，还应该有文化、有思想、有学术、有科学精神，这才是一个高度文明的现代化城市。实际上，深圳有条件在全国带头实现孔子提出的"富而有教"的理想。这当然不是多办几所大学（我承认办大学很重要）就可以解决的问题。总之，我认为中国需要恢复与重建文庙。这是中国人民走上"富而有教"的现代高度文明之路的不二选择。

与此同时，在中小学落实儒学的教育也是实现"平民儒学"非常重要的一环。"四书"应该纳入从小学到大学的教育之中，具体内容如何安排，可以再考虑并进行探索。但必须强调一点，今天讲儒学不能把儒学绝对化、教条化，不能把儒学与科学、民主的精神对立起来。中小学讲儒学要着重于培养自由独立优雅的"君子"人格、"浩然之气"、"大丈夫"精神、高尚的道德情操，以及待人接物的基本礼仪和方式。

当然，通过各种渠道宣传和普及儒学的基本思想和智慧，营造全社会学习儒学的氛围，也是让儒学走向社会、实现"平民儒学"的有效途径。

当务之急，是要解决儒学人才、国学人才奇缺的问题，这仍然要回到教育上来。虽然有的大学开办了儒学教育或国学班，但是这个问题在大学教育中并没有引起足够的重视，这方面连佛教界都赶不上，全国已经有许多佛学院了，而且数量还在不断增加，但是全国有几个儒学院、孔子学院与国学院呢？少得可怜，屈指可数呀！这个状况是必须改变的，否则是不行的。我们把孔子学院办到外国去，这诚然是有必要的，但是不能仅仅办成汉语教学院，最根本的是儒学的真精神要能落地生根。这里的最大关键是，儒学必须要在它的母国本土复兴，灵根再植，从中国人的心性中、精神中生长起来，重塑中华民族真善美的健康人格，否则，谈民族自信与文化自信，就是一句空话。我一直强调，儒学必须在中国复兴，才能真正地影响世界，真正地走向世界。

儒学的复兴自然是"平民儒学"的开花结果。"平民儒学"要在中国大地上全面铺开，并影响世界和走向世界，确实也需要一套儒学理论体系的建构。自20世纪以来，当代儒家已经从哲学上为儒学建立了不同的理论体系，例如从熊十力的"新唯识论"体系开始，后来有冯友兰的"新理学"体系、方东美的"文化哲学"体系、唐君毅的"一心通九境"体系、牟宗三的"道德的形上学"体系，等等，这些新儒学体系都引起了人们广泛的理论兴趣和学术研究，可以说，在今天也成为探讨"平民儒学"的重要内容，至少对我来说，他们就是"平民儒学"的现代先驱，我们应该踏着先辈的足迹继续探索和前行。但是，就我来说，迄今为止，还没有一套成熟的完整的成系统的儒学理论。当然，在有生之年会自觉地做一些有系统的探讨，也尽可能系统地叙述出来，只是目前还是没有做到。我想，您说的"平民儒学的伦理价值体系"，应该是儒学理论体系中的一个重要部分。尽管我对这一问题没有一个完整而成体系的思考，但是这些年来也做过点研究，愿意谈一些与"平民儒学的伦理价值体系"相关的基本观点和原则：第一，以孔子所开创的"仁"道和"忠恕"原则为根本。第二，还原与重新认识儒家的孝道精神。第三，不贰过的原则。第四，继承和发扬儒家的"五伦"道德原则，把儒家传统的旧"五伦"变成新"五伦"。第五，发扬"仁政"亲民的思想，并将其转化为现代民主政治的精神。第六，继承和发扬人民有恒产、富而有教的精神。第七，"隆礼重法"向现代法治转化的精神。第八，有崇高的精神价值信仰与敬畏意识。第九，一体多维的全景宇宙生态观。对于"平民儒学的伦理价值体系"相关的基本观点和原则，我目前想到的就是这些，以后可能再做些补充和完善。

魏沛娜：其实，您在云南师范大学曾任哲学系主任、儒学与中国传统思想研究所所长，看起来发展前景不错，为何会在 2005 年离开来到深圳大学呢？

王兴国：在南开大学读完博士后，我又回到云南师范大学，学校上上下下对我还是很好的，当时委任我做哲学系主任等。但是，当时我对云南师范大学的整体发展和风气在心里是有一些不满甚至抗拒的。同时，我觉得如果一直待下去，对自身的发展会有一些限制，所以就动了离开的念头。当时有几个地方可以选择，上海、苏州以及北方。之所以会来深圳，是因为 2004 年在杭州开会时遇到景海峰，他提出深圳大学要建立中国哲学博士点，建成一个很大的学科，学校很重视，他动员我加入，而我也已经有了离开云南师范大学的想法，所以就答应了邀请。

那时我对深圳不是很了解，但可以相信的是，景海峰一直在深圳坚持做学问，做得不错，可以放心。而且景海峰为人厚道，易于相处。同时，我也想到深圳的商业很发达，这座城市的优势是自由，禁锢少些，学术氛围宽松，这是我选择深圳最重要的原因。

魏沛娜：在来深圳之前，您有想过深圳这座金融科技之城是否适合做学术研究吗？尤其是哲学或儒学研究，需要大量古籍资料作参考，而深圳在文献收藏方面是否比较薄弱？

王兴国：这方面没有多大的限制，在现代社会条件下，资料不是主要的问题，因为现在的信息非常发达，要搜索资料并不难，故这一条的限制几乎不存在。我当时之所以愿意来深圳，第一考虑的是环境，深圳自由空间比较大；第二，深圳大学有建设和发展中国哲学的目标，可以与我的研究兴趣结合起来；第三，深圳主要是一个经济发达的城市，学术没有什么根基，我来之前也有人说过类似的话："深圳是文化沙漠、学术沙漠，你怎么会跑到那里去？到深圳做儒学哲学研究会否有问题？"，但我当时的想法恰好相反，我认为深圳是一块"学术荒地""哲学沙漠""儒学沙漠"，我刚好可以做拓荒者，反而可以大有作为。我抱着这样的想法来了，可到深圳以后，我发现与以前的想法还是有一定的差距，不完全是那么一回事，尤其现在更是重理轻文，工科思维和管理，搞科研"大跃进"，玩数量游戏，前景堪忧。但相对来说，深圳大学的自由度比我以前待的学校大了不少。虽然深圳这个社会大的学术背景和文化环境不是很理想，但是深圳大学人文学院的人文学术气氛还是不错的，尤其是哲学系的氛围就更好一些，同事之间可以友好相处，切磋学问，有志于把中国哲学推向前进。

魏沛娜：现在深圳的国学教育风生水起，民间开办了不少国学班、私塾、书院等。您认为深圳有可能成为"平民儒学"实践的一个范本吗？

王兴国：深圳可能会成为一种标本。在一个经济发达地区，有很大可能走通一条儒学平民化的道路，但这条道路只能是"平民儒学"的一种模式，不可能是唯一的模式。因为中国社会非常复杂，地区发展也非常不平衡，还有城市与农村亦不同，在这样的情况下，需要探讨不同的道路，不能用一种"平民儒学"发展模式代替"平民儒学"的全部道路。像刚才谈到的所谓"港台新儒家"的眼光就非常宏阔，不仅注重儒学的"在地化"，而且注重儒学的"全球化"问题。而"大陆新儒家"根本还没有这种国际层面的问题意识。他们认为首先要解决的是政治层面的问题，还停留在这一步。而"港台新儒家"已经参与到世界文化学术的对话中。所以，"大陆新儒家"距离这样的目标还很遥远。两者的层次不一样，思考关注的问题和争论点不一样。"港台新儒家"是把儒学看成世界文化公器，看作人类思想的一部分，是把儒学放在世界文化学术的背景框架中来考虑与推展的。"大陆新儒家"仅仅是想把儒学放在中国特定的政治社会环境框架内去求复兴，当然，这也有他们的现实背景的考量。

附录：王兴国学术小传

王兴国，男，汉族，1962年8月3日生于云南省曲靖市，1985年7月毕业于云南大学哲学系，获哲学学士学位；2000年7月毕业于南开大学哲学系，获哲学博士学位；历任云南师范大学哲学系讲师、副教授、教授，哲学系主任，儒学与中国传统思想研究所所长，中国哲学硕士点负责人，中国哲学与逻辑学硕士研究生导师，云南省高等院校教学与科研学科带头人，中国哲学史学会理事，云南省逻辑学会理事，云南省思维科学学会常务副会长，美国（霍双印财人法团）中国文化发展基金会学术顾问兼中国大陆地区执行副秘书长，中国孔子2000学术网学术顾问委员会委员，昆明民族茶文化促进会理事等；2005年调入深圳大学哲学历史学部任教；历任《深圳大学学报》（人文社科版）编辑部主任兼常务副主编；现为深圳大学哲学系与国学研究院教授，《国学集刊》副主编，香港国际哲学研究院高级研究员，中华孔子学会理事，广东省儒学研究会理事，深圳宗教研究会常务理事等。

王兴国长期从事中国哲学与中国文化的研究和教学工作，主讲的课程有：中国哲学史（上下）、当代新儒家哲学、中国哲学与文化、中国文化史、经典《周易》、经典《坛经》以及（课外"聚徒讲学"）《庄子（选读）》等（以上是为本科生开讲的专业基础课程和人文通识课程），中国近现代哲学研究、中国近现代伦理思想研究、当代新儒家哲学研究、康德与当代新儒家、中国哲学方法论（以上是为研究生讲授的专业课程）。此外，在企业博士班讲授过中国哲学概要、中国文化专题、中国科学技术哲学专题等课程，并面向社会做过多次公益学术文化专题讲座。

在学术方面，王兴国以研究中国哲学及茶道，尤其是以对牟宗三哲学的研究闻名于世，享誉海内外；发表学术论文百余篇，著有《契接中西哲学之主流——牟宗三哲学思想渊源探要》《牟宗三哲学思想研究——从逻辑思辨到哲学架构》《牟宗三》《哲学地建立中国哲学——牟宗三哲学论集》《王兴国新儒学论文精选集》等，参撰《中外科技与社会大事总览》，《辩证思维方式及其运用》等，编著《中国近代思想家文库·牟宗三卷》等。他的学术专长主要是中国哲学。目前主攻学术方向为中国儒家哲学（以先秦和当代为主）、中国伦理思想，同时兼顾佛道研究等。

在深圳发展出一种新学科

——吴予敏访谈录

受访者：吴予敏
采访者：魏沛娜
时　间：2016 年 7 月 10 日
地　点：深圳紫苑茶馆（中心书城店）

　　1988 年底，刚从中国社科院博士毕业的吴予敏怀揣一种文化使命感来到深圳。甫入职深圳大学，就担任深大首任广告学专业负责人。往后还担任过广告学教研室主任、传播系主任、文学院院长等。2006 年，深圳大学传播学院成立，吴予敏担任首任院长。他表示，"特区大学，在中国探索最具生命力和创造力的新闻传播学科的新路径，正是时运所济"。事实上，早在 20 世纪 80 年代，这位思想活跃的学者就以《无形的网络——从传播学角度看中国传统文化》一书启人视野，立定学界地位。

　　2014 年底，吴予敏卸任深圳大学传播学院院长一职。"痴儿了却公家事"，从此"无案牍之劳形"的吴予敏，坦言下来将回归书斋，更好地集中精力研究著述，呈现真正理想的学人本色。

　　魏沛娜：您 1988 年底来到深圳大学任教，原来求学期间您是攻读文学专业，为何初到深大却是负责广告学专业？

　　吴予敏：1988 年底我从中国社会科学院文学研究所博士毕业来到深圳。可以说，我是第一个来到深圳的文学博士。当时深大只有五六个博士。在上大学之前，我在印刷厂工作 7 年，当过印刷工人，做过排版、印刷设计，又作为工人编辑在陕西人民出版社当过文学编辑。"文革"后恢复高考，我是 77 级，在西北大学中文系读本科。大学毕业分配到西安美术学院教过一段短时间的书，又回到西大读研究生，后来留校教文艺理论，然后就赴北京到中国社会科学院文学研究所读博士，当时我是师从蔡仪先生研读美学。在此期间，大约在 1986 年适逢新学科、新方法活跃，我偶然接触到刚刚引进国内的传播学，很感兴趣，所以用传播学方法研究中国传统文化，写了一本著作，在 1988 年出版。到深圳来求职的时候，我就带了两样东西：一本新出版的书，一本博士学位论文。

初到深圳大学时，因各种原因进不了中文系和大众传播系教书，先在人才培训中心搞了一段培训工作。1989 年下半年，我提出要到系里去教书，找到当时的大众传播系管教学的副系主任熊源伟老师。他看了我的履历后说："我们系里人手少，大家正在搞影视专科和公共关系专科教育，但是国家教委刚刚批准了我们办广告本科，还没有人教。你来了，就是第一个广告老师。"我说自己没有学过广告，熊老师说："看你的履历，搞过印刷、设计，在美术学院待过，又专门研究文学和美学，企业经验也有，这几方面加在一起就是广告了。"就这样，我就当了深圳大学第一任广告学专业教研室的负责人。

魏沛娜：面对这样突如其来的专业"变化"，您有没有感到理想落差？或者说，您当初是抱持怎样的态度来到深圳的？这里的空间土壤让您感到自由吗？

吴予敏：从这方面来说，深圳是比较好的。深圳的气质是包容的，同时也是开放的，这是一座具有探索勇气的城市。这也是这座城市的生命力的根源。尽管我来的时候深圳没有什么文化底蕴，很多人都说深圳只有钱，没有文化，来深圳只有淘金，没有可能做文化建设。当时我要离开北京时，我的朋友问我到深圳干什么，是否要到深圳发财。在他们看来，选择到深圳搞文化研究，那不是很可笑吗？不是自欺欺人吗？很多人是从这样的角度来判断到深圳工作的动因的。

但从我个人来讲，一个文化人到新的地方，觉得这个地方充满新的希望，那么他应该是有勇气去探索的。到了深圳以后，经济生活方面应该有所改变，这是无可厚非的。但重要的是我们内心还应该有使命感，作为文化人，我们希望在深圳发展出一种新的文化，发展出一种新的学科。深圳和我曾经生活过的西安和北京是大为不同的。它没有文化积淀，也没有文化学术氛围，远离学术文化中心。要说没有落差，也不是实话。但是，这么多年来我并没有后悔过，主要是从到深圳那一天起，我对这个城市都是非常有信心的，对国家的改革开放大趋势一直都很有信心。

魏沛娜：迄今为止，除了您的《美学与现代性》《西方美学史：启蒙美学卷》是跟原来的美学专业有关，其他都是关于传播、广告方面的著述。但据我了解，20世纪80年代，您在国内文化界很活跃，也写过拿手的文学理论文章，故您从文学文化研究转向传播学研究至今还是让人有点费解。

吴予敏：我的本科，特别是研究生阶段是从事文艺理论，即文艺学专业，后来到中国社会科学院读博士的时候，仍然是文艺学专业，只不过偏重于美学，主要是作中国美学史的研究。美学的面比较宽，当时我在北京还比较活跃，参与过当代文学、电影批评。对彼时比较有争议的第五代导演，包括张艺谋、陈凯歌等，也通过电影评论，给他们理论上的推动和支持，在《电影艺术》《当代电影》和《中国电影报》都发表过评论。但是，我的博士阶段研究的是中国美学思想史，不是研究现代，而是中国古代的东西，博士学位论文是《先秦礼乐文化研究》，研究孔子之前的审美观念和文化制度之间的关系。毕业答辩的时候，国内一些著名学者对我这篇博士学位论文的评价还是挺好的，认为我对中国思想史、文化史、美学史几方面进行一种跨学科研究，具有一定的创新性。

我介入传播学研究是比较偶然的。80年代中后期，中国学术界从思想解放、启蒙进入文化反思阶段，产生了很多学术思想争议。比如文学里出现"寻根文学"，影视片中出现《河殇》，出版方面出现"走向未来"丛书、"蓦然回首"丛书等，总而言之，80年代北京的文化思想氛围是非常活跃而热烈的。而我对中国文化的反思有自己独立的看法，不大同意把对一些现实问题的批判披上历史文化的外衣，在进行文化批评的时候犯一些片面化、极端化、简单化的毛病，比如对"长城文化""黄土文化"完全刻板化、标签化。我认为要对中国文化进行研究，不能一概骂倒，而要研究文化内在的规律和机制，以及其文化形成过程。在理论工具上要有所创新，不能简单地用一种印象式的批评，在方法论上要作一些创新。当时我对社会学、符号学、文化人类学、思想史等理论方法都下过一些功夫，后来偶然接触到传播学，觉得非常新颖，可以用来作为研究文化的新的工具。

魏沛娜：这不得不提到您一本至今在学界仍具有极大影响的专著《无形的网络——从传播学角度看中国传统文化》，您首次"将传播学方法引入文化史研究"。我觉得人的思维创造性往往来源于一些契机。当时的写作背景可以介绍一下吗？

吴予敏：西方的传播学（主要是美国的）主要是研究大众传媒问题。但传播学一些早期的思想，特别是传播学大师施拉姆出现之前传播学界的观念，包括施拉姆本人的文化视野尚属开阔。他在香港中文大学关于传播学的系列报告和演讲，被他的学生余也鲁整理成书，我在北京读书时看到了。紧接着我又看了施拉姆的《传播学概论》，这是一本比较普及性的著作，颇受启发。往后又看了复旦大学祝建华翻译的丹尼斯·麦奎尔的《大众传播模式论》，该书非常注重以结构性、模式化分析信息传达的过程。这些对我都是很有启发的。因为我是一个文化学者，是站在文化研究的基点上参照传播学的理论和方法。过去的文化研究，很少从信息传达的角度来看文化的结构。在我看来，文化是一种信息传达的过程。我将文化概括为两个方面：一是时间轴上的传承，二是空间域的播散。"传承"和"播散"结合到一起，就是我们所要理解的一种文化发展的形态和脉络。这种文化传播又是在一定的经济社会政治的结构当中形成。所以，传播和文化是一体的。我基本上是用这样的观点和看法重新反思中国文化的特点和类型。所以，我就不同意把文化刻板化、标签化或者观念化，认为需要通过研究传播过程的内在机理来重新理解文化变化的结构和机理。

当时我被自己的想法所激动，就暂时停下正在进行的博士论文的研究，用了不长的时间写了《无形的网络——从传播学角度看中国传统文化》这本册子。当初写时并未想过要出版，只是把接触到的新的传播学理论和文化研究相结合，感到很兴奋，如此形成从传播学角度看中国传统文化的研究思路。这本书有四方面的内容：第一，中国文化在发展过程中的媒介发展脉络；第二，在中国的社会形态当中，各个不同的社会组织的传播形态的特征和规律，比如宗族、社群、地方文化，以及一些宗教组织，还包括黑社会等；第三，长期以来，中国封建专制社会里的政治和传播关系特征，包括传播策略、说服策略、舆论控制策略等；第四，各个主要的思想学派的传播观念，儒家、墨家、道家、法家等，看它们的哲学观念、宇宙观念、人际交往观念、道德伦理观念、语言艺术观念等如何决定了不同的传播观念，以形成中国人特有的多面的传播观念。也就是说，媒介、社会、政治、思想观念，这四方面内容。书写得并不长，20余万字，写得比较扼要。结果出乎意料的是，1988年国际文化出版公司编辑"蓦然回首"丛书，它被列进去出版了。这本书也成为华文学界里最早的用传播学研究中国传统文化的著作。在1991年的时候，台湾云龙出版社又出版了繁体字本，于是这本书也流传到了海外，成为传播学本土化研究的开创期的著作。

魏沛娜：传播学20世纪40年代产生于美国，并在美国迅速发展。20世纪50年代后，传播学开始传入欧洲，出现在英国、德国、法国、意大利等国家。等到20世纪80年代，传播学才开始传入中国。然而发展至今不过30多年，传播学应该说已经成为一门热门专业。

吴予敏：传播学在"文革"前有过零星介绍，但那时是把它视为美国一种新闻思想的新苗头，以单篇文章在内部发表，不算正式引进中国。正式介绍是20世纪80年代初，施拉姆到中国走了一圈，考察了中国的新闻传播教育研究，宣传自己的传播学。施拉姆在美国属于传播学的学科建制的第一人，或者说他是传播学发展第一阶段的集大成者。在他之前，没有人提出传播学，换言之，有传播研究，但没有形成学科，没有形成学科建制。施拉姆是在斯坦福大学设立了全世界第一个传播学专业的博士生项目，创建研究所，组织了一批学者，培养了一批人才，其中他的亚洲学生余也鲁从美国毕业以后到了中国香港，后在香港中文大学主持新闻与传播学系。

余也鲁觉得可以把在西方活跃起来的传播学引进中国，因为传播学跟原来的新闻学不太一样，新闻学比较重视业务研究，而传播学开始强调一些规律性的研究，跟社会学、文化人类学、心理学、政治学联系得比较紧密，后来受到欧洲的影响，跟符号学也联系紧密，属于跨学科研究的领域。很长一段时间，国际上的经典学科是不承认传播学作为一个独立学科的地位的，不能跟经济学、语言学等学科放在一起说，因为它不能构成一个独立的学科系统，只能是一个研究领域。如此，历史学、政治学、心理学很多学科都可以介入这个领域。

我到今天也是这样认为，传播学是一个研究领域，并不是一个严格意义上的独立的学科，包括新闻学我也是这样认为的。只不过由于各种原因，逐渐把它们建制化了，本来是一个研究领域，最后把它变成学科建制。为什么说变成学科建制呢？比如说设立教授职位，培养研究生和专门人才以形成教育系统，这样一来必然建制化。但建制化也会有负面作用，因为必然会强调自己的独特个性，强调自身跟别的学科相比有独特的地方，强调自身独特的贡献，由此划分知识的边界，这样就妨碍了学科之间的融合成长。因为我们现在是要打破边界，一个学科要建制化的话就要划出边界，而划出边界与打破边界是两种不同的思路。

魏沛娜：大家现在对传播学并不陌生，尤其是近年来，微博、微信等信息交流工具在现代人的生活中扮演着越来越重要的角色。人们在网络上的交流方式，如评论、转发、点赞等，无不体现出传播学的意义。为什么传播学能够流行开来？

吴予敏：施拉姆到中国的时候，他的思想宗旨和目的是很清楚的，就是要把美国的传播学引进中国，同时他也试图用美国的传播学去影响中国的新闻教育。施拉姆是一个很有战略思考的人，故他跟一般的学者不一样，他们来到中国以后通常只是介绍自己的研究，而施拉姆则有学科战略考虑，选择调研交流的高校和机构也有其考虑。

在中国，为什么传播学后来流行开来？还是跟学科立足的基础有关。因为学科立足的基础比较贴近于大众传媒。深圳大学建立的传播系最开始是叫"公共传播专科"，后来改为"大众传播系"，当时用的都是"公共传播""大众传播"的说法。现在想起来，"公共传播"真是一个很好的词。但公共传播跟英文 Mass of Communication 不对应，mass 不能翻译为"公共"，只能翻译为"大众"，因为 mass 是一个带有点贬义的词，那时大众传播的媒介都是说成 Mass Media，比如在报纸、广播、电视里面用得特别多。所以，传播学在进入中国的时候，一开始是跟大众媒介的研究机构和从业人员联系紧密，其他行业的人则对这些都不敏感。也因此，20 世纪 80 年代几部比较有影响力的传播学翻译专著到今天仍然有影响力，包括施拉姆的《传播学概论》、麦克卢汉的《理解媒介》、赫伯特·阿特休尔的《权力的媒介》和李普曼的《舆论学》。

魏沛娜：传播学最初被引入中国时，主要是翻译和介绍国外有名的传播学作品。这些传播学作品当时给国内学术界造成怎样的思想冲击？另外，这么多年来，传播学又在中国产生怎样的影响？

吴予敏：传播学在美国是一门应用型学问，在很大程度上并不具备一种文化反思的特质，反过来，倒是传播学希望借鉴文化研究的一些东西来充实它，它本身是很功能主义的。但传播学有一个很好的地方，注重媒介问题，注重文化信息传播的问题，这是其他社会科学领域不太看重的。在此之前，信息论、系统论已经在 20 世纪 80 年代初期很流行，但那时是科学主义导向，如信息论中的香农—维纳定理，是科学主义的，不具备文化特质。但传播学不一样，毕竟是研究社会文化问题，所以我那时就希望把传播学的理论方法用于解释文化的流变和传承。当然在文化研究里面，重视文化传播的理论是一个更长的传统，比如在 19 世纪末 20 世纪初就有过文化传播圈理论，这种文化传播圈理论曾经在 20 世纪 20 年代对中国的文化人类学有过影响。但这种文化传播圈理论和我们现在所讲的文化传播是不一样的，那时的文化传播圈理论主要是讲人的流动、种族的流动、交通、战争、器物文明和生活方式的演变等，是地域文明史的概念，里面不突出媒介的问题，也不特别强调信息的问题。

传播学作为西方学科刚引进国内，大家还只是在介绍，但在介绍和引进的过程中也产生了一些问题，比如引进一门新学科，只是零星介绍几本专著，包括施拉姆的《传播学概论》。另外，有一个意识形态的障碍，新闻学领域有人提出来一些看法，认为传播学是资产阶级意识形态，这些东西跟我们原来以宣传为导向的新闻学不一样，因为宣传是不能以受众作为主导的，而是应作为党和政府的喉舌。在传播学领域，对于宣传的反思和批评是比较多的，因为传播学是在第二次世界大战以后才兴起的，那时对于德国纳粹的宣传理论和体制进行了反思，具有一种批判性。施拉姆的报纸四种理论，是他自己认为的传播学著作，其中概括的几个模式的比较，体现出当时东西方冷战的意识形态背景。同时，传播学早期和美国学派的主流比较偏向于功能主义、科学主义、工具论等。其实，传播学所借鉴的思想理论传统是比较复杂和多元的，例如有芝加哥学派的社会学、马克思主义政治经济学以及文化研究学派的影响，这些理论影响到传播学，对于商业资本对新闻传媒的权力控制也有批判和反思。如果我们今天还是将传播学标签化，简单地将它看作资产阶级的意识形态、冷战后的和平演变的思想理论工具，则是武断的，不符合传播学本身的复杂面貌和实际发展。

魏沛娜：当时您把传播学的相关著作都看了吗？现在很多人都把您看作国内传播学的代表学者了。

吴予敏：我的专业不是做大众媒介研究，早期对大众媒介不是很了解，所以我跟这些研究学者的视角是不一样的。做大众传播和新闻传播的人通常是从功能主义切入的，都在讲这些东西有什么用，关注的中心是传播效果如何。而恰好我不是这个学科出身的，当时就不会想传播学引进中国以后对我们的新闻宣传有什么用，对新闻理论及大众传媒的制度建设和管理会产生什么影响。我提问题的方式跟他们是不一样的。我是思考传播学引进以后怎么影响我们的文化，也就是从传播学视角去看我们的文化流传，看社会是怎么建构的。我不存在那种对传媒功能的职业敏感，但是我对传播对于社会结构的影响，对于文化形态的影响是比较敏感的。

其实很长时间内，我并未意识到自己是一个传播学者，而是一直处于跨文化、跨学科研究状态。传播学者多半都是从大众传媒出发，关注传播效果和功能的。我不是这样，我是立足在文化社会的基点上理解传播现象的。我原来是研究美学的，而事实上，我也并不太把自己规范为美学研究学者。传统的美学关注的是审美意识和审美形式。我比较关注的是文化和审美经验的互相渗透的过程和机理。我研究美学也是和传播研究相结合的。在中国社科院读博期间，我对跨界研究是比较自觉的。之所以跨界研究，其实也得益于读博期间的学习环境，同班同学都在同一栋楼里住，各自术有专攻，有经济学、社会学、哲学、考古学等，而真正同学科的就那么一两人，大家日夜相处在一起。这些同学的导师都非常有名，学社会学的导师有费孝通，学哲学的导师有贺麟，学经济学的导师有于光远，学美学的导师有蔡仪、李泽厚。导师之间观点很不一致，争论激烈，但我们同学之间关系都很好。

魏沛娜：刚才您谈到李泽厚，您跟他也有过交往吗？作为可以说是20世纪80年代对年轻一代影响最大，尤其"在哲学和美学方面的著作以及他对中国文化和社会的观察吸引了整整一代知识分子"的人，您当时受到他多大的影响？

吴予敏：我和李泽厚很早就认识，在本科时就认识他。在西北大学读书时我当学习委员，蔡仪和李泽厚都到过西北大学中文系开讲座，跟我们班同学见面。李泽厚的演讲内容是我帮他整理的，文字处理后我寄到北京，他一字没改，起了个题目《走我自己的路》发表在《书林》杂志上，后来就作为他的一本集子的书名了。我到了深圳以后还跟他有过亲切的交往。他从海外回国时经过深圳待过几天，那时已经是20世纪90年代的中后期，深圳经济非常活跃。我带着他到国贸大厦、华侨城等地，给他介绍深圳的改革开放成果，我觉得对他触动很大。

李泽厚说过，深圳这样的成就是他没有想到的，所以很兴奋。我还清楚地记得，当时我向他介绍深圳正在推进现代企业制度改革，他觉得深圳很有希望。对于改革开放这样一种新的社会发展趋势，我能感觉到李泽厚从内心是非常肯定的。当时我陪他到"锦绣中华"，他第一次看到"锦绣中华"的表演，最后有一个场景，观众都走到池子里跟少数民族演员一起跳舞，我发现李泽厚眼眶里都是泪水，坚持一定要从观众席走到池子里，走到那些演员当中去跟他们跳舞。我认为像李泽厚这样在思想启蒙时期受到过重要影响的哲学家，对国家的发展还是充满期待的。

学术界都知道，我的导师蔡仪先生是比李泽厚要年长一辈的，是我国马克思主义唯物论认识论美学学派的创始人。李泽厚和我的导师在 20 世纪 50 年代美学大讨论的时候，就有过学术论争。到了 80 年代，围绕着一系列的理论问题，例如马克思早期思想、手稿问题、典型问题等论争得更加激烈，是涉及意识形态的论争。我认为在学术研究方面，第一需要承认学术传统，要对学术传统保持一定的敬畏之心，要尊重任何一代人，只要他真诚地进行过真理探索和学术探索，都值得我们敬佩和学习。从另一方面来说，一个时代有一个时代的学术，一个时代有一个时代的学术观察。所以，我们也不用恪守过去的学术传统，我们还必须从实践出发去探索。无论是学科，还是学派，理论、观点、原则都不能成为束缚我们思想发展的一种壁垒，不能束缚我们的思想解放。坚持马克思主义基本原理，坚持从实践出发的理论路线，发展与时俱进的学术研究，积极回应当代社会和文化发展的问题，应该是不矛盾的。

魏沛娜：2014 年底，您卸去深圳大学传播学院院长的行政职务。回顾您以往的经历，可以说参与了深圳大学几个重要的发展节点，比如 1989 年担任首任广告学专业负责人；1990 年担任首任广告学教研室主任；1997 年担任传播系主任；2002 年担任文学院院长；2006 年担任首任深圳大学传播学院院长；等等。如果从 1985 年深大开始创办大众传播系算起，到 2015 年正好是 30 周年。但在 20 世纪 80 年代，全国高校还鲜有专门的新闻传播学科，不像今天已如此广泛开设。可以具体谈谈您参与推动深大传播学科发展的经历吗？

吴予敏：深圳大学传播学院创立于 2006 年，但深圳大学新闻传播学科的创建是在 1985 年。在粉碎"四人帮"以后，国内基本是在 80 年代初期陆续恢复新闻学。虽然北京大学、复旦大学、中国人民大学在"文革"以前都已经有很长的新闻学的办学历史，但那时全国院校的新闻专业是非常少的。深大 1985 年开始创办大众传播专科的时候，国内几乎没有叫大众传播系的，厦门大学当时是新闻传播系。这和施拉姆有点关系。施拉姆自 20世纪 80 年代初期在香港中文大学新闻与传播学院担任教职，他比较关注改革开放以后传播学能不能在中国发展，故从香港前往内地，先到华南师范大学，接着到了厦门大学、中国社会科学院新闻研究所、中国人民大学进行考察。20 世纪 80 年代初期，中国的思想界还是非常活跃，新闻学开始引进国际上传播学的一些理论和方法。深圳大学在 1983 年建校，而且一开始毕业生就是不包分配的。这就决定了大学的专业设置必须符合市场需求。不符合市场需求的专业招不到学生，学生无法就业。当时有几位教师原不是学新闻，也不是学传播，而是搞戏剧表演的，他们原来想在深圳搞戏剧表演教育，但深圳当时经济文化发展的水平非常低，市场经济刚刚起步，文化还是一片沙漠，导致他们的戏剧教育搞不起来，所以，他们就想是否搞一个跟戏剧专业相近又切合市场经济需要的专业。当时香港浸会大学和复旦大学从事传播学的学者对深大建议：是否可以搞公共关系的教育？公关教育要作形体训练、演讲训练、形象创造，也要排演话剧、组织活动、拍摄影视等，他们觉得和戏剧表演比较接近。

因此，深大当初开始创办大众传播专业时，第一，是从成人的专科教育开始，有两个专业方向，一是培养国内电视台或文艺团体的在职人员，他们到深大修读专科文凭，这就叫影视编导，比较接近搞戏剧的；二是公共关系的专科，主要面向在深圳早期市场经济需求下做品牌的，特别是做商务沟通方面的人才，当时市场经济中有非常多的企业需要商务沟通方面的人才，到了 1988 年，深大领导认为没有本科教育的起点，对将来教育的发展是不利的，所以当时深大向国家教委申请公共关系专业。国家教委认为设置不合理，全国没有公共关系学专业设置，时至今日也没有。结果建议深大可以办广告学，因为广告学跟公共关系学是非常接近的，当时已经明文列入专业目录中，作为试办专业。当时国家教委认为，深圳是经济特区，没有必要重复传统的新闻学的办学路径。当时，国内广告学人才非常缺乏，只有厦门大学在 1984 年创办过第一个广告学专业，1988 年北京广播学院试办过这个专业。国家教委认为深大处于改革开放前沿的特区，处于市场经济发展的区域中，建议开创新的专业方向。

所以，从那以后，我被委托筹划建设广告学专业，主要负责筹划第一批广告学教材。由于内地没有广告学教材，所以就引进香港和台湾地区的，以及一些英文教材，重新做一些编撰，先做内部出版试用。应该说，1985年到1989年是深大的探索时期，从不太成熟的影视专科教育到公共关系教育，再转向比较正规的广告学本科教育。

魏沛娜：那么深圳大学在1985年到1989年这段探索时期，您认为留下了哪些宝贵的经验？

吴予敏：在早期有非常可贵的东西，从1985年到1989年，在短短的四五年间，我们的开拓是很不简单的。首先深圳大学是创办第一个公共关系教育专业起点的学校，尽管深大现在还是没有公共关系专业的设置，但内地讲起公共关系教育和公共关系专业设置时，起点仍然是深圳大学。而且那时国际公共关系学会曾经授予深大大众传播系一个公共关系教育金质奖章。此外，由于我们的影视专业当时培养的都是电视台一线工作人员，即崭露头角的编导和演员，一度也比较有影响力，比如叶大鹰、欧阳奋强等，都是从我们影视专科第一批培养出来的，拿的是深圳大学文凭。广告学专业更是起到了开拓、建制化的作用。早期的经验，首先，是紧密结合信息传播大趋势和市场经济需求，以开拓进取的态度创建新专业。这是需要勇气和远见的。其次，是立足于自力更生。开展这些新专业，都是从社会需求出发，当时大学只给了一些政策，没有任何办学经费和设备条件，一切都是白手起家。最后，是兼收并蓄，集合了海内外著名高校的办学经验、好的教材和教育方案，也聘请过一些优秀的师资来兼课，教学相长，非常活跃，崇尚探索不拘一格。那个时候大家是视教学为己任的。

魏沛娜：回顾您过去的治学经历，尽管今天学术界很多人认为您在传播学领域的影响远大于文艺学领域，但我发现您其实并没有被美学界"遗忘"，尤其是您的《美学与现代性》一书，围绕人类文明现代性的转型和价值追寻，扼要论述了现代美学的发展脉络，是从科学主义与人文主义视野来探讨和论述现代美学的发展脉络的学术专著，迄今仍常常被人引用参考。

吴予敏：20 世纪 90 年代末国内对现代性的研究刚兴起，1998 年我出版《美学与现代性》。我并不是在一般意义上讨论现代性，因为关于现代性在审美批判上的问题，实际上国内有很多视角。我在书中有两个侧重点：一个是从审美意识的角度切入研究现代性，亦即关注现代性里的审美价值的问题。这是后尼采主义对审美价值的关切，和对人的本质的关切在逻辑上是一致的。这种价值取向强调审美主义。审美主义和其他社会发展的功能主义，相对来讲还是有对立的地方。另一个是我跟他们不一样的地方。我把对现代性的批评和传播媒介的现实紧密结合，所以我在书中一直比较多地研究审美问题在不同层面跟媒介、传播、交流发生的纠缠关系。在 20 世纪 90 年代，研究美学的人几乎没有太多地谈论媒介的问题，因为那时网络文学还没有兴起。当时跟媒介比较相关的审美专题都在我的书里全部提到，比如视觉主体、城市景观、日常生活方式的问题。所以，这本书是我把当下的审美问题和传播现实，甚至跟文化创意产业、新兴的城市化等现实问题紧密结合后的思考。这也是我在 20 世纪 90 年代所做的第一个美学研究工作。

至于第二个美学研究工作，则是对启蒙美学的系统研究，这得益于一个合作计划。美学研究专家汝信先生在 20 世纪 90 年代末至 2000 年初主编四卷本《西方美学史》，他邀请我参与其中一部分工作，就是研究法国和德国的启蒙美学，这促使我花了很多时间研究法国的伏尔泰、卢梭、孟德斯鸠、狄德罗和德国的莱辛、歌德、席勒、赫尔德、洪堡等人的美学思想。虽然过去我的专业不是研究西方美学，但我还是比较下功夫去研究。最后写了《西方美学史》第二卷的一半，有二三十万字。

但是，原来我在中国社科院做的是中国美学史的研究，后来没有继续做下去，因为来深圳以后干扰很大，像教学任务、学科建设、行政工作、社会交流等集于一身，使人很难静下心来长期做下去。我对自己是不满意的，因为在学科研究方面拉的战线太长且散，并被一些现实需求问题牵制很多，导致不能把自己开端的一些很有想法的研究延续下去，并做成一个系统。比较了解我的朋友经常会为此惋惜，认为我应该坚持，尤其是趁现在还有精力。

所以，我希望接下来系统地把有关中国文化传播的思想观念的研究做完，然后把一本从交流视角来研究审美本质，也就是传播学和美学相结合的专著完成。此外，再有精力的话，就是完成对审美文化史的研究，但我估计可能比较难。人一辈子就是做几件事，我希望把这几个学术心愿了结。我认为学术最终还是要从独创性思考方面去写出自己的东西，至于有没有用，谁也说不清楚。因为思想发展都是互相影响的。中国的人文社会科学研究，从 20 世纪 80 年代至今已经过去 30 多年，总体上是西方学术话语处于主导地位。今天中国要建立自己的学术话语，我认为这种"话语"不是建立在拒绝西方学术思想的基础之上，不是有意识地排斥，而是在充分参照人类学术思想的成果之上，立足于现实问题的感知，然后提出来的一种理论。当然，这种理论最终还是要靠人们的社会生活去检验。

魏沛娜：谈起目前深圳的学术文化，不少人还是认为基础有点薄弱，您如何评价这 30 多年来深圳的学术文化发展？近两年来，许多国内外著名高校都表示要来深圳办校区，这将给深圳的学术文化发展带来怎样的影响？

吴予敏：深圳的学术文化面貌如何要看学术文化的主体如何。首先，大学是学术文化最重要的主体，但今天深圳唯一一所文理科建制比较全的综合性大学就是深圳大学。长期以来深圳建大学的整个战略思路不是看重学术文化，而是看重大学专业和培养的人才怎么支撑深圳的产业，以及如何把深圳的科学技术研究进行产业转型。也就是说，是追求应用技术研究和转化，看重应用技术人才的培养，这是现在深圳的大学文化的主流，资源目前也是这样配置的。现在的高等教学决策的逻辑是产业导向，还不是文化导向。在这样的高等教育战略引导下，能不能带来学术文化的繁荣？这个问题要由实践和历史来回答，不是我们主观上一厢情愿的事情。

深圳的学术文化，首先要有学术共同体，这不是说有了学术机构就等于有了学术共同体。学术共同体主要是指必须有一些人真正地是以学术研究为志业，不是学术上的功利主义者，也就是说，必须是学术上的理想主义者。否则，如果只有学术功利主义者，不管"功利"是何种性质上的功利，都是不可能建立起学术文化精神的。总之，没有学术理想主义者，是不可能建立学术共同体的。一个城市表面看起来有很多学术会议、学术机构、学术项目、学术出版物，这就是有学术文化吗？不是。但凡有学术地位和学术影响的人，多半都是理想主义者。比如王国维、陈寅恪都是理想主义者，再如费孝通虽然晚年成为一个政治性人物，但从他的作品还是看得出有理想主义。而冯友兰对现实有很多妥协，但他有立得住脚的学术成果，说明其人还是具有理想主义。当代的一些有学术影响力的中青年学者不管是什么理论立场，但都是学术理想主义者。所以，一个城市的学术理想主义探索是要持之以恒地做，形成一定的水准，先形成一种小气候，逐渐积累，才会有真正的学术文化繁荣。深圳的学术文化，是可以有自己的特色品格的。我觉得地方经济社会的发展提出了非常多的具有普遍性意义的问题。但是对这些问题的发现、提升、理论概括、实践检验等，都要有一定的反思性的视野。这就和一般性的对策研究有很大的区别。不要担心学者的一些独立性思考，这些思考有可能是很正确、很有创建性和实用价值的，也有一些不见得正确，或者暂时看不出实用价值。但是都要允许探索，包容发展。深圳的社会实践，很有可能是对人类社会历史发展有很大启示的实践，至少绝不比当年的芝加哥崛起差，而美国出现了社会学的芝加哥学派。由此可以证明，学术共同体的建立以及超实用主义的批判反思的学术视野是学术繁荣的关键所在。

附录：吴予敏学术小传

吴予敏，湖北武汉人，"文革"后就读于西北大学中文系（本科77级），1989年毕业于中国社会科学院研究生院，师从我国著名美学家蔡仪先生，获文学博士学位。1988年底到深圳大学任教，先后担任系主任、文学院院长、传播学院院长。现任广东省高校人文社科重点研究基地传媒与文化发展研究中心主任。先后获聘中山大学文艺学专业、武汉大学和暨南大学传播学专业、中国社会科学院研究生院马克思主义新闻学专业博士生导师；连任两届教育部新闻传播学教学指导委员；获聘国内外多所高校客座教授、深圳市政府决策咨询专家；获选中国传播学会副理事长、中国高等教育学会广告学专业委员会副理事长、中外文艺理论学会理事等职。

吴予敏主要从事传播学、美学和中国文化思想研究。20 世纪 80 年代撰著《先秦礼乐文化研究》（1988 年，博士学位论文），从礼乐制度演变层面考察中国审美思想和伦理思想源流。在传播学研究方面，撰著并出版迄今华文学界最早研究中国文化传播的专著《无形的网络——从传播学的角度看中国的传统文化》（1988 年），为国内传播学界公认具有开拓性意义。其后陆续撰著出版《美学与现代性》、《西方美学史》第二卷（法国和德国启蒙美学部分）、《多维视界》、《传播与文化研究》、《深圳大百科（文化卷）》、《深圳传媒三十年》、《深圳广告 26 年》、《广告学研究专题导引》等多部专著或论集。在《新闻与传播研究》《新闻大学》《现代传播》《国际新闻界》《文学评论》《文学遗产》《北京大学学报》《读书》等权威期刊发表论文 70 余篇，主编"广告学"系列教材、国家传媒类实验教学示范中心建设教材、"城市文脉"丛书等多种。先后主持了国家社科基金青年项目、一般项目和重大项目，广东省社科规划重点项目等。担任首席专家主持的国家重大项目"农民工文化需求与城市公共文化服务体系建设研究"等课题，对城市公共文化建设积极建言献策。在深圳大学创建了新闻传播学科，并将其建设为省级重点优势学科。吴予敏获评广东省南粤优秀教师、国家级领军人才（深圳），成果获广东省高等学校教学成果一等奖、广东省哲学社会科学优秀成果奖等。

深圳有望产生"问题性学派"

——李凤亮访谈录

受访者：李凤亮
采访者：魏沛娜
时　　间：2016 年 7 月 29 日
地　　点：深圳大学办公楼

作为"70 后"学者中的佼佼者，李凤亮学术眼光敏锐，具有强烈的"介入现实"意识。他从事文艺理论研究与文化评论工作，学术兴趣集中于批评理论、比较诗学与文化研究，在小说诗学、当代西方批评理论、海外华人诗学、文化产业研究方面发表了一批成果，被誉为国内"米兰·昆德拉研究第一人""海外华人学者批评理论研究的拓荒者"。

李凤亮现任南方科技大学党委副书记、纪委书记，深圳大学文化产业研究院院长。李凤亮告诉记者，有一天他忽然想了四个字"敬恕静慎"，请一位书法家朋友写了挂在办公桌对面，日日观之，时时悟之，努力行之。李凤亮称："这是一种人生的期许，也是一种学术的期许。"

魏沛娜：您本科是在徐州师范大学就读，但您的学术起点似乎也可追溯到这段时期。昆德拉研究可以算是最早拉开您学术序幕的吗？当时是怎样跟昆德拉"结缘"的？

李凤亮：大学三年级我在本校文科学报上正式发表第一篇学术论文《别无选择——诠释"昆德拉式的幽默"》，发表后被《高校文科学报文摘》转载，对于大学生来讲这是一个很大的鼓励，也借此确立了研究昆德拉的机缘。本科的毕业论文也是写昆德拉,为《大复调:理论与创作——论米兰·昆德拉对复调小说的承继与发展》,后来被《社会科学战线》和《国外文学》分别刊载不同的部分。

我上大学时,正是昆德拉最"热"的时候,也是中国文学经过伤痕文学、反思文学、改革文学、寻根文学以后,寻找民族文学世界道路的特别集中的时期。此时正好昆德拉"走进来"了。他,还有马尔克斯。为什么他们的文学能走到世界舞台上?马尔克斯 1982 年获诺贝尔文学奖,而昆德拉在 20 世纪 80 年代以后呼声也很高,但一直未获奖。当时王蒙、韩少功对他评价很高,国内形成一股阅读昆德拉作品热潮。昆德拉绝对不仅仅是个案,实际上他代表了一种文学现象。同时他本人的写作道路和象征给了中国作家一种期望:怎么走到世界上?实际上中国文学尤其是晚近 30 年来的作家,都有一种焦虑,希望走到世界文坛上。这时候昆德拉给了他们一种很好的榜样。

美籍华人学者李欧梵 1985 年在《外国文学研究》发表《世界文学的两个见证:南美和东欧文学对中国现代文学的启发》,他的介绍打开了一个新的文学视野。实际上韩少功对昆德拉的推介也有贡献。韩少功到美国访问,他的朋友向他介绍昆德拉的一部作品,他一看觉得好,就和他的姐姐韩刚一起翻译了《生命中不能承受之轻》。至今我仍认为这个译本非常好,包括他把德语词"kitsch"翻译成"媚俗",以及很多笔法的处理等。后来韩少功写《马桥词典》,有人认为他是抄袭米洛拉德·帕维奇的《哈扎尔辞典》,事实上韩少功受昆德拉的影响更大,体现在哲理化的倾向、词语的表述、叙事方式等。

魏沛娜:钱锺书先生说过:"假如你吃了个鸡蛋,觉得不错,何必要认识那下蛋的母鸡呢?"一些学者都保有这样的自觉——了解一个作家,了解作品的思想,不用跟研究对象见面。但我仍好奇您跟昆德拉有过联系吗?

李凤亮:2003 年我到巴黎时还希望跟昆德拉见个面,正好他到乡下度假了,最后没见着,挺遗憾的。

我对昆德拉研究有一个系统设计,有些实现了,有的则没有。比如要写一部《昆德拉评传》，后来我在 2002 年写了几万字的评传文章《米兰·昆德拉：诗意存在的沉思者》，收录到一本书中。然后写一本专著《诗·史·思：冲突与融合——米兰·昆德拉小说诗学引论》，后来这本书 2006 年在商务印书馆出版了。此外早期还编辑了一本《对话的灵光：米兰·昆德拉研究资料辑要》。而组织重译"昆德拉文集"这件事则一直没有实现，但上海译文出版社后来做成了。20 世纪 90 年代中期，我一直保持着跟昆德拉和他夫人薇拉（Vira）的联系。薇拉在捷克是一位英文教师，在"布拉格之春"后昆德拉作品被禁、十分困顿的时候，是靠他夫人当家教来贴补家用。很有意思的是，我夫人最初也是教外语，所以我们之间也有某种冥冥中的缘分。当时昆德拉的中译本多是从英语转译，从研究的角度讲，应该有一套从捷克文或法文定本翻译过来的《昆德拉文集》。于是我跟昆德拉联系，希望出版其作品的中文简体字版。当时他已将中文版权卖给了台湾皇冠出版社，我也跟出版社联系过，但他们不同意在大陆出版。记得联系的过程中，昆德拉提出了三个要求：第一，中国出版社补付他此前在中国出版过的书的版税。这是很难做到的，因为 1992 年中国正式加入"世界版权公约"之前，中国作为第三世界国家是可以不付版税直接把作品拿来翻译的，享受法律豁免，故当时昆德拉对中国大陆翻译界和出版界是很不满意的。第二，要求从法文版翻译，因为他自己后来校订了一套完整的法文版，比较准确。我说这条没问题。其实了解捷克文的人不是很多，后来上海译文出版社出的书就是从法文版翻译过来的。昆德拉对自己作品的表达和翻译要求高，虽然他不懂中文，但翻译过程中他跟很多人反复讨论了一些细节。他是一位"语词型"的作家，所以他对表述准确性的要求非常高。第三，他要求不能删改一个字。翻译本身是一种语言的转换，确实昆德拉作品中有些比较敏感的东西，我说不可能完全做得到，只能尽量做一些处理。后来上海译文出版社组织力量重译昆德拉文集，译者都是中国一流的法语翻译家，装帧也非常好。主持者赵武平先生最初还担心"昆德拉热"已过，书卖不出去，我说每本从 3 万册起印没问题。结果新译本一经面世，立即抢购一空，出版社赶快紧急加印，十几本书，总印数达百万册以上，以此可见中国读者对昆德拉的青睐。

魏沛娜：为何您后来会停止对昆德拉的研究？您曾经撰文探讨过昆德拉为什么离诺贝尔文学奖越来越远，称虽然昆德拉具备了过去几十年诺贝尔文学奖获奖作家作品共同的特征，但他得不了这个奖的其中一个重要因素就是他的时过境迁。您用了"时过境迁"这个词语，这也是您停止对他研究的主要原因吗？

李凤亮：昆德拉到了法国以后有很大的转型，一是用法语写作，比如看他的《缓慢》《身份》《帷幕》，可以看到明显的变化，因为他失去了过去自己非常熟悉的那些政治题材、性题材、捷克题材，所以他一下子会让人觉得很陌生，更加形而上，更加对小说史感兴趣。这是一个有着非常强烈的小说史意识和小说理论雄心的作家。跟他比较热的时候相比，这时候昆德拉已经不是走到最前沿，在文体、思想、题材上不断有作家在朝前赶，而昆德拉此时涉及这些题材的创造力已不像从前那样。对我来讲，通过博士论文、专著、评传以及研究资料汇编等，对他的研究虽然不能说穷尽了（我后来还做了一些追踪阅读，包括他最新的小说及其他文论），但我觉得已经没有必要再写一本关于他的书。我研究昆德拉，实际上是回顾了西方整个 20 世纪小说诗学的变化，包括叙事、文体、复调的变化等。我觉得这对我的方法论也有很大的启发，就是开一个很小的入口，比如围绕作家的创作论，事实上可以深挖到很多文学理论、思想史、历史、哲学、文化的命题。后来我跟学生也讲，要学会做个案。当然我不是建议把所有作家都当成个案去做综合研究，而是要挑选有典型意义的个案，挑选解剖的入口进去，你可能发现很有趣的问题。比如张爱玲，很多人都是研究她的作品的好与不好，这种研究很难超越前辈。后来我指导一个研究生说，你要把张爱玲当成一个现象来解剖，所以这个研究生毕业论文写了《比较视野中的海外"张学"》，就是从海内外对张爱玲的接受史、学术史来比较，最后得出一个结论：张爱玲是一个道具，被海内外的文学史互相拉扯，具体体现就是夏志清在其《中国现代小说史》中把张爱玲抬得很高，而张爱玲在国内过去的文学史中曾是一个"失踪者"。这样一种比较研究就很有意思了。我还有一个研究生也很喜欢张爱玲，写作笔法都像张爱玲，她的毕业论文也想写张爱玲，我告诉她这种写法很危险，一个研究者对于对象过于喜欢是很可怕的事情，应该跳出来看。你可以从自己的喜欢出发，看看张爱玲是怎么被"消费"的，所以她后来写了一篇《被"消费"的张爱玲》，从张爱玲如何被出版界捧红、被影视界炒热、被作家当作圭臬、被小资奉为偶像，得出结论——张爱玲实际上是一个被文化大众过度消费的作家。我觉得这样研究才有意思。2007年底在哈佛大学与王德威交流时，他也表达过类似的看法。

因此，研究昆德拉，使我对西方小说诗学有了更多的了解，为我打开了一种比较视野。我不是将昆德拉当成文艺评论的对象去研究，而是从比较诗学的视野去作东西方比较，做了一种诗（文学）、思（哲学）、史（历史）的比较，而这些比较又把它放到一种当代文化、当代文学消费的大背景之下去考虑，这时视野就开阔了。也就是说，我们考虑问题的时候，切入口可以很小，但视野要开阔。

魏沛娜：这么多年来，有关昆德拉的探讨已经不仅是一种文学研究，还成了一种文化现象。这种文化现象与当代人的现实生存现状和困惑有关。

李凤亮：为什么我特别关注昆德拉，还把他当作博士学位论文写作的研究对象？就是觉得他有一种典型意义或者说文学解剖学上的意义，解剖他，能够发现文学的很多问题。斯洛伐克汉学家高力克2002年在中国比较文学学会第七届年会暨国际学术研讨会上，问我为什么中国作家特别喜欢昆德拉。后来我想了想，这真是一个很有趣的问题。我当时告诉高力克教授，中国人喜欢昆德拉，原因有三：第一，两个国家在社会制度、背景和意识形态方面巨大的相似性，让我们可以找到熟悉和共鸣的东西。第二，昆德拉挑了两个比较敏感的题材：政治和性，这两个题材是很多中国作家想处理但没怎么处理好的；但对大众来讲，这两个话题又是他们特别关心的。研究历年获诺贝尔文学奖的作家，很多基本上都是写政治和性这两个题材，政治属于公共领域，性属于私人领域，昆德拉把这两个领域结合在一起，后来我在《诗·史·思：冲突与融合——米兰·昆德拉小说诗学引论》这本书里作了很详细的探讨，专门讲到小说题材针对性爱的两难情境问题。第三，从小说写法来讲，昆德拉作了一些突破，他是把很多具体的题材，包括灵与肉的关系上升到形而上的层面去思考，如此就变得很超越。因为一般的小说总是强调叙事性，而昆德拉的小说给人的感觉很特别，像小说却更像哲学论文、历史分析、趣闻轶事。但他本人很反感别人把他的作品当成哲理小说去看待。不过，对昆德拉小说的这个印象，恰好反映了20世纪八九十年代中国文学界的"思想热"。

魏沛娜：从1996年到2001年，您在暨南大学接连读完硕士和博士，博士毕业后又留校工作到2008年。在暨大期间，也是您迎来学术研究的第二个"春天"。先是做小说理论和比较诗学研究，后自2001年起，因为博士后课题《20世纪中国文学批评的现代性追求》，您开始介入海外华人学者批评理论研究。这两个学术方向在研究上有何联系？当初您都有何设想？

李凤亮：我在暨南大学学习连同工作，一共待了13年（1996～2008），其中博士毕业后工作的七八年间，我做的主要就是第二个领域——比较诗学与批评理论的研究。一方面，是做20世纪的中西批评理论，我跟我的导师蒋述卓教授合编了《文化诗学：理论与实践》（2005）。这本书上下编分别挑选了20世纪西方和中国的各六位批评理论家，包括巴赫金、韦勒克、弗莱、海登·怀特、厄尔·迈纳、詹明信和王国维、郭沫若、闻一多、朱光潜、宗白华、王元化，从文化诗学的角度介入批评理论研究，看似是在做个案研究，实际追求的是关联性和系统性，也就是探讨具有文化诗学倾向的理论家们对于文学批评和批评理论的看法，以及其中共性或差异性的观念。另一方面，我开始介入海外华人学者批评理论研究，因为暨南大学是百年侨校，海外华人文学研究很强，中国世界华文文学学会秘书处也设在暨南大学文学院。但过去的海外华人文学研究的几个领域中，华人作家作品和华人诗学研究比较强，批评家及批评理论研究比较弱，于是我开辟了第三个领域——海外华人学者批评理论研究。当时主要出于两个原因：第一，我在暨大的学术圈里学习工作，长期受到海外华人诗学研究的熏陶，不断接触到海外华人作家和批评家。第二，2001年博士毕业后，中山大学中文系程文超教授因参加我的博士学位论文答辩，立马邀请我做他的博士后。我去了以后，做《20世纪中国文学批评现代性》的研究，发现这个主题绕不过海外华人学者。换句话讲，20世纪中国文学批评的现代性，是由海内外从事中国现代文学研究的学者共同建构的，后来我将之称为中国文学批评现代性的"复杂面貌"，我在2010年被《新华文摘》转载的《走向跨地域的"中国现代诗学"》一文中对此有较详细的阐述。这篇文章是因为《南方文坛》要做我的一个"今日批评家"专辑，我酝酿了很久，最后用了一夜写完。我认为，如果把视野放宽到全球，把中国20世纪现代文学研究当作一个整体论去思考，就会发现海外批评家这个群体是一个不可忽视的存在，他们提供了"双重彼岸"的"现代性"。接下来我还要出版一本研究海外华人批评家的专著《20世纪中国文学批评的海外视野》，用专题的形式，对20世纪海外华人文学批评界关注的学术热点问题，包括晚清文学、十七年文学、张爱玲研究、华语语系文学（Sinophone Literature）、华语电影、上海文化等，逐一进行扫描和梳理，以此对这些华人批评家作较为整体性的考察和分析。这本书已跟北京生活·读书·新知三联书店签约好几年了，但一直未有空细细来修改书稿，希望近期能改出来出版。

魏沛娜：您在《彼岸的现代性——美国华人批评家访谈录》序言中提到过，由于身在美国的原因，您选择访谈的"海外华人批评家"，基本上是"美国华人批评家"；而实际开展的访谈，又仅限于九人。其间虽因种种机缘接触到不少美国和其他各洲的华人学者，但由于各种原因未能加以访谈，算是一种遗憾。从中可见您对海外华人批评研究的一种"雄心"，但您后来的学术发力点确实主要不在这个研究方向上，也许真的是一种"遗憾"。

李凤亮：对。事实上，这方面研究也有像做昆德拉研究时的遗憾。我在美国访学期间做了系列访谈，像王德威、张英进、唐小兵这三位华人学者的学科意识特别强，对于建构海外中国现代文学学科，或者说美国20世纪中国文学研究的整体性，包括翻译、队伍、成果，他们都有一些较为系统的思考。美国不像我们，有这么多的人组织起来去做成一个个"中国现代文学学科"，甚至组成一个个学会。美国学术界很有意思，谁也不服谁，然后各做各的，他们的选题也都非常小、非常具体。在《彼岸的现代性——美国华人批评家访谈录》中，我采访张英进教授的那一篇，可以看到他特别强调对海外中国现代文学研究资料的翻译和整理。苏州大学季进教授主编了一套"海外中国现代文学译丛",对一些海外汉学著作进行整本书的翻译,非常好,弥补了过去很多不足。但我觉得有一个地方仍是被忽略的,即专题性的翻译。我跟张英进教授提到,能不能一次性从海外中国现代文学研究的热点领域中定出若干个专题,例如现代性、都市文化、张爱玲研究、十七年文学、抒情文学⋯⋯类似于这样的专题,然后每个专题挑选十到二十篇代表性文章,翻译成中文,编辑成书,书末再附一个全球不同语种对该专题研究的成果目录。张英进教授听了,感觉这个主意特别好。他建议我们还可以请中国和美国的博士生来共同翻译。不过 2008 年我从美国访学回国以后,就来到深圳工作,这个学术计划我就放下了,这也是担任深圳大学副校长期间的一个学术缺憾。其实当时我还想到,专题论文选择对象可以不限于华人学者,还可以邀请洋人学者,如果有洋人学者对晚清文学、十七年文学、张爱玲研究、华语语系文学、华语电影、上海文化、现代性等中国现代文学话题有研究,相关成果同样可以收录其中。通过十几篇文章的对话和争鸣,包括书末的附录,那么就可能形成一种对话。这是一种非常聚焦的方法,能够在一个研究领域内把一个问题聚焦,一下就能抓到要害。这种成果出来,对于拓展研究深度、对于研究生教学,都应该是非常有益的。我期望有心人能将这项工作做起来。

回顾我的学术道路,其中感受很深的一点是:能不能在每个领域最敏感地找到最前沿的问题?当然我不是说学术问题要追逐新潮、最前沿的问题才是好的,学术研究也有很沉潜、很传统的一面。但即使是研究儒家,或者古典文论,也要思考它和当代发生了什么联系。如果它只是一种学问形态,其意义也只是一种学术上的传承。若说人类的历史是一条长河,那么这条长河从来都是流动不绝的。正是因为流动,我们要找到今天和过去的呼应方式,一方面要跟历史呼应,另一方面要跟现实呼应,要回应当下的现实生活。比如我研究昆德拉的时候,不完全是因为文学的问题,而是涉及很多当代人思想困惑的问题;接触华人学者的时候,也涉及当代人的移民文化冲突、学术话语政治的问题。在华人学者批评里面,可以见到非常明显的移民文化冲突。可以说,大陆背景的跟台湾地区背景的人、老一代的和新一代的人到海外，他们身上的价值立场、学术观点几乎是迥然不同的。所以，你做研究的时候要不断地回应当下。

魏沛娜：2008 年来到深圳以后，虽然您仍在做当代海外华人学者批评理论研究，但非常显见的是，您的学术兴趣已发生了很大的偏移，朝文化创意产业与城市文化研究转向。国内文化产业大约兴起于 2000 年前后，短短十几年间，已经发展得风生水起，尤其是深圳文化产业发展走在全国前列。您初来深圳之时就已经预见到文化产业的发展前景了么？

李凤亮：20 世纪初那几年，我在暨南大学工作的时候，就参与发起成立了暨南大学文化产业研究中心，那也正是中国文化产业发展热潮初起之际，只是当时因为各种条件，在暨大做这方面的研究还不是很多。2008 年 12 月到了深圳大学任副校长，工作五六个月以后，我就发现深圳这座城市很特别——城市人口很多，经济特别活跃，一个历史并不悠久、文化资源并不丰厚的地区，文化产业的发展却非常迅猛，已成为与高新技术、金融、现代物流并列的四大支柱产业之一。这让我特别惊讶。我把深圳文化产业的迅猛发展归结为四个因素：第一，市场机制，它引导资源朝着价值洼地投入，文化产业当时正是这样的价值洼地。第二，科技支撑，因为深圳缺少文化资源，它只能走"文化＋科技"、以科技创新推动文化创意的路子，结果发展出了一系列新兴业态。我在做文化产业研究的时候忽然发现：文化资源非常丰厚的地区，文化产业不大容易做得起来，比如中西部地区，因为包袱重，没有科技支撑，融资也难，当然最重要的是观念未跟上，所以文化产业不如东部发达。第三，金融支持，深圳不仅是一个民智丰富的地区，也是一个民资丰富的地区，融资较为容易，好项目不愁找不到钱。第四，政府引导扶持，政府出台各种政策，并设立"文化产业发展专项资金"，助推产业发展。发现这些以后，我在想一个问题：既然政府这么重视，市场培育得如此之好，大学跟这样的社会现象、文化现象之间能发生怎样的联系？所以当时我就跟学校的书记和校长提出来，他们都很支持。校长还提出一个要求：成立机构可以，但必须由我兼任深圳大学文化产业研究院的院长，以便协调不同院系的学术资源。所以，在暨南大学那时是要融入一个学术群体，而在深圳大学是要创造一个学术群体，创造一个学术平台让大家来做交叉研究。

我觉得这方面的学术开拓，与其说是我个人发表了多少学术观点，毋宁讲是在文化产业研究方面搭建了一个平台，为深圳乃至全国的文化产业提供了一定的智库支持，同时也为深圳大学打造了一个文科的学术增长点。现在深圳大学的特区研究、当代中国政治研究、港澳基本法研究、文化产业研究齐头并进。我还记得当时我说了一句话打动了章必功校长：一座城市的文化产业已经变成了支柱性产业，但这个城市唯一的综合性大学还没有一个机构是研究这个支柱产业的，这从地方高校来讲，是一种缺位。所以后来我们集合不同院系的力量，创立了深圳大学文化产业研究院。我们除了做研究，还尝试做了一些产业项目实操，包括负责每年的文博会分会场，开展了很多文化艺术的推广活动，也包括积极介入城市和校园文化品牌建设，做了《鹏城万里图》等一些文化礼品和文化活动。另外，最重要的是发挥你所说的智库功能，承担了文化部、广东省和深圳市的一系列重大调研课题，比如 2009 年承担了"深港合作打造全球性文化创意中心"课题，2011 年承担了"深圳城市发展中的文化自觉"课题，还有 2013 年承担了深圳市人民政府发展研究中心的"文化创意产业创新资源全球分布调查研究"课题，2014 年承担文化部国家文化创新工程项目"国家文化创新体系政策研究及运行设计"，等等。此外，还承担了深圳市内外的一些文化产业区域及项目规划、决策咨询等。在此过程中，形成了自身的定位和学术团队，形成了比较稳定的学术方向，现在我们的学术方向主要集中在文化科技融合与新兴文化业态，这是深圳的特色，也可以说是全球文化产业发展的方向。曾有人统计说，今天 80% 以上的文化产业增加值都是由科技提供的，既然这样，我们就应该去研究它，去进行前瞻性的把脉，这样的新兴文化业态将来是行得通的。第二个研究方向是区域文化产业研究，从深圳区域到珠三角、广东的文化产业研究。值得一提的是，这两年我们正在做一件事，广东省委宣传部委托我们来做广东全省的文化产业后备人才培训，这也是全省文化产业后备人才培养唯一的省级基地。根据省委宣传部的部署，美术后备人才培养基地是在广州美术学院，音乐后备人才培养基地是在星海音乐学院，而文化产业后备人才培养基地则设在深圳大学，这应该说传达了省委宣传部对深圳大学文化创意学科和文化产业研究实力的看重。近年来，深圳大学文化产业研究院先后成为"深圳市文化产业教学与培训基地""深圳市文化创意产业研究基地""广东省普通高校人文社会科学重点研究基地"。2010年10月，"文化产业科研创新平台建设"获得"中央财政支持地方高校发展专项资金"资助。2011年10月，"文化与科技融合创新的内在机理与战略路径研究"获国家社会科学基金重大项目立项。2013年，经文化部同意筹建"国家文化创新研究中心"，而全国目前仅有四家。广东省委宣传部、省文化厅也都加强跟我们合作。为什么我们会得到各级政府和企业的认可？我觉得归根结底，就是我们把握了文化产业发展的新方向。

魏沛娜：近年您特别致力于在文化科技融合创新的内在机理方面做理论与实践相结合的研究。过去文化和科技的融合的争论是很大的，但今天已经深刻地融合到一起，从现实性来讲，又有哪些路径可以推动两者的融合？

李凤亮：研究文化创新和文化产业，可以有很多角度。我们选择的是文化科技融合和新兴文化业态，这既是因为我们身处深圳这样一个文化科技融合的先发地区，更是因为我们对今天文化创新未来发展趋势的理解。在深圳大学文化产业研究院，我经常和我的同事们讲，要"做对的事情，做有限的事情"。"做对的事情"，而不是"把事情做对"，这是一个战略问题。那么什么是"对的事情"呢？就是符合新形势下文化发展规律、传播方向、消费趋势的事情。比如说，数字阅读已成为时代潮流，传统阅读的式微已不可阻挡，在这种情况下我们就要去想如何让数字阅读取得良性发展。再如，体验性的强化已成为当前文化产业发展的一个趋势，一些体验性弱的产品及产业面临被淘汰的命运。所以我们在一篇文章中专门谈道，信息化、虚拟化、体验化、跨界化、国际化正成为当今全球文化产业发展的方向，我们要因应这样的发展趋势，调整我们的文化产业策略。非常高兴的是，国家即将出台"十三五"战略性新兴产业的发展规划（已于2016

年 11 月底通过——编者注），数字创意产业被作为与新一代信息技术、生物、高端制造、绿色低碳产业并列的五大战略性支柱产业之一，这充分显示了国家对文化产业未来发展趋势的准确把握和超前布局。

严格意义上讲，文化与科技融合不是今天的事，一直都有。但作为"现象级"的文化科技融合，是近 10 年的事。技术对于文化的发展和创新起到巨大的推进和支撑作用，在今天已成为常态。十几年前，华强涉足文化领域，成立华强文化科技公司，很多人表示怀疑，甚至有人说"科技公司为啥要干文化的事"。今天，当华强的环幕行销全球、华强方特乐园不仅在中国遍地开花甚至走出国门时，再没有人怀疑当初文化融合的努力。

推动文化科技融合，一是要推进文化科技创新体系建设。逐步建立起结构合理、层次清晰、科学实用、指导性与操作性兼具的国家标准和地方标准体系，搭建和完善以政府为引导，创新型企业为主体，文化科技创新基地、园区为孵化器，企业技术创新中心、科研院所、高校为支撑，科研成果交易平台、技术创新战略联盟等中介结构为载体，经济效益和社会效益并重的文化科技创新体系，形成良好的创新生态。二是要促进公共文化领域科技创新。顺应新一代信息化、数字化发展趋势，积极推进公共文化领域的科技创新，满足人民群众体验至上、注重互动、追求便利的文化新需求。着力加强建设区域关键共性技术创新平台，提升创新协作度和研发绩效。要加强关键共性技术的突破，比如现在的 VR（虚拟现实）、AR（增强现实）、MX（混合现实）非常热，但一些关键的技术还需要有较大突破。三是要推动文化产业业态创新与跨界融合。推进文化产业结构调整，研究产业融合发展集成技术和新模式，扶持文化科技与相关产业跨界融合，培育跨界整合型、科技引领型、版权衍生型、沉浸体验型新兴文化业态，增加产业的文化科技含量，促进文化产业可持续发展。四是要加强文化创意的研发，要突破原创性较弱的瓶颈。加强对中国优秀传统文化资源的开发和利用，以高端科技激发高端创新，产生有中国特色、中国气派、中国风骨的原创作品。五是要培育特色文化科技消费项目。因地制宜地对文化特色资源发展做好科学规划，制定产业扶持政策，破除发展障碍，努力培育一批产业特色鲜明、产业链完整的文化科技示范项目。重点打造一批技术含量高、创新能力强，集合创意设计、主题旅游、艺术展演、科教体验、休闲度假及商业配套等多种产业于一体的复合型文化产业综合体，发挥典型示范和影响带动作用。六是要注重培育文化科技航母，提升文化企业的国际竞争力。积极搭建文化科技产业对外交流平台，推动政府间、企业间的合作交流，发挥中介服务机构在跨区域合作中的作用，为文化科技产业参与国际竞争提供便利条件。打造创作、研发、生产、销售一体化文化科技产业链，实施体现中国特色的规模化、多元化、国际化发展战略。

魏沛娜：近年来，文化产业蓬勃发展，规模极大，给我们带来了很多机遇与挑战，也给理论界提出了很多思考问题，比如怎样防止文化产业进入工业化生产、如何保证精品等。这些也是深圳文化产业在发展过程中随时可能面临的问题。您认为要如何解决这些问题，让未来的深圳文化产业更好地走上健康理想的发展道路？

李凤亮：深圳是一个文化资源并不丰厚的城市，深圳文化产业的发展，充分利用了市场机制、金融资源、科技支撑和政府支持，形成了今天的良性生态。但深圳文化产业发展也有自身的短板，比如底蕴积淀的不足、原创内容的缺乏、集合众家而形成自身风格的欠缺，还有整合历史与未来的大格局的构建不足。在深圳，文化企业的科技自觉有时候赶不上科技企业的文化自觉。我常常讲，深圳不仅是一个民资丰富的社会，而且是一个民智丰富的社会。政府如何学会"隐形"，民间如何走向繁荣，这可能不只牵涉到文化的发展，更关系到城市开放性的未来。我也常常说，深圳是中国最接近国际化的城市之一，虽然作为一个移民城市，它足够包容、足够现代，但其过于强大的工业化基础也会在某些方面影响原始的、初生的、个性的、艺术的生长。深圳文化产业的发展也是这样。所以，如何在传承传统中创造新质，如何在借鉴"外来"中增加"本来"，产生更多的"深圳智造""深圳创意"，是深圳文化产业在量的积累不断增长的同时，需要迫切面对的现实。我想在这方面，深圳其实有基础、有能力做得更好。比如，2016 年 1 月深圳发布了《深圳文化创新发展 2020（实施方案）》，提出了构建城市精神体系、文化品牌体系、现代文化传播体系、公共文化服务体系和现代文化产业体系五大体系，并采取了一系列有力措施加以推进。我举个简单的例子，就在今年（2016），我就分别参加了"深圳城市文化品牌"和"深圳城市礼物"两个评选，评选的结果也许并不重要，但说明建城 30 多年的这个年轻城市已经在有意识地经营自己，换句话讲，城市的"文化自觉"甚至"文化自信"有了巨大提升，这在 30 年前是不可想象的。所以我觉得接下来深圳文化产业的发展，除了坚持"文化＋科技""文化＋金融""文化＋旅游""文化＋创意""文化＋电商"等新兴模式，还可以一种更加宏大的视野，从全球中找取镜鉴，在文化价值观念、文化发展模式、新兴业态路径、文化交流方式等方面加大力度、提升高度、拓展深度，形成文化产业发展的新的"深圳模式"。我希望这种模式，应该既是中国的，更是世界的；既是传统的，更是现代的。

魏沛娜：您似乎并不想做书斋式的纯学者，而是积极行走于学院与社会之间，您的学问介入现实意识非常强。

李凤亮：这不是一种自主的选择，形势比人强，你的研究对象、职业、个性常常会影响你的学术言说方式。其实过去我没有做行政工作的时候，在学术活动上也非常活跃。在广州暨南大学工作时，经常参加一些作家作品研讨会、影视策划活动。跟社会接触并不一定会让你变得浮躁，浮躁与否跟你是否参加社会活动的关系并不大，主要看心能否静得下来。有时候你接触的信息多了，对学问和人生有另外一种帮助。坦率地说，我接触过一些学者，他们的面过窄，学术做得很死，一点都不灵动。我也跟我的学生讲，能不能把对现实问题的观察和灵动的学术思考结合起来，这是一种学术基本功。就像大家常说的"生活比小说更精彩"一样，我觉得现实当中的学术问题远比书本中提供给我们的要多得多。康德从未离开过他出生的那个小镇，但他有一刻离开过对所处世界的关注吗？陈寅恪写《柳如是别传》，难道我们不能感受到他对于当时所生活的时代的回应吗？刘小枫写《沉重的肉身》，挑选十部文学作品进行分析，难道我们不能感觉到他对今日社会思想状况的深刻反思吗？

所以，从研究昆德拉，到对海外华人学者批评理论的梳理，再到对文化产业现实的考察与文化创新出路的思考，我越来越走向一种关注现实的路径。10 年以前我在暨南大学工作时也曾涉足文化产业研究，但到深圳以后，丰富的文化现实提供了更好的范本，推动我在文化产业、文化创新、城市文化的观察和写作上有了进一步思考，所以人生往往就是一种机缘。很遗憾的是，我现在确实没有时间做更为系统性的思考。但是，保持对现实的关注，尽可能为社会提供一些有价值的思考，通过不同的方式贡献知识与思想，这也是我不断努力的方向。

魏沛娜：在高校担任行政职务的学者一般会因行政工作耽误学术研究工作，平时见您工作也非常繁忙，不知这在多大程度上会影响到您现在的学术研究？

李凤亮：说得没错。事情分两方面看：一方面，从积极方面讲，多一份人生阅历，有时候会激发你的研究；另一方面，繁忙的管理工作确实会极大地削减阅读写作的时间，对此我也时感焦虑。我的一本书稿《二十世纪中国文学批评的"海外视野"》四五年前跟生活·读书·新知三联书店签约，但一直没有整块的时间，目前还在利用假期修改中。说句玩笑话，我在办公室基本没时间看报纸，都是晚上带回家看一看。前几年我主持了深圳第一个国家社科基金重大项目，一是自己挤时间在周末和假期调研、写作，另外就是依靠文化产业研究院的学术团队。所以，每年的寒暑假才能稍微集中时间写点文章。另外，当别人在娱乐，自己就少参加点，掌握方法，提高效率。

常有朋友说，如果不去承担行政工作，可能会出更多系统的扎实的学术成果。我感谢他们的理解。行政工作会对做教学科研产生不小的影响，只能自己在内心找平衡。一个人的精力是非常有限的，你把学术除了写在纸面上，还写在社会工作中，写在广袤的土地上，本身也很有意思。我几年前写过一篇诗评，题目叫《在广袤的大地上抒写心意》。我觉得在行政工作之余，还能做点学术研究工作，这是非常幸运的。也有一些朋友一忙可能就放弃学术了，非常可惜。当然这样两条线作战，很累很辛苦，只能努力平衡。有一天我忽然想了四个字"敬恕静慎"，请一位书法家朋友写了挂在办公桌对面，日日观之，时时悟之，努力行之。其实这是一种人生的期许，也是一种学术的期许。

魏沛娜：对于今天的"深圳学派"建设，一些学者认为基础条件还不太成熟，不知您对此怎么看？

李凤亮：我是持一种相对积极乐观的态度。学派诞生的条件今天已不受空间的限制，既往的学派往往紧密联系于某一个特定地域或知识领域，今天交通这么发达，信息传递极快，产生地域性学派的可能已经微乎其微了，反而问题性学派会成为趋势，而问题性学派在深圳特别有可能产生。因为在如此大的一个移民城市，拥有如此丰富多元的经济、科技、文化等方面的社会实践，提供了诸多前沿性的命题，很多问题都值得深入研究，进而形成学理性阐释。深圳也是一个开放包容的城市，"市民文化大讲堂"举办了近 1000 期，邀请了那么多专家学者来讲学传道，故思想文化的流动是一个客观事实。当然"深圳学派"的建设要寻找突破口，我认为"深圳学派"如果真的存在的话，首先可能应该是个"文化学派"。深圳作为一个并无厚重文化积淀的现代化城市，能够在文化创新领域做得风生水起，值得思考。当然深圳现在发展得非常快，很多楼盘在建设时往往不太会考虑文化空间的问题。城市的文化设施遍布各处，但稍显厚重的或内涵型的还是少了点。换言之，城市的文化布局、文化空间让人感觉深圳还是很新的城市，是缺少"历史"的城市。在这种情况下，深圳的文化创新之路怎么走，这都是值得思考的。既然这个城市体量这么大，文化需求这么多元，那么有没有可能用一些新的方法，来观测、研究文化创新的未来方向，进而形成一种新的理论、观念、学说甚至学术流派？这都是可以探讨和实践的。当然这个学派跟过去的常州学派、乾嘉学派、桐城学派等，肯定不是在同一个概念层面上。比如解决文化创新这样一个"问题群"，或许就能产生一个学术阵营。但它是用学派的名义出现，还是用其他名义出现，这是另当别论的事情。总之，我对深圳学术文化建设的未来持积极乐观的态度。

附录：李凤亮学术小传

1971年11月出生，汉族，江苏阜宁人，中共党员。为暨南大学文学博士，中山大学博士后，美国南加州大学访问学者。1994年参加工作，先后在江苏师范大学、暨南大学、中山大学从事教学、研究和管理工作。2008年调任深圳大学副校长、党委常委，兼任创业学院院长、文化产业研究院院长、国家文化创新研究中心主任、《深圳大学学报》（人文社科版）主编。2016年10月起任南方科技大学党委副书记。

20余年来致力于文艺理论批评与文化研究工作，研究专长在文艺理论、文化创意产业与城市文化研究，其中米兰·昆德拉小说诗学研究、当代海外华人学者批评理论研究、文化与科技融合研究具有开拓性贡献。著作有《沉思与怀想》《批评的文化之路》《诗·思·史：冲突与融合——米兰·昆德拉小说诗学引论》《移动的诗学：中国古典文论现代观照的海外视野》《彼岸的现代性——美国华人批评家访谈录》等。编著有《对话的灵光：米兰·昆德拉研究资料辑要》《中国比较文学30年与国际比较文学新格局》《传媒时代的文学存在方式》《风起南山——文化科技融合创新的深圳之路》等。

为学术传承盗火、播火、摆渡

——何道宽访谈录

受访者：何道宽
采访者：魏沛娜
时　间：2016 年 8 月 12 日
地　点：深圳大学办公楼

"宣传中国文化是我的首要关怀，沟通中西是我的终身梦想。"这是从事英语语言文学、文化学、人类学、传播学研究 30 余年的资深翻译家何道宽的赤子之言。作为最早将跨文化交际学作为一门独立的学科引进国内的学者，何道宽在 20 世纪八九十年代抓住机遇翻译了一些文化学和传播学的经典名著，惠泽读者，形成了近年来逐渐引起重视的"何道宽现象"。迄今为止，何道宽的著作和译作共有 80 余种，约 2000 万字。

今年 75 岁的何道宽每天仍"闻鸡起舞"，凌晨三四点钟开始写作阅读，晚上 9 点准时就寝。他自称是"一个纯书斋型的教书匠"，一生"不愿应酬、不会应酬"。这般如"老神仙"的自在生活，按他的话讲，正是"七十而从心所欲不逾矩"。

魏沛娜：像您这一代学人，人生的黄金年华都因特殊历史原因而无奈浪费掉。而您在学界一直有"拼命三郎"之誉，阅读兴趣又十分广泛，这种读书的勤奋是从何时开始的？

何道宽：从 1959 年上大学自觉读书以来，除了"文革"那一段，我一直以超乎常人能够忍受的速度和重负拼命读书。大学本科四年贫病交加，三年住隔离"病房"（学校为患病同学提供较好的住房，与其他同学隔离）反而给我提供了更好的读书环境；严格按照每周一书、假期多读的进度，几乎读完了学校图书馆的主要英文藏书。我喜欢读字典和词典，我的本科毕业论文是评论几种主要的英语词典和英汉词典，受到郭子均、樊德芬、邹抚民教授的嘉许，郭子均教授竟然破例设家宴表彰一位学生，且由樊德芬、邹抚民教授作陪，这是对我献身人文社科研究的极大鼓舞。1963 年至1979 年的读书主要是围绕教学进行。1980 年至 1981 年留美期间，"葬身"图书馆（被美国老师誉为"读书狂人"），拓宽读书范围，强化人类学、社会学、文化史、传播学知识，用海路运回 5 个大邮袋共计 250 磅共 400 余种书，为我 20 世纪 80 年代的读书译书做了比较好的铺垫。在 80 年代如饥似渴的读书狂潮中，我购书数千种，读书和浏览的书也有数千种。除了一些国内著名丛书外，《新华文摘》、《读书》和《文史知识》对我产生了很大的影响。我找到了一条了解人文社科的"捷径"：各学科凡是能够买到或借到的学科史我都读，即使读不懂也硬着头皮读；我特别感兴趣的有文字史、文学史、文化史、艺术史、哲学史、美学史、史学史、考古史、心理学史、政治学史、经济学史、科学史。80 年代，英文版数亿词的 23 卷本《社会科学词典》使我获益匪浅。其中的人类学、考古学、社会学、文化学词条特别有吸引力，我将这些数十页、上百页、上万词的词条复印下来珍藏，作为案头必读。

魏沛娜：20 世纪 80 年代是您这一代学人非常重要的开拓时期。而您在1980 年曾到美国戈申学院做访问学者，1983 年在母校四川外语学院（现名为四川外国语大学）组建"比较文化研究室"，引进跨文化交际学等。这是您的学术生涯的正式起步，可以谈谈您当时的治学状态吗？

何道宽：20 世纪 80 年代是我大力拓宽视野的时期，以"拼命三郎"的精神读书，博而杂，但难精深。此间，几乎想成为读书破万卷的"神人"，古今中外，举凡人文社科的书都想读；万卷未破，两三千卷倒有；那是狂热购书、读书的 10 年。夙兴夜寐、挑灯秉烛（常停电，真正的挑灯秉烛）"两头熬"，不知疲倦为何物。《辞源》《辞海》《大英百科全书》在第一时间购得，先后置备数十种各学科工具书，英文版《社会科学百科全书》在第一时间重点攻读。影响重大的各种丛书尤其新学科丛书尽量搜求、用心阅读；国内著名出版社的几套书吸引了我，它们是"汉译名著""走向未来""走向世界""新知文库""世界文化""面向世界""中国文化""现代社会科学"等丛书，都对我产生了重大影响；《十三经注疏》"四书""五经"使我回到中国经典。这个阶段最感兴趣的是人类学、社会学、文化学、儿童文学、中国文化。其间的苦恼之一是没有书房，小小的卧榻下、书架上、墙根边、门背后塞满书，不便查阅。

这个阶段的著译处在搭台子、铺摊子的学步阶段，范围很宽。亮点是引进跨文化传播，组建"比较文化研究室"（1983），参与在重庆组建"文化研究会"并担任副会长，出版《裸猿》《思维的训练》《希腊小奴隶》等译作。

魏沛娜：随着各国之间的联系越来越紧密，尤其在全球化的大背景下，跨文化交际成为一个必然被人们重视的议题。而您在1983年将这门学科引进中国，也可以视为受惠于改革开放的春风。您最初是如何认识到跨文化交际的重要性的？

何道宽："跨文化交际"（inter-cultural communication）这门学科20世纪60年代崛起于美国，它是"喷气机时代"和"太空时代"的产物，是介于文化人类学、文化社会学和交际学科之间的一门中间学科，研究的是不同民族的文化，比较异同、找出文化差异并预测由此而引起的人们交际中的困难、障碍、矛盾和冲突。目的是避免以上所举四种消极因素，促进国际交往和各国人民之间的友谊。研究的正确态度是对不同文化要宽容、尊重，要反对文化自大主义和文化帝国主义。研究的基点是知己知彼：首先要知己，要了解自己的文化，进而去了解别人的文化，由此再回头加深对自己文化的了解，保持自己文化的个性。

国外研究比较文化的专家认为，留学生进入一种陌生的文化环境时，往往需要一两个月甚至更长时间才能渡过"文化冲击"难关，初步适应一种新的文化。如果我们的留学生在国外待一年，其学习期限以十个月计算，那么他们花在"文化适应"上的时间竟然占掉了学习时间的五分之一，就是说他们的有效学习时间最多只有 8 个月。但是如能经过短期训练，学习一点跨文化交际学科的知识，那么他们很快就会渡过"文化冲击"这第一道难关，很快就能适应一种全新的文化，有效而充分地利用学习时间。美国政府采取的两个措施，值得我们重视。卡特总统任内，命令把美国新闻处更名为国际交流总署，这是加强对外文化研究的一种行政措施。美国国务院所属的外事学院，把跨文化交际作为一门重要课程，而且是一切外交官的必修课。未及先学而进入外交界的老资格的外交官也要安排时间，离职学习，补上这重要的一课。由此可见，他们认为学不学是大不一样的。当时我认为世界早已进入太空时代，现代文明迫使各国人民要频繁交往，"四化"建设要求我们学习人类文化的一切瑰宝精华。所以，我们要把国际交往中的文化因素提高到理论的、科学的高度。

魏沛娜：1991 年，您曾经撰文呼吁中国外语界应发挥自己信息快捷的优势，开展跨文化交际研究，把中国比较文化研究推向一个新阶段。1995 年，您参与组建中国跨文化交际研究会。当时国内外语界在文化研究方面的整体状况是怎样的？

何道宽：当时，外语界发表的文化研究方面的论文还不多，有影响的著作不过两本：一本是《跨文化交际与英语学习》，另一本是《跨文化交际学选读》，二者都是用英文撰写的论文集。此后，外语界的比较文化研究进入一个爆发期，发表论文数百篇。文集出了，辞书出了，专著也问世了。其间问世的跨文化交际学专著有 5 本，它们是：关世杰著《跨文化交流学——提高涉外交流能力的学问》，王宏印著《现代跨文化传通——如何与外国人交往》，林大津著《跨文化交际研究——与英美人交往指南》，胡文仲、高一虹著《外语教学与文化》，贾玉新著《跨文化交际学》。这是中国学者用中文撰写的首批专著。

对于跨文化交际，最早我写过一篇文章《介绍一门新兴学科——跨文化的交际》（《外国语文》1983 年第 2 期）。北京大学南亚研究所金克木先生曾在《读书》上连续发表三篇文章，呼吁创建比较文化这门学科，引起我强烈的共鸣。我冒昧致信请教，他欣然接受邀请，担任我们比较文化研究室的顾问。为回应他的呼吁，我发表了另一篇文章《比较文化之我见》（《读书》1983 年第 8 期）。在这篇文章里，我将跨文化传播（交际）定义为狭义的比较文化。稍后，我省掉"跨文化的交际"中的"的"字，将其命名为"跨文化交际"。一般地说，我的同人多半称之为"跨文化交际研究"，少有自吹"跨文化交际学"。为什么？大概是因为底气不足吧。在《介绍一门新兴学科——跨文化的交际》一文里，我指认这门学科的三大基石，写下这样一段话："人类学、社会学和交际学是'跨文化的交际'的三大基石。'跨文化的交际'是人类学、社会学和交际学的中间学科和应用学科。"众所周知，中间学科不容易成熟，应用学科不容易被人看重。

与此同时，新闻界引进这门学科，将其定名为跨文化传播。于是，西方这门学科在中国进入两个不同的领域，被赋予了两个不同的名字。一个领域是语言学、外语教学和翻译界，另一个领域是新闻传播学和大众媒体。

这两个领域都遭遇了一二十年的坎坷。外语界采用"跨文化交际研究"，酝酿 10 余年才成立了全国统一的"中国跨文化交际研究会"（1995）。传播学的"正名"也是在 90 年代末，而"跨文化传播"又是传播学的一个短板。这两个领域的研究都不太顺利，直至今天，传播学"无学"、跨文化交际"无学"的喟叹仍然不绝于耳。

魏沛娜：中国读者与 20 世纪原创媒介理论家麦克卢汉的结缘主要托福于您，他的著作大都是通过您翻译介绍到中国来，这也是您最大的译介成果之一。美国媒介理论家保罗·莱文森曾经称赞您是"真正的先行者""完成了一系列最重要的媒介理论家著作的翻译出版工作"。您是在怎样的机缘下接触到麦克卢汉的著述并想要翻译的？

何道宽：1980 年，我受四川省高教厅的派遣，以英语讲师的身份到美国戈申学院做访问学者。除了领导规定的英语语言文学方向之外，我不安本分的天性促使我选修了欧洲哲学史和跨文化传播（交际）。跨文化传播这门课使我认识了导师丹尼尔·赫斯及其专著《从别人的观点看问题》，又通过他结识了美国跨文化传播拓荒人罗伯特·科尔，并获赠他的《海外生存手册》等基础著作。此间，我阅读了威尔伯·施拉姆的《传播学》、爱德华·霍尔的《无声的语言》和《超越文化》，但使我震撼的是麦克卢汉的《理解媒介》，因为其他的书能看懂，唯独这本书看不懂。

1986 年 10 月底，我参加中国文化书院和中国未来学会主办的"文化与未来研究班"。研究班邀请了海外顶尖的未来学家授课，由于对第一场的英语翻译不满，我毛遂自荐，接替他在北大讲演厅为 5 位海外学者担任口译。罗马俱乐部主席马西妮讲《罗马俱乐部与未来研究》、埃及总统萨达特的顾问易卜拉辛讲《伊斯兰阿拉伯文化》、国际未来研究会秘书长戴托讲《未来的文化与文化的未来》、加拿大未来研究会秘书长弗兰克·费瑟讲《电子高技术文化》、夏威夷大学教授克里斯托弗讲《太平洋文化圈》。有趣的是，下午两点钟到达讲演厅与费瑟初次见面时，难免感到紧张，因为不知道他要讲什么，更不知道"电子高技术文化"为何物。当时，我从未听说过"电子高技术文化"；对当时的多数国人而言，"电子高技术文化"听上去像天书。谁知道他回答说，他要讲的是马歇尔·麦克卢汉理解的"电子高技术文化"。我不禁非常惊喜，因为我喜欢麦克卢汉，也对他有一些了解。结果，这一场翻译酣畅淋漓、互动热烈、听众满意；翻译完毕后，竟有人上台对译者表示祝贺与嘉许。这五场讲演作为中国文化书院的录音教材在全国发行，也成为我担任研究生口译课的教材，均产生了比较好的反响。1987 年，我决心翻译麦克卢汉的《理解媒介》。但 1988 年 2 月译稿完成之后，却几乎难产；最终得到四川人民出版社的支持出版时，已经是 1992 年了。2000 年，商务印书馆推出我修订的《理解媒介》第二版。《理解媒介》是我引进的传播学重要经典之一，在传播学领域内外产生了广泛的影响。2008 年 12 月，中国出版业权威机构联合发布的评选结果揭晓，《理解媒介》被认为是"改革开放 30 年最具影响力的 300 本书"之一，新闻传播学作品进入这个书单的，仅此一本。

魏沛娜："麦克卢汉热"经历了怎样的过程？尤其对中国学界产生了怎样的影响？

何道宽：1964 年，《理解媒介》出版，旋即掀起了世界范围的麦克卢汉热。1966 年至 1967 年，这一热潮达到顶峰。此间，北美的宣传机器几乎全部开动起来为麦克卢汉效劳，几十种大大小小的报刊发表数以百计的文章颂扬他，他被奉为"先知""圣贤""20 世纪最重要的思想家"，等等。法国人还创造了一个词"麦克卢汉式的"。麦克卢汉把传播学变成学科之王，使学术界的注意力发生转移。学术界的注意力，从如何更加有效地摆弄媒介，转向技术媒介扮演的角色。媒介的这个角色，是媒介对认知、人格和社会组织的影响。这样的解释比广告攻势能否真正决定选举胜败更加令人满意。一句话，他的观点不仅是要理解媒介，而且是要理解文化史和社会变革，这是媒介的主导作用。许多人倾心于他这个难以实证的命题。20 世纪 70 年代以后，第一波"麦克卢汉热"退潮。

然而，到 20 世纪 80 年代末，学界对麦克卢汉的兴趣重新焕发。90 年代，第二波"麦克卢汉热"兴起。全球化、信息化、网络化、数字化的加速使人恍然顿悟：原来他是对的！第二波的热，以 1994 年麻省理工学院版的《理解媒介》为标志之一。进入 21 世纪，全球化、信息化、网络化、数字化的进一步发展催生了第三次"麦克卢汉热"。2010 年前后，第三波的"麦克卢汉热"兴起。2011 年，麦克卢汉百年诞辰的纪念活动把麦克卢汉研究推向高潮。我相信这一波热浪方兴未艾，必将更加持久，影响更大。

值得注意的是，第三次的热潮与前两次不同，国内的"麦克卢汉热"与国外的"麦克卢汉热"同步发展。第一次热潮时，我们沉迷于内乱，对传播学和麦克卢汉浑然不觉。此间，《理解媒介》于 1992 年再版，却易名为《人的延伸》，处境尴尬，几乎难产，默默无闻。我是这个"早产儿"的接生婆。第二波热潮时，我推出了《理解媒介》的第二个译本，但我本人对第二波"麦克卢汉热"也不甚了了。在新世纪，中国学者与国外学者彼此呼应，共同推动了第三波热潮。学界广泛动员，论文、译丛、专著蜂拥而起，接踵而至。各种学报发表的麦克卢汉研究论文数以十计，含麦克卢汉研究的"大师经典译丛"（中国人民大学出版社）、"麦克卢汉研究书系"（中国人民大学出版社）、"媒介环境学译丛"（北京大学出版社）等先后出现。麦克卢汉的著作和研究他的著作大批翻译出版了。更可喜的是，国内学者研究麦克卢汉及其学派的专著也问世了。麦克卢汉的思想是超越时代、超越空间和学科疆界的。麦克卢汉对中国学术的影响还在发酵，在哲学、文化史、技术史、文学、美学、艺术、新闻传播学等社会科学和人文学科中，他必将产生持久的影响。

魏沛娜：您曾讲到自己在2001年"闯进"中国传播学会年会，从此开始大张旗鼓地译介麦克卢汉及其学派媒介环境学（media ecology）。尼尔·波斯曼是媒介环境学第二代的精神领袖，您翻译过他的媒介批评三部曲之一的《技术垄断：文化向技术投降》。其余两部《童年的消逝》和《娱乐至死》更是在中国广为传播。我想虽然许多读者也许不知何为"媒介环境学"，但他们却必定记得波斯曼的观点。记得您还有力地证明，波斯曼坚决反对唯技术主义和唯科学主义的"技术决定论"。

何道宽：1982年，波斯曼在《童年的消逝》里抨击电视文化、捍卫印刷文化，叹息电视文化抹杀成人和儿童的界限。于是人们说，他是悲观主义者。1985年，他在《娱乐至死》里控诉电视对读写能力的戕害，隐射电视掏空了人的头脑和心灵。人们似乎更有理由说，他是悲观主义者。1992年，他在《技术垄断：文化向技术投降》里高呼"狼来了"，揭示唯科学主义和信息失控的现实危险，指控技术垄断对美国文化和人类文化的危害。他用这个媒介批评三部曲给我们敲响警钟，那是因为他悲天悯人、忧心忡忡，害怕失去丰饶的文化遗产。

波斯曼戏称自己是"麦克卢汉的孩子"，却又"不是很听话的孩子"。他接受麦克卢汉的建议，在纽约大学创建媒介环境学学科点和博士点，把麦克卢汉的思想发扬光大，所以他是"麦克卢汉的孩子"。他抨击"技术垄断"，成为呼号呐喊的旗手，与盲目"乐观派"划清界限，这是他"不听话"的主要表现之一。波斯曼是印刷文化人的典范，他对电子技术的负面影响忧心忡忡。他主张媒介环境的完美平衡：语言环境、感知环境、媒介环境、多重媒介环境和社会环境的平衡。在道德关怀上，他的立场和言论都比麦克卢汉更加旗帜鲜明。一句话，波斯曼绝对不提倡"技术决定论"。

魏沛娜：今天我们应该怎样认识媒介环境学的主张？麦克卢汉、波斯曼和莱文森三位的译著是您关于媒介环境学最重要的系统翻译研究吗？

何道宽：媒介环境学长期处在传播学的边陲。自1998年美国媒介环境学会正式成立以来，经过各国学者的共同努力，媒介环境学已进入传播学的殿堂，与行政学派和批判学派三足鼎立。2017年，作为国家社科基础工程的《新闻学与传播学名词》即将付梓，我有幸负责媒介环境学70余个词条的撰写工作。这是我系统翻译研究媒介环境学最重要的成果之一。我翻译出版了麦克卢汉、伊尼斯、波斯曼和莱文森等大家的经典，这为我承担《新闻学与传播学名词》工作奠定了基础。

魏沛娜：您研究全球化和逆全球化力量的博弈，批判"世界是平的"假说，可能会引起争议。可否简要勾勒您的主张？

何道宽：我曾经提出全球化的分层理念（《深圳大学学报》2000年第2期《和而不同息纷争》），认为全球化是一个全方位、多领域、多层次的人类发展进程，这是一般人凭直觉就可以得出的结论。但是，人们最熟悉的还是经济全球化，而对其他领域全球化的分层研究却不甚了了。于是，我仔细剖析了全球化的七个层次：集体无意识、价值观念、意识形态、政治体制、社会学意义上的制度、经济和科学技术。按照这个分层理论，科学技术的全球化最容易实现，经济全球化次之，集体无意识的全球化最难。我对此做了进一步的阐述："为什么要提出全球化的分层理论？这是为了给一些人一剂降压药，使之不至于头脑发热，血压太高。也许会有少数狂徒企图抹杀文化差别，企图把自封的标准强加于人。人类学有一个著名的冰山理论，它使人一望而知、一看就懂：隐藏在水下的集体无意识和情感文化是民族文化的根基。越是埋藏得深的东西，越是带有强烈的感情色彩，而且越是难以改变。外界的压力越大，反弹的力量也就越大。民族意识、文化意识有一种集体无意识。这是很难改变的，也是最不容易全球化的东西。"

我们应该牢记波斯曼的警世恒言，用批判的态度来考问技术发展和全球化，不要盲目相信"世界是平的"。这是因为在技术全球化的今天，知识沟、技术沟、信息沟、财富沟似乎不是缩小了，反而扩大了。我们要保持清醒的头脑，人类命运共同体的美好憧憬，路漫漫兮，尚未实现。

魏沛娜：其实您在四川外语学院陆续有研究和译介成果产生，为何1993 年却选择离开母校来深圳大学任教呢？当时您选择这座非常年轻的大学不会是一种冒险吗？

何道宽：1993 年 3 月，深圳大学在《光明日报》上刊登整版广告，面向全国招聘教授。彼时，我在母校任教即将届满 30 周年，觉得后半生还可以在学问上搏一搏。我的经验是，只要你做学问，每换一个环境都可以上一个台阶。当时的四川外语学院仅仅从事外语教育，21 世纪才发展成为综合性大学。也就是说，当时环境有所限制，哪怕你再奋斗，再努力读书，毕竟周围跟你切磋学问的人比较单薄一些，没有多学科的背景。如果你能跟人文学科的学者多接触，显然不一样。对于深圳大学，当时我完全不知道它的学术发展如何，因为我是纯粹的书斋型学者，基本不外出，每天基本是从书房到饭堂，从饭堂再到书房。2016 年算是破例了，73 岁、74 岁才开始往外走。

在 1993 年来深圳大学之前，我从来没有到过深圳，对深圳和深圳大学也知之甚少。总想着深圳是改革开放的一块热土，是能使人心灵激荡、精神昂扬的地方，是能激励人心的。从个人追求来讲，我对母校四川外语学院奉献了 30 年。那时我已 51 岁，如果再不走，谁也不会要我了。后来听说深圳市政府的政策后才意识到，南下深圳大学真是冒险之举，因为 50 岁以上的教授进深圳，需要分管教育的副市长特批。于是，那一年我有幸成为深圳大学在全国公开招聘的 10 位教授之一。

魏沛娜：那么到深圳大学以后，现实与理想曾经有过落差吗？

何道宽：我带着非常憧憬的心情来了以后，却大吃一惊，全校炒股，而且炒到非常疯狂的程度。有一次在教授座谈会上，我不知天高地厚地发言说：希望蔡德麟校长在全校倡导老师不要炒股，这样不好。当时有一个经济学家直指我不对，称股票面前人人平等，怎么可以阻止人家买股票呢！1994 年 4 月，校长希望我当深圳大学外语系主任，我在就职演说中还是强调老师不要炒股票。因为在我看来，古今中外，教师都是相对清贫的职业，既然你选择了这个职业，就要甘于接受清贫。这番话似乎不食人间烟火，我因此而得罪了很多老师。

魏沛娜：为何您说2002年退休以后，才进入"从心所欲的学术巅峰期"？

何道宽：自1963年至2001年从教的40年间，我最大的梦想就是平静的书桌、宽敞的书房、充足的读书写书时间。但长时期内最缺少的就是时间，最大的心灵煎熬莫过于"没有时间"。60年代和70年代荒废了10多年，80年代教学行政"耽误"了3年，1993年转调深圳大学后又因教学行政"耗掉"了7年。感谢校长谢维信允许我60岁退休，使我有时间全心全意做学问。

也就是说，退休之前是打基础，退休以后学术成果爆发，原因主要有三个：第一，30多年的积累，人文社科基础基本打通了，都知道一点，哪个学科给我翻译都可以对付，只要不是理科的就行；第二，拥有时间保障，过去哪里有自由读书时间；第三，拥有学术市场，1981年我从美国带了几百本书回来以后，就想大搞人文社科的翻译，可是当时没有氛围，出版界没有这个需求，国内没有学术翻译的市场，而文学翻译则大受欢迎，因为阅读门槛低，社科学术著作有几个人看得懂呢！

自2002年1月退休以来，我发表论文20余篇，出版学术译著50余部，每年平均出版译著3种、字数逾100万，今年有10多种译作问世，约300万字。我之所以能够在传播学的引进中"抢占先机"，又能够在其他领域引进经典，这里有几个必备的条件：第一，"拼命三郎"的天性；第二，40多年的积累；第三，广泛的人文社科关怀；第四，充足的时间。

魏沛娜：相对于文学翻译，学术翻译面对的始终主要是小众的专业读者。您为何愿意从事"为他人作嫁衣裳"的翻译工作，而且是坚持做比较冷门的学术翻译？

何道宽：从2000年开始，学术译著的市场复苏，传播学得到正名，且迎来大发展的机遇。自此，我应邀为几家出版社翻译传播学等学术经典和名著。2001 年 10 月，我第一次参加传播学会年会，结识了中国人民大学出版社的司马兰译审和青年政治学院的展江博士，开始协助他们做传播学经典译丛。同时，我又为该社主持麦克卢汉研究书系和莱文森研究书系。先后为该社翻译的《帝国与传播》《传播的偏向》《机器新娘》《麦克卢汉书简》《麦克卢汉如是说》《传播与社会影响》《手机》《真实空间》《模仿律》《莱文森精粹》等得到学界的肯定。2005 年，该社 50 年华诞时邀请我为文集《书缘情》撰写《抢占引进版学术专著的制高点》。从 2007 年开始，我为北京大学出版社主持媒介环境学译丛，业已问世的 4 种是：《媒介环境学》《技术垄断》《口语文化与书面文化》《作为变革动因的印刷机》。这是国内第一个介绍该学派的译丛。同时，我又应邀为北大出版社翻译了译丛之外的其他选题，比如《无声的语言》《超越文化》《乌合之众》《与社会学同游》《传播学批判研究》。截至 2016 年底，我为国内几家出版社翻译的传播学著作已达五六十种。

魏沛娜：据我了解，深圳从事翻译的人非常少，并不像北京、上海、南京等大城市都已经形成一个拥有相对厚实基础的翻译圈。您怎样看待深圳翻译界的现状？为何深圳学界需要翻译？如何吸引更多的人加入这个翻译队伍之中？

何道宽：深圳从事学术翻译的人不多，但从事外事翻译、编务翻译、商业翻译的队伍很强。2005 年，深圳市政府外事办外事服务中心、深圳大学、深圳报业集团和深圳职业技术学院等单位联合发起，创办了深圳翻译协会。自此，外事翻译、社会翻译、商务翻译、翻译教学有了长足的发展，深圳翻译协会因此而受到中国翻译协会的表彰。Shenzhen Daily 的影响与日俱增，直达海内外，深圳电视台为之新闻同步播映英文字幕，开风气之先，它们为建设国际化大都会做出努力。固然，我市的文学翻译尤其是学术翻译还跟不上，但深圳翻译协会把外事、报界、学界、商界等社会各界的翻译人才团结起来了，深圳翻译界正在为深圳市的改革开放、百业兴盛、学术昌明做出贡献。

魏沛娜：除了跨文化传播，您的学术重点还有美国文化。1978 年您到南京大学外文系师从陈嘉教授读硕士学位，按您的话讲是自此"美国文学洞开大门"。可以介绍您这一方面的治学经历吗？

何道宽：陈嘉先生是中国外语界泰斗、国际著名英国文学专家，他学富五车、诲人不倦，深深地影响我的后半生，促使我不断开拓。1991 年，我在母校四川外语学院创建"美国文化研究室"，获美国驻成都总领事馆赠 20 余册"美国研究"的基础文献，并应美国新闻总署的邀请于 1992 年 4 月以"国际访问学者"的名义走访美国东南西 5 所大学的同行。这次访问的主要成果之一就是 1994 年发表的《论美国文化的显著特征》。

魏沛娜：您还说过自己对中国文化一往情深，宣传中国文化是您的首要关怀，很想用英文将中国文化宣传出去。

何道宽：2004 年外语教学与研究出版社为我出版的英汉双语版《中华文明撷要》，那仅仅是我梦想的很小一部分。1998 年，我在校内的立项取名《中国文化入门》，准备写 16 章，现在正式出版的《中华文明撷要》仅仅是前 4 章。20 余年来，我梦想写多卷本的英文版或双语版"中国文化"，却总是一再受挫。早在 1988 年，我将《中国文化一百题》的写作计划提交给长沙、重庆和成都的 4 家出版社，均被婉拒。时机（市场）不成熟啊！1998 年，我的写作计划得到深圳大学科研处的支持，一气呵成写出的前四章由深圳大学教务处印制，用《中国文化入门》的书名。从 1999 年起，该书在校内用作"中国文化"课的教材，先后用于外文系、留学生部、文艺学硕士生的教学，直到 2006 年。2000 年，外语教学与研究出版社接受这一选题，但好事多磨，直到 2004 年方才以《中华文明撷要》的书名出版。看来，"中国文化"英文版或双语版图书的市场尚未成熟，我的梦想再次受挫。但如果有机会，我愿意继续圆梦。中国文化要走向世界，要有人宣传啊！

魏沛娜：至今仍有一些学者感喟深圳的环境氛围并不适合做人文社科研究，尤其像您这种比较偏冷的人文社科翻译研究工作，不知在深圳您是否有一种"吾道孤独"之感？

何道宽：深圳这块创新的沃土对人文社科学者的激励是精神上的，也是机制上的，而不是直接提供学问的沃土和积淀。在这里做学问要有舍生忘死的精神，一种独行侠似的坚韧和执着。此外，古今中外的学问在图书馆里、在网络上，很多已经数字化。只要有雄心，就不怕周围物质环境的束缚。

经常有不少人跟我说"何老师，我是看您的书长大的"，包括来自南京大学、中国社会科学院、中国人民大学、上海大学等学术机构的"少壮派"如是说。每当讲学与听众互动时，我发现很多人读过甚至熟悉我的书。每当上"中国知网"检索时，我发现成千上万人征引我的著译文字，感动之情油然而生。我非常高兴能为学术的传承和传播做一点"盗火、播火和摆渡"的工作。所以对于我来讲，从事译介研究的目的非常简单，那就是出于自己的精神追求，帮助我把人文社科打通，同时又为学术发展尽本分。在目前这个社会环境下，现在的年轻人很难再花几十年时间下苦功，我就为他们架桥铺路吧。

附录：何道宽学术小传

何道宽，深圳大学英语及传播学教授、资深翻译家。率先引进跨文化传播学、传播学三大学派之一的麦克卢汉媒介理论（媒介环境学），译介了许多人类学、社会学、心理学、政治学、文化史等学科的经典。他是新时期社会科学建设的盗火、播火、摆渡人。曾任中国跨文化交际研究会副会长、广东省外国语学会副会长，现任中国传播学会副理事长、深圳翻译协会高级顾问，从事英语语言文学、文化学、人类学、传播学研究30余年，著作和译作80余种，逾2000万字（含著作85万字，论文35万字，译作约80种）。其传播学译作和论著得到新闻传播界的认可。2007年，何道宽入选中国社会科学院"传播学30年"课题组的电视文献片《学者访谈录》；2010年，又入选中国社会科学院"传播学30年"课题组编辑出版的大型文献《中国传播学30年》（中国大百科全书出版社）的"学者小传"卷。

　　著作《中华文明撷要》（汉英双语版）、《创意导游》（英文版）在宣传中国文化中已产生一定的影响。论文《介绍一门新兴学科：跨文化的交际》《论美国文化的显著特征》《和而不同息纷争》《中国人的隐私》《中国文化深层结构中崇"二"的心理定势》《多伦多的双星》《媒介环境学：从边缘到殿堂》都产生了一定的影响。

　　迄今为止，译介的传播学经典和名著逾 30 种，最值得注意的 10 余种是：麦克卢汉的代表作《理解媒介》和《机器新娘》；媒介环境学的奠基作《传播的偏向》和《帝国与传播》；媒介环境学的小百科全书《媒介环境学》；技术、媒介、社会批判的力作《技术垄断》；史诗研究名著《口语文化与书面文化》；跨越科学史、技术史、技术哲学、史学、传播学研究的大部头《作为变革动因的印刷机》；发展了麦克卢汉学说的《数字麦克卢汉》；媒介史专著《软利器》；施拉姆的传播学奠基作《传播学概论》；批判学派代表作《传播学批判研究》；跨文化传播的代表作《无声的语言》和《超越文化》以及《交流的无奈》、《传播与社会影响》等。

　　社科译作 10 余种，主要有：《与社会学同游》（强烈人文色彩的社会学名著）、《模仿律》（社会学、法学争夺的资源）、《游戏的人》（文化史名著）、《中世纪的秋天》（欧洲文化史名著）、《伊拉斯谟传》（欧洲人文主义、文艺复兴重要人物传略）、《17 世纪的荷兰文明》（发人深省的大国崛起经验教训）、《思想无羁》（知识进化论力作）、《新政治文化》（后阶级政治力作）、"裸猿三部曲"（生物人类学名著）、《思维的训练》（思维学科畅销书）等。

一心一意就想当特区"史官"

——黄玲访谈录

受访者：黄玲
采访者：魏沛娜
时　间：2016 年 8 月 5 日
地　点：深圳市史志办公室

　　1986 年，黄玲放弃待遇优厚的国企工作，主动申请调到深圳市地方志办公室，甘于坐冷板凳，决心为深圳编史修志。转眼 30 年已过，黄玲对深圳历史工作的热爱有增无减，与此同时，她的热爱里还夹杂着丝丝复杂的担忧——深圳几乎隔三岔五就有古村落在静静地消失。此时手中的"笔"如何"快"过一辆辆高大的铲土机？

　　"以史鉴今，资政育人"，作为深圳历史的亲历者、见证者、发现者和记录者，黄玲以巾帼不让须眉的工作热情，践行自己的"史官"理想。尤其是自 2004 年担任深圳市史志办公室主任至今，作为执行总纂，她组织总纂完成 9 卷 1400 多万字的《深圳市志》等，并率先在全市启动街道年鉴编纂工作，使深圳市形成市、区和街道三级年鉴编纂格局。黄玲透露，以个人视角写一部深圳历史正是她退休以后的最大心愿。

　　魏沛娜：地方志编纂工作是一种相对枯燥的工作，但您在深圳的地方史志工作岗位上已连续工作 31 个年头，以亲身工作经历诠释了对这份职业的热爱。您的热爱和坚持源自哪里？

　　黄玲：1978 年高考我是报的历史专业，最后是被海南师专（现海南师范大学）中文系录取。在没来深圳之前，我在海南地区妇联从事海南岛妇女运动史的资料收集、整理和编写工作，先后对 2000 多位琼崖纵队女战士进行了采访，整整做了 3 年多。从某个角度说，这也是历史工作。1985 年来到深圳以后，第一年是在国企深圳南油集团工作，翌年就来到地方志办，到今年正好是 31 年，一直从事记录与研究深圳历史的工作。我常笑自己：一辈子只做一件事！

我喜欢做这种历史工作，主要是由于家庭教育和个人爱好。我的个人爱好和我的职业紧密结合在一起，我觉得是一件很幸运的事情。有的人爱好某个工作，但现实并不是从事这个工作。而我相反，爱好与职业恰恰是高度一致。之所以对历史感兴趣，是因为小时候父亲给我推荐了一本书——《崖州志》，即记录海南的一部旧志，影响了我一生。因为父亲告诉我：这是有学问的人写的书，把历朝历代的历史记录下来的人就是史官，而史官是最有学问的人。所以史官成为我心目中的偶像。有了这种熏陶影响，所以后来我就自然而然地选择与热爱历史工作。

魏沛娜：您当年读《崖州志》的时候，已经开始建立历史意识了吗？父亲也很支持您投身历史整理研究工作吧？

黄玲：《崖州志》是我看的第一本地方志，我父亲是琼崖纵队老战士，他很支持我选择"史官"这个职业。他喜欢给我讲故事，而且讲的都是历史故事，不是一般的童话故事。我印象最深的有：二战时期，希特勒发动了"闪电战"，对苏联发动进攻，苏联红军英勇抵抗德军，谱写了苏联卫国战争的伟大史诗。这段历史就是从我父亲的口里听到的，也是从这里，历史开始吸引了我，原来历史是这样的。我所处的童年少年时代是"文革"时期，当时正是"读书无用论"盛行的年代，可就是在那个年代我读了大量的书，到处去封闭的书店仓库和图书馆搜罗所谓的"大毒草"书籍看，这也深刻影响了我。我大学毕业以后先后在市和地区妇联工作。妇联本来是跟历史研究工作没关联的，可是我特别幸运，那时刚好是 20 世纪 80 年代初，国家开始恢复国史记录，恢复党史工作，海南刚好启动了对琼崖纵队历史资料的收集整理、记录和编辑工作，我当时有幸参加了这项工作。那 3

年多的采访工作和自身的家庭教育影响了我一生，也奠定了我的"三观"，可以说我是有着红色的血液、红色的基因。对中共党史的了解与研究，对我做地方志工作很有帮助；而地方志编纂和党史研究两者结合起来，是一项很有意义的历史研究工作，这项工作充满了正能量。

魏沛娜：您曾经形容自己来到清贫的深圳史志办是"自投罗网"，抛弃原来工资待遇较好的工作岗位，在外人看来有点"傻"。

黄玲：1985 年至 1986 年，我原是在深圳南油集团上班。有一天在休产假时，忽然看到《深圳特区报》上刊登了一条消息"深圳市志编纂工作启动"，立刻吸引了我。然后我就主动要求调来深圳市地方志办（原来全称叫"深圳市地方志编纂委员会办公室"，后来机构改革更名为"深圳市史志办公室"）工作，当时这个部门是清一色的男生，我是第一个进入这个部门的女同志。当时地方志办的林雨如主任开始对我有所疑虑：第一，因为我是女同志，他们不想要女同志；第二，问我是真心热爱这个工作吗，我说是。后来我用 31 年的岁月证明我是热爱这个工作的。因为期间是有很多机会可以离开这个部门的，但我还是坚定地选择在这个岗位上工作。所以，我 31 年的工作历程几乎是伴随着深圳特区的发展过来的。而且自己非常荣幸地成为一名特区"史官"，不断记录深圳的发展轨迹。这些年来，我跟我的同事们一起完成了深圳市志的编纂出版工作，完成了各个区的区志的编纂出版工作，开展了党史编纂工作，以及作为深圳年鉴的主编，主持编写年鉴，并组织各区、各街道编纂综合年鉴，使深圳形成了市、区和街道三级综合年鉴编纂格局。这都是记录深圳历史的权威的官方著作。担任主任 13 年来，我是作为领头人，带领团队从事这项事业。可以说，这项事业从无到有、从弱到强，慢慢做起来，一直到今天，建立了深圳市方志馆，并担任首任馆长。我很自豪自己是深圳的"史官"，非常有成就感！

魏沛娜：很多城市的"史官"一般都是由本地专家学者担任。像您并非深圳本土人，当您初到深圳市地方志办时，是怀着怎样的心情面对这座新兴城市的历史的？

黄玲：第一，从高工资的国企，到低工资的地方志办工作，对我来说，是一个很愉快的选择，而不是痛苦的选择。因为我一心一意就想当史官，所以不考虑工资高低。第二，我当时对深圳的历史一点都不了解，只是感觉深圳特区的建立发展充满着激情和火热的氛围，那么作为史官能与这座城市与时俱进、共同成长，绝对是很幸运的。

随着进入这个部门，对深圳历史慢慢了解，看到外界对深圳历史的误解、不了解，甚至无知，我更感受到从事地方史志编修工作的神圣，认为这是一项神圣的使命，也是一项神圣的事业。很多人认为深圳没历史，有历史也就是小渔村的历史，这都是误解、不了解和无知造成的。很多人非常赞赏深圳特区的高速发展成就，他们之所以认同，是因为这些成就都摆在面前，还有他们认为深圳原来确实没有历史，深圳就是一张白纸，在白纸上能够迅速崛起一座神奇的城市，成为中国改革开放的窗口，这是一种巨大的变化。随着从事这项工作后对深圳历史的深入了解，我觉得一定要让外界知道，深圳有过悠久、骄傲、曲折的历史，这是第一方面的原因。第二，还有很多人认为深圳是"文化沙漠"，尤其是20世纪80年代的时候，这种看法甚至可以说成为主流观点，这也是误解、不了解和无知造成的。什么叫文化？深圳不可能跟内地那些老城市和大城市相比，但它也是有历史的，有历史就有文化，广义的文化体现在民间生活的方方面面，体现在民俗、建筑、方言、生活习惯、物产等方面。为什么要无视这些存在呢？是否要说深圳没历史、没文化，才能彰显深圳特区发展的成就？当时就是这种氛围。所以，我们就要深入挖掘深圳历史文化，告诉大家深圳是有历史的，是有悠久历史的。

魏沛娜：那么，深圳有历史，体现在哪些地方？

黄玲：第一，我在工作中接触很多老宝安人，接触不少老领导和一些专家，比如考古专家，发现深圳是有历史的，这种历史不单是在这片地区建立了行政建制和机构，作为一个县和地区中心的成立，还有历朝历代的变迁。

第二，这块土地生活着广府人、客家人两大民系，甚至生活着潮汕人，以及大鹏所城讲"军话"的人，所以深圳的历史形态很丰富。通过深圳考古专家历年来的挖掘和文物普查，发现了很多地面上和地下的古迹文物。同时，深圳还有旧志《新安县志》，还有康熙、嘉庆时期留下来的史料，还有抵抗外来侵略者的革命历史。尤其是随着对这些历史的了解，发现深圳是一个很特殊的地方：香港原来是从新安县分割出去的，深港两地血脉相连、唇齿相依，正因为处于这样的地理位置，外来的宗教也经过深圳这片地区传播到内地，所以深圳还是外来宗教传播的桥头堡。基督教最早传入深圳是在 19 世纪，有教堂遗址、传教士墓地和著作为证，有档案资料的记录。这就是深圳历史。还有人武断地认为深圳原来是"无人区"，什么叫"无人区"？这是对深圳实施边防区管理的误读。广九铁路的通车、孙中山与这片地区的联系等一系列历史，一旦挖掘出来都是轰轰烈烈的。换言之，深圳地区的历史和中国历史密切结合在一起。

第三，深圳是移民地区，这不是说深圳在建立特区后才是移民地区。早在古代，深圳就是一个移民大后方，岭南地区的几次大移民潮，深圳就是一个重要的地区，无论是广府移民还是客家移民都来自中原。简言之，深圳的移民史和中国移民史密切联系在一起。

第四，中国抵抗外来侵略者跟深圳更有关系。深圳一批本土官员曾带领军队和民众，在这里抵抗外来侵略者。此外，推翻清朝统治、传播三民主义，也跟深圳有密切关系。还有大革命时期、土地革命时期、抗日战争时期、解放战争时期，这片地区都有轰轰烈烈的革命历史，比如我们熟悉的抗日战争时期的东江纵队、解放战争时期的粤赣湘边纵队等。

魏沛娜：历史文献资料是历史研究最重要的基础，可以帮助我们了解有关问题的历史和研究现状。而 20 世纪 80 年代初，深圳市地方志办刚成立，资料匮乏会成为你们研究的困扰吗？你们的研究可以称为"白手起家"吗？

黄玲：确实是"白手起家"，当时深圳市委、市政府成立这个机构的时候，几乎没有现成的档案文献资料供我们研究，尤其是我们作为新深圳人，都没有在这块土地生活和成长过，所以我们是隔着一层的。那么如何了解历史、挖掘历史、记录历史，确实是一个巨大的挑战。在语言不通，不懂粤语、客家话、潮州话的情况下，在档案文献非常稀少的情况下，尤其在特区高速发展，只重视经济建设和改革开放、轻视修志编史的背景下，我们做这个工作困难重重。首先，我们从组织编写《深圳市志》开始。《深圳市志》的编写是一个系统工程，全市一共有180多家单位的将近2500人参与了这项工作，不要说记录建设之前的历史，就是记录建设以来的历史，收集资料都非常艰难，因为各部门都在埋头搞建设、搞改革开放，没有多少人对保存资料有意识，更没有记录意识。当时的市志办只有6个人，由此可见实施这项工程有多艰难。正是在如此艰难的情况之下，我们历时16年，完成了共9卷约1400万字的《深圳市志》的编写，这是一项凝聚了无数人的心血、无数人默默无闻坚守岗位才完成的巨大工程，真正体现了"众手成志"。

举例来说：第一，开始写深圳保险志的时候，一开篇就一句话："深圳1979年建市，保险事业从无到有。"就只有这一句话，可是根本就不是这么回事。后来我们经过多方渠道找到史料证明，20世纪50年代初宝安县就有保险工作部门，根本不是1979年才从无到有。第二，深圳税务志开始写时，也同样写建市以后深圳税务事业从无到有，但这个税务事业早在民国时期就有了。此外，还有口岸志写作也是如此，等等。这些我们只能不断地找资料，甚至跑到大英博物馆里面去找英文资料，以及通过口述历史来了解，来弥补档案资料的空白和不足甚至不准确。我们采访了很多人，有老同志、亲历者、当事人等。

因此，我们的《深圳市志》跟内地的市志有点不同，内地的档案文献资料比较多，我们只能通过口述历史去弥补资料的不足。也就是说，《深圳市志》里有一小部分是口述历史，尽管口述历史也有可能不准确，可能存在主观态度。另外，深圳6部区志的完成，耗时11年时间、约1400万字也是如此，由我们组织，全程指导。市志跟区志是记录深圳历史最权威的资料性文献，这种权威是新闻报道所不具备的。此外，需要特别说明的是：修志是20年一修，编年鉴是一年一编。所以，对一些新的行政区，修志年限不够，其主要官员上任之后，我们一般都建议编年鉴，年鉴可以即时记录官员主政时期的工作历程、重大事件和重要成绩。

魏沛娜：既然口述历史可能存在不少出错的"危险"，为何您还认为很有必要把口述史的方法引入新编地方志的编纂中？记得《深圳市志》里面设有"专记"，像《李云迪获得第十四届肖邦钢琴奖始末》专记，这也是深圳地方史志的一项创新之举吗？

黄玲：新编地方志记录的是新时代的历史与现状，非常需要与时俱进，需要在继承传统的基础上不断进行创新。尤其是深圳的发展是世界城市发展史上的奇迹，在快节奏的发展进程中，档案文献资料严重缺乏，更需要亲历者口述历史来弥补档案文献资料的不足，深圳特区创造的许多奇迹更是需要亲历者来述说，他们的口述历史更鲜活、更生动。这也算是深圳史志部门的一种创新和探索。

魏沛娜：从 2012 年开始，市史志办就对老宝安文化人进行采访。而2016 月 3 月又启动深圳改革开放时期口述历史工作，对多名原市老领导、老同志进行采访，以口述历史的形式原汁原味记录深圳发展的重要细节、精彩故事。目前这些口述历史工作开展得如何？有哪些特别值得介绍的新发现？如何理解深圳官方和民间的口述历史工作的意义？

黄玲：口述历史工作是我们史志办重视的一项工作。深圳方志馆建成后，我们有了较好的硬件和软件条件，专门设立深圳口述历史中心，有计划地开展这项工作。2016 年我们已经邀请一些老领导接受我们的采访，获得老领导的大力支持。如原市委书记厉有为、原省政协副主席李统书等老领导都愉快地口述了深圳的历史，他们为我们回忆了深圳许多重大历史事件的过程与重大决策等。建立深圳口述历史库，将是我们追求的目标，以便为深圳这座伟大城市留下鲜活的历史记忆。

魏沛娜：历史研究除了要广泛浏览文献资料外，还强调要实地调查，尤其是研究地方史，更要重视必要的实地考察。在这 30 年间，您已经跑遍深圳大大小小的角落了吧？

黄玲：不敢这么说，但很多村落我都跑过。你要成为史官，就必须要了解地情，必须要成为"地情通"。我不敢说我是"地情通"，我始终有危机感，因为还有许多我不了解的事情、不了解的村落、不知道的历史文化。所以，我不敢说自己对于深圳历史都了解。最近有一件事情证明我的危机感是对的。我先后上过五次内伶仃岛，最早是在 1987 年，2016 年 7 月因为要采访一个老校长又去了一次。我对内伶仃岛的历史的了解是：第一，它在新中国成立以后就变成军事要地，只驻部队，不住居民。第二，内伶仃岛在 19 世纪鸦片战争时曾经是外国人走私鸦片的一个补给基地。第三，原来内伶仃岛的居民是蛇口的渔民。第四，内伶仃岛是国家级保护区域。可是实际上，我根本不知道内伶仃岛更深层的历史。前不久通过一个老宝安人，得到一个线索，内伶仃岛曾经有过一所学校，老校长还在世，他是给我提供线索的老宝安人的同学，我听了之后非常吃惊。他说有照片为证，这张照片就是老校长创办学校时所拍的。一看照片我就很感慨，坚持一定要去采访这个老校长。老校长早就不住岛上了，学校关闭以后他就离开，住在东莞，后来我就约他一起到岛上学校旧址口述"内伶仃岛军民小学"的历史。而且这个学校是为部队的子弟提供教育服务的，1968 年成立。驻岛部队请地方办一所学校，解决部队子弟的读书问题，当时岛上也有一些渔民的子弟要读书，他们要读书就要坐船到对面的珠海，非常不方便，因此地方就派老校长上岛创办这所学校。这个老校长是当年宝安师范学校毕业的，年仅 22 岁，真正的科班出身。"内伶仃岛军民小学"在岛上一共生存了 12 年，实行免费教育，1980 年关闭。之所以关闭，是因为深圳建特区以后，内伶仃岛的部队就撤走了，没有学生，学校也就关闭了。但学校培养了不少学生，甚至还培养了初中生，这一段历史我在档案文献里没有见过，在此之前我也没有听任何人说过。在学校旧址听了老校长口述这段历史，我感到很惊讶。学校旧址现在是"内伶仃岛边防派出所"，当时我们去了以后，派出所的人说这是边防禁区，不准我们进去。我们告知是来搞调研采访，并介绍身份，老校长还开玩笑说："你们住我的学校，要交房租。"由于这件事，我就知道深圳历史我们还有很多不了解。

魏沛娜：2015 年底深圳市自然村落历史人文普查工作在全市范围内全面启动，可以请您介绍一下最新的工作进展吗？

黄玲：深圳 10 个区我都跑遍了，当然不可能每个村落都去，而是每个区选择两到三个村落去调研，总体不乐观。我们就按自己的要求做这项普查工作，即登记、了解、普查、填表、文稿撰写。到 2017 年 2 月止，全市 1009 个村落已基本完成普查填表，完成调查文稿撰写的村落有 918 个，完成复审的有 499 个村落。通过一年的普查，心情很沉重，因为随着深圳大规模的城市更新，大批村落被拆除，而我们无能为力。悲哀的是，将来人们只能通过我们的普查成果知道深圳曾经有过怎样的历史。

实际上，我们现在调查的村落都变成了城市街区，都是城中村，真正完整的古村落没有几个了。到目前为止，真正留存的老村落在关外的 6 个区，主要是在龙岗、大鹏、坪山、光明、宝安。龙华的城市化很厉害，现在古村落拆得很多，可能最终是坪山和大鹏还留下一些东西。比如坪山新区自 2009 年正式挂牌成立以来，简直是大规模的城市化，也是高楼林立，地产商成片开发。要知道原来最原始的古村落就在坪山和大鹏，现在很难看到了。所以，我曾经有过一个感觉：新楼不如老房子。新楼特别丑陋，只有老房子、老建筑耐看有韵味，而且很多老房子都不住人了，有些是租给来深打工的暂住人口。我看目前有人住的老房子几乎都是这种情况，原住民不住了。其实大鹏有个最典型的村落——高岭古村，在南澳七娘山北侧东风岭的岭背山上，是一座自成体系的客家村落，整个村的人都姓周，村子不大，房子都是两层楼，但能自给自足生活，有自己的水库，有学校，有碉堡，当年日本人都攻打不进来。20 世纪 90 年代初期，村民因为交通不便，都搬下山生活，在杨梅坑的公路边上建了新村——高岭新村，故老村就没人住了，几十栋的两层客家建筑都在岁月中慢慢地破败，灌木丛生，现在就是一些"驴友"去看看。我也时不时上去看看，徒剩怀念和感慨。

这两三年实行大规模城市更新，老村落被拆得很厉害，不少区级文保单位的老建筑也是如此状况。所以我们在开展深圳市自然村落、深圳历史人文普查工作时，老村落几乎是边普查边破坏消失，也因此，这是一项抢救性的文化工作。在市政协会议上，我曾经呼吁要保护利用好古村落！

魏沛娜：据 2015 年 5 月各区上报的统计数据，深圳市可列入普查对象的自然村落有 1225 个。照您刚才所讲，现存的已经不足 1225 个了。那么普查工作又能发挥多大的抢救作用呢？

黄玲：我们把这次普查工作当作最后一次抢救机会，绝对没有第二次了。也就是说，我们无法阻止城市更新的步伐，我们能做的就是赶快把它们记录下来，同时我们希望普查结束以后，提出一些保护开发的建议。但是我发现已经来不及了，因为现在各区都在这么做，政府实施大规模的城市更新。比如最近引起社会各方热议的湖贝古村就是一个典型，因为它处于闹市中心，加上是特区内唯一保存完整的古村，所以无论是政府、原住民、市民，还是相关专家和媒体，都在高度关注它。我也去调研了，就是一种悲哀无奈的感觉。听说现在要实施保护，开发还是开发，但有几种方式的保护：一种是全给拆了，然后留一个空间作为历史文化保护区域来展示；一种是保护祠堂，其他全拆掉；一种是核心部分修旧如旧等。湖贝古村的开发保护极具价值和标本意义，让我们拭目以待吧。但不管如何，最后还是历史的悲哀。

对于市里其他的古村，事实上政府是想要保护的，相关单位也提出过保护名单和计划方案，但尤其是这几年，原来的保护名单和保护方案几乎都破坏了。谁让深圳土地太少了，谁让城市发展需要土地呢！即使有些保护利用，但也是山寨版的，不伦不类，说是保护，实际也是一种破坏。比如我们去看一些村落，开发商说要保护利用，但他们所谓的"保护利用"实际上也是一种破坏，跟彻底拆除是一样的效果。

魏沛娜：在城市现代化的浪潮中，面对大量古村落被拆、城市建设日新月异的现实，史官乃至史志部门如何发挥有效的职能作用？

黄玲：我希望我们不是在故纸堆里搞研究，不是关在办公室里研究历史，而更多的是要接地气，贴近现实，发挥资政作用，为政府的决策提供帮助，这也是我们史志部门应尽的职责。很多人认为史志部门是边缘部门，在城市发展中的作用好像是可有可无的，我认为不是，它应该发挥其应有的独特作用。尤其是作为史官，除了秉笔直书、记录历史之外，还要有担当，更主动地为城市发展履行职责，发挥独特的作用。深圳市自然村落历史人文普查工作大概在明年彻底完成之后，我们就会提供普查报告和开发利用建议。尽管已经太晚了，但做了总比不做好。我们是实际工作者，同时也是史官，我们一定要有这种使命感和责任感，要有历史担当，否则我们对不起后人，对不起这座城市。我们是默默无闻的人，但这座城市需要这样的人。

魏沛娜：每座城市都有属于自己的"文化记忆"。在您看来，强调文化记忆对于深圳这座只有30多年建市历史的城市，有何重要意义？

黄玲：任何一座城市的发展，都必须建立在历史文脉的基础上，这是它的根基、它的底蕴，它有昨天、今天和明天。尤其是对深圳这座发展迅速的现代化大城市来说，特别需要传承它的历史文化，这才是它的底气。如果抛弃了这种底气和底蕴，那么这座城市是走不远的，也没办法赢得世人的尊重。人们经常说，文化是软实力，那么历史文化不就是软实力的重要组成部分吗？深圳多年前提过"文化立市"战略，我认为深圳市委、市政府做出这个决策非常对，但是在发展过程中，尤其是近年来大规模城市化更新过程中，如何保护历史文化，应该是我们要正视和解决的现实问题，不能回避，也不能无视它。这应该是政府要重视和考虑的大问题。事实上，保护历史文化和全面城市化一点都不矛盾，因为我们到欧洲去旅游时，经常看到欧洲的古老教堂在欧洲快速发展过程中始终发挥其独特的魅力，在欧洲的旅游文化资源中，教堂文化是很重要的部分。这就是人家聪明的地方，既很重视，又为我所用，同时促进了城市的发展。那么深圳也可以这么做。深圳本来就有历史文化资源，在今天的城市更新过程中，就应该重视挖掘它们。比如我们曾经有过这些古村落，如果列出一批保护古村落的名单，把它们纳入城市更新中的历史文化保护项目里，进行保护开发利用，我想深圳这座城市就更有历史文化魅力。像李克强总理夜访过的成都宽窄巷，现在就是一个充满魅力的地方。2017年初，国务院出台《关于实施中华优秀传统文化发展工程的意见》，就传递出对优秀传统文化重视与传承的信号，深圳在这方面也应引起重视，为深圳的未来发展奠定历史文化的基础。

魏沛娜：作为史志合一的部门，党史的编写也是一项重要工作。您曾经介绍过，党史要出一至四卷，第一卷是新民主主义革命时期，第二卷是社会主义建设时期，第三卷和第四卷是改革开放时期。目前四卷都已完成了吗？听说史志办还完成了深圳地区抗战时期人口伤亡和财产损失普查工作和革命遗址普查工作，并出版普查成果。您认为党史的编写要坚持哪些原则？

黄玲：当个史官，首要原则必须是秉笔直书，全面客观、实事求是地记录历史。同时，我们还要有党性立场，这就是政治立场，"党史姓党"。毕竟我们是做党史工作的，也不是说你有党性、有政治立场，就不能如实记录历史，这两者是可以结合得很好的。我们经常研究党史，对于一些重大的历史事件，都是结合两者来研究的。有一句话叫"宜粗不宜细"，尽管有这个原则，但不代表你不能实事求是地记录历史。涉及某些政治人物的历史，即便不能详细写，也不能歪曲写，所谓"宜粗不宜细"，亦即特殊情况可以采取技术处理，适当地采用不点名形式记录下历史。

我认为，在客观尊重历史的基础上有党性、有政治立场，就不能是一个自由的写作者，不是说你有大量的史料，就可以随便写，有时候没有立场地书写历史反而是乱写历史。我们是搞党史研究的，对我们党90多年的历史和中国共产党在深圳开展的活动，都是坚持实事求是地记录，同时对存在的问题不回避，比如"文革"历史、"逃港"历史、抓阶级斗争历史等，后面也实事求是地记录了改革开放历史。我觉得我们党最伟大之处就在于与时俱进，能正视自己存在的问题，正因为原来有这样的问题，我党才做了重大的战略转移，打开国门，实施改革开放，这就是我党的伟大之处。所以，我们记录这段历史，不回避"文革"跟"逃港"历史，然后再浓墨重彩地写后面的改革开放历史。深圳地区的实践和深圳的道路是中国共产党在新时期成功执政的一个典范，因此，我们一定要全面、客观、准确地反映这段历史。

魏沛娜：我发现市史志办还善于借力推介深圳历史文化，比如组织编纂和审定了"深圳历史文化丛书"，包括《深圳民间节俗》《深圳炮楼探秘》《深圳古诗拾遗》《深圳掌故漫谈》在内的 4 部图书于 2015 年 10 月都已出版。为何要专门请外面的学者而不是由市史志办的工作人员来写这套丛书？接下来还会继续推出吗？

黄玲：史志办不仅要自己开展编纂与研究工作，而且更是指挥部，要组织指导社会力量共同开展对深圳历史的编纂与研究工作。如党史工作，我们建立"大党史"工作格局，组织各相关部门和相关专家学者来开展深圳党史研究工作。这些年来，我们在全市各部门、各区建立了党史联络员队伍，通过他们为我们提供各部门、各区党史资料，每年编纂出版"执政深圳"丛书。同时，在各部门、各区建立地方志资料年报制度，每年提供上报各部门、各区的资料给我们，为下一轮的地方志编纂准备充足的资料。我们组织策划出版"深圳历史文化丛书"，之所以不是本办研究人员参与编写，是考虑到组织本土人士和有研究的学者来写更好。我们起策划组织、审核和出版的作用。这种模式也是一种创新。

魏沛娜：您在今后的地方史志工作方面还有什么愿望？

黄玲：今后 5 年，我们继续贯彻落实我市党史工作和地方志事业发展规划，继续做好这些工作：第一，完成《深圳改革开放简史》，完成《中共深圳历史》第三卷，继续发挥 16 家党史教育基地的作用，继续开展重大党史课题研究工作；第二，在地方志方面，做好地方志资源的开发利用，为下一轮深圳市志和深圳各区志的编修做好资料的准备；第三，贴近现实，做好历史文化资源开发利用工作，做好年鉴品牌工作，巩固市、区和街道三级综合年鉴编纂格局，即时、全方位地记录深圳历史。另外，我们还要开展一系列的深圳改革开放历史的专题研究工作，比如我们现在每年出一本《深圳改革开放实录》，研究改革开放以来的历史。总之，我们市史志办这 5 年的工作就是要加大力度做好史志资源的利用开发和研究工作，继续为市委、市政府大局工作提供服务，充分发挥深圳方志馆、党史馆的公共服务作用，为广大市民提供文化服务。我们也希望培养一批学术人才，出一批权威的、有影响的学术成果，重点研究深圳改革开放历史，这是我们努力追求的目标。

我作为深圳史志工作领头人已 13 年，先后完成了三大项任务：一是建成深圳市方志馆；二是把史志办升格为副厅级机构；三是完成了一大批史志研究成果。我希望在其位谋其政，带好队伍，以使命感和责任感，继续为深圳这座伟大的城市当好 "史官"，为深圳的发展做出新的贡献！

附录：黄玲学术小传

黄玲，海南省乐东黎族自治县黄流人。大学中文系毕业，中共党员，历史学副研究员。1985 年从海南岛调入深圳工作。1986 年调入深圳市地方志办公室工作。2004 年开始担任深圳市史志办公室主任至今。2007 年起担任《深圳年鉴》编纂委员会副主任和《深圳年鉴》主编。2015 年开始担任深圳市方志馆馆长。是中国地方志学会、当代广东研究会、广东省地方志学会理事、常务理事，中国中共党史学会理事、广东中共党史学会副会长、广东中共党史人物研究会副会长，中国版协年鉴工委城市年鉴工作部主任，中国年鉴研究会地市级年鉴部主任。

担任《深圳市志》执行总纂，组织完成 9 卷 1400 多万字的《深圳市志》，组织完成深圳市 6 部区志编纂工作。先后组织指导 "深圳市专志系列丛书" 的编纂出版。2007 年担任《深圳年鉴》主编后，2008 年组织启动深圳市区级综合年鉴编纂工作，到 2016 年，区级综合年鉴编纂工作做到全覆盖 10 区，做到 "一年一鉴，公开出版"。2015 年起，组织启动深圳市街道年鉴编纂试点工作，使深圳市形成市、区和街道三级年鉴编纂格局。

2005 年创办《深圳史志》刊物，担任主编。2006 年底，组织建立 "深圳市情信息网"。先后主持召开了历届深圳市地方志理论与实践研讨会，组织编辑出版《深圳史志文丛》一至五集系列论文集。先后主编《中共深圳历届党代会重要文献汇编》，《中共深圳历史》一、二卷，《深圳党史资料新编》，《共忆峥嵘岁月》，《深圳改革开放纪事》，《深圳创新图文志》，《定格红色》，《深圳红色史迹寻踪》，《广东省深圳市抗战时期人口伤亡和财产损失》，《李灏深圳特区访谈录》，《李灏深圳特区讲话集》，《深圳有爱》，《老宝安不是"文化沙漠"》，《深圳英烈》，《深圳改革开放实录》，《深圳史志纪事》，"执政深圳"丛书等一批史志图书，组织编写出版"深圳历史文化丛书"。参与深圳市博物馆《深圳改革开放史》展览大纲写作，担任《深圳百科全书》的"社会""人物""大事年表"的主编和全书的副主编。

一生专注新加坡研究

——吕元礼访谈录

受访者：吕元礼
采访者：魏沛娜
时　　间：2017 年 1 月 9 日
地　　点：深圳大学文科楼办公室

"儒家文化的当代意义和中国政治的未来走向，是我多年来一直思考的问题；新加坡政府的治国之道，则是我 1996 年担任东南亚政治与行政的教学以来一直关注的课题。"作为一位知名的"新加坡通"，吕元礼长期从事华人政治文化与政党政治研究，重点研究新加坡政治、行政与李光耀思想。其代表作有《政治文化：传统与现代的会通》、《新加坡为什么能？》和《新加坡治贪为什么能？》。其中，《新加坡为什么能？》一书受到中国、新加坡高层关注，并在中国党政干部中产生较大反响。

吕元礼是深圳大学管理学院公共管理系教授、当代中国政治研究所特聘研究员。他表示，在探析传统与现代的会通过程中，儒家政治所崇尚的品质的当下意义正是他常常思考的。

魏沛娜：1987 年您毕业于中共中央党校科学社会主义专业研究生班，并曾留校在《理论动态》编辑部工作。可以讲讲您这期间的学习和工作感受吗？

吕元礼：当时中央党校内部很开放活跃，并非像外界想象的那般。要知道，在 20 世纪 70 年代末，引领改革开放思潮的是中央党校。中央党校的特点是实事求是，比较强调联系实际考虑问题。研究生毕业后，我留在《理论动态》编辑部工作。这里要提一下，《实践是检验真理的唯一标准》这篇著名的文章首先就是在《理论动态》刊发，然后才在《光明日报》刊发的。

在《理论动态》编辑部工作期间，每个礼拜都会开会讨论标题，然后找人写，每5天出版一期。当时受《理论动态》编辑的训练，使我对现实比较敏感，发现不能钻在书斋里写东西，也使我对后来的新加坡研究更多一份"当下的关注"，一种"中国情怀"。

魏沛娜： 为什么后来会离开中央党校，选择来深圳工作？当时您对深圳的印象如何？

吕元礼： 我本来在中央党校工作，实在没想要来深圳。因太太分配到深圳大学图书馆，为了解决夫妻两地分居问题，我就跟着来深圳了。1992年8月，我开始是调到南山区宣传部工作，刚开始不太习惯，一度想要回去，可是真正想回去又回不了，只好留下。我的个人爱好是搞科研教学，最后通过努力，终于在1994年4月调到深圳大学。到了深圳大学后心方安定。

我在中央党校时对深大就很有好感，当时在电视上看到一个纪录片节目《涌动的岩泉》，由深圳大学老师谈，里面讲道，埋怨社会不重视教育、不重视知识分子是错误的。知识分子为什么要端着金饭碗讨饭吃？我们可以通过自己的努力创造条件。那时我就感到深圳更有求异思维，有活力。

魏沛娜： 您对中国古代政治文化颇有研究。按照 S. 韦伯的说法，政治文化是"由得自经验的信念、表意符号和价值观组成的体系，这个体系规定了政治行为所由发生的主观环境"。在您看来，构成中国古代政治文化的基本因素是什么？

吕元礼： 构成中国古代政治文化的基本因素应该从道家、儒家和法家中寻找。老子说："失道而后德，失德而后仁，失仁而后义，失义而后礼。"这里，老子最崇尚的是道，退而求其次，依次是德、仁、义、礼。其实，老子可能还没有说完。如果接着再加一句话，可以说，失礼而后法。这样，我们依次排列出道、德、仁、义、礼、法等德目。上述德目，构成了中国政治文化的基本因素。如果按照天、地、人分类，道、德属于天道原则，具有正当性；仁、义属于人道原则，具有认受性；礼、法属于地道原则，具有合理性。如果按照道、儒、法分类，道为道家所奉行，德、仁、义、礼为儒家所推行，法为法家所实行。如果按照帝、王、霸分类，道为帝道原则，德、仁、义、礼为王道原则，法为霸道原则。这样，道家奉行的是帝道，儒家推行的是王道，法家实行的是霸道。如果道、德、仁、义、礼、法等德目各找一个代表人物，那么，我们可以这样说，老子强调道，孔子强调德行，孟子强调仁义，荀子强调礼，韩非强调法。

魏沛娜：为何您认为儒家文化之王道，实际上就是中华文化所行之道，实质上还是人类文化当由之道？

吕元礼：王者，"三画而连其中"者也；"三画者，天、地与人也"。（《春秋繁露·王道通三》）王道通三，参通天地人为王，儒家王道自然就包含了神圣超越的天道法则、人心民意的人道法则和历史文化的地道法则（依今儒蒋庆语）。总体而言，王道政治必须三重法则平衡发展，所以，西方自由民主表现的人道法则的一重独大，便需要天道法则和地道法则加以制衡；因时制宜，三重法则又要依时势有所缓急。因此，儒家先圣的行道进取也就各有侧重：孔子倡导"为政以德"（《论语·为政》）——德是人之所"得"于天者，也即人的天命之性——其勇于进取的所行之道主要是神圣超越的天道法则；孟子高呼民贵君轻——强调用人施政以"国人皆曰贤"为"用之"之标准，以"国人皆曰不可"为"去之"之前提，以"国人皆曰可杀"为"杀之"之根据（《孟子·梁惠王下》）——其勇于进取的所行之道主要是人心民意的人道法则；荀子主张隆礼重乐——礼是一定地域内历史形成、习惯认可的礼仪、礼节和礼俗，乐则是表现礼的方式和手段——其勇于进取的所行之道主要是历史文化的地道法则。三重法则不可或缺，古之圣人才这样栖栖惶惶，无所终日；王道政治必须复兴，今之狂（狂狷之狂，勇于进取之意）者安可以庸庸碌碌，坐视不起？

魏沛娜：您是到了深圳大学以后才开始研究新加坡的吗？

吕元礼：20 世纪 90 年代我有一门课是"东南亚政治与行政"，对新加坡就有所接触。1999 年下半年，我申请到北京大学做访问学者，其实也是为离开学校组织部做准备。那年金秋的一天，阳光灿烂，当我走出北京大学图书馆，踏上前面的五四路的刹那，忽然就有决定研究新加坡的念头。当然，偶然中也有必然，深圳所处的地理位置比较方便研究东南亚。李光耀比较倡导用儒家文化思想治理国家，跟我以前的知识积累相关。我觉得自己比较幸运，在接近"不惑之年"时就定下新加坡研究的学术研究方向，而且决定这辈子就做这一件事。有人说我研究新加坡很多年了，劝我转向台湾地区研究之类，但我认为一个人一辈子做一件事就可以了。

魏沛娜：2007 年，您曾撰写出版《新加坡为什么能？》，2011 年 6 月出版的《新加坡治贪为什么能？》则是前书的续篇。您介绍时，着手虽在狮城，着眼实在中国；其潜台词是"新加坡能，中国应当也能"，其出发点是"新加坡能，中国如何更能"。为何您专门选择新加坡进行对照研究？其成功经验为什么对中国就具有值得借鉴和便于借鉴的双重价值？

吕元礼：新加坡政党政治最为显著的特征是一党长期执政，即在多个政党并存竞争的情况下，人民行动党自 1959 年以来连续赢得 10 余次大选，从而长期执掌新加坡政权；新加坡政治文明的较为重要成就是人民行动党在长期执政的条件下较好地保持了活力和廉洁，即在领导新加坡实现经济腾飞、成为亚洲"四小龙"之一的同时，较为成功地治理了被称作"东南亚之癌"的贪污腐败，从而在政府廉洁程度方面被国际权威调研机构连年评为亚洲第一、世界前茅。

新加坡人民行动党在上述政党政治特征下所取得的政治文明成就，较为便于和值得中国共产党借鉴：一方面，相对于西方两党制或多党制的轮流执政模式，人民行动党长期执政模式与中国共产党"领导人民掌握着全国政权并长期执政"的模式具有某种相似性，从而使得该党的成功经验较为便于借鉴；另一方面，相对于许多国家和地区的执政党的腐败、衰落以及世界上一些长期执政的政党丧失政权的情形，长期执政的新加坡人民行动党却始终保持活力和廉洁，其骄人成绩使得该党的成功经验十分值得借鉴。

李光耀曾说："将来改变中国的是受过教育的中国人，而不是美国人、欧洲人、日本人或新加坡人。他们当中最聪明、最优秀的会站出来，纵目观察世界，找出应予学习的榜样，也就是一个有教养的民族。他们一旦看到这样的一个社会，会深吸一口气，然后说：'我们应当效法！'"这里，李光耀并没有替中国指明那个"应予学习的榜样"；但是，中国改革开放的总设计师邓小平却向中国人民指出了那个"应当借鉴"的对象。邓小平在1992年的南方谈话中指出："新加坡的社会秩序算是好的，他们管得严，我们应当借鉴他们的经验，而且比他们管得更好。"

魏沛娜：您在《新加坡为什么能？》一书中对新加坡廉洁举措有所论述，并将其廉政体系归纳为"以德倡廉，使人不想贪；以薪养廉，使人不必贪；以规固廉，使人不能贪；以法保廉，使人不敢贪"。这四句话具体含义如何？相互关系如何？

吕元礼："以德倡廉，使人不想贪"，是指通过领导人以身作则的身教和"忠孝仁爱礼义廉耻"的儒家"八德"的言教以及身着象征纯洁的白衣白裤的党服等来倡导君子风范，建设廉洁文化，从而收到"使人不想贪"的效果。"以薪养廉，使人不必贪"，是指给予公务员符合市场水平的足够薪酬，从而收到"使人不必贪"的效果。"以规固廉，使人不能贪"，是指通过严密设计，消灭制度漏洞，杜绝腐败机会，从而收到"使人不能贪"的效果。"以法保廉，使人不敢贪"，是指通过对很小的贪腐处以相对很重的惩罚（即"对贪零容忍"）和一旦贪腐必遭揭发、处罚（即"捉贪高概率"），从而收到"使人不敢贪"的效果。

新加坡的廉政体系的上述四个方面相辅相成，不可或缺。例如，光有使人不想贪的道德不行，因为良心是最靠不住的东西；光有使人不必贪的高薪也不行，因为人的欲望是没有止境的；光有使人不能贪的防范措施不行，因为上有一个政策，下有百个对策，政策赶不上对策；光有使人不敢贪的惩罚也不行，因为人的贪欲就如资本，"如果有10%的利润，资本就会保证到处被使用；有 20% 的利润，资本就能活跃起来；有 50% 的利润，资本就会铤而走险；为了 100% 的利润，资本就敢践踏一切人间法律；有 300% 以上的利润，资本就敢犯任何罪行，甚至去冒绞首的危险"。

魏沛娜：与新加坡廉政体系的不想贪、不能贪、不敢贪相类似，中国廉政建设也强调不想腐、不能腐、不敢腐。不过，新加坡廉政体系还有一个不必贪。能不能进一步加以解释？

吕元礼：具体地说，就是秉持诚实的态度，根据市场的原则，给予公职人员符合市场水平的正确的薪金，从而达到使人不必贪的效果。

魏沛娜：什么叫诚实的态度？

吕元礼：所谓诚实的态度：（1）诚实看待人性，即既看到人是"社会人"，也看到人是"经济人"。（2）诚实看待时代变化，即强调为国牺牲的精神必须以现在新加坡的现实环境来看待。（3）诚实看待政治，即既看到政治是让人献身的事业，也看到政治是养家糊口的职业。（4）诚实看待收入差距，即强调机会平等，而非结果绝对平等。

反对党议员曾问当时的总理李光耀：总理不只一次地指出必须诚实。那么，大家就老实一些吧！总理是不是说，如果政府不支付非常高的薪水，现有的和新的内阁部长将不愿意接受内阁部长的职位？李光耀回答说，仅仅以重大责任和神圣使命的光环召唤人才参政，其实等于靠碰运气来求取人才。李光耀说："或许，你会偶尔得到一些非常特殊的人——有好的品格、有为，真的对国家有益。但是，要治理一个国家，你所需要的不只是一个或两个好人才。所以，我们的制度是有系统地物色那些能做出贡献的人。"而要"有系统地物色那些能做出贡献的人"，就应该建立一种能够吸纳贤才的制度。

魏沛娜：什么叫市场的原则？

吕元礼：所谓市场的原则，包括三个方面：其一，根据能力、贡献等人才的价值确定薪金。新加坡第二代领导人吴作栋认为，当人们谈论部长与高级公务员薪金标准时，首先必须决定他们所要的是什么样的政府及具备什么素质的人才。如果人民所要求的只是一个平庸甚至低劣的政府，并准备接受"阿陈阿末"为部长或常任秘书，那政府就可以把部长及高级公务员的薪金标准定在一般新加坡人的平均收入水平上，这约等于每月1500元。不过，吴作栋指出，他不能接受这么低的标准。因为既然国会选择他为总理，把国家的前途交托给他，他就有义务集合最杰出的人才为国家服务。如果人民希望自己的生活更安全，就必须把治理国家的重任交付给最杰出的人才。这些人的收入都是全国最高的几百名之一。

其二，根据政治人才的供求状况确定薪金。当供过于求的时候，价格可以低于价值；当供不应求的时候，价格可以高于价值。人民行动党领导人的观点是，当总理薪金不能吸引到最适合担任总理的人才来担任总理时，那么，就应该增加总理薪金，直到这一薪金能够吸引到最适合担任新加坡总理的人才来担任总理。

其三，根据产出（收益）确定投入（薪金）。1994年，新加坡政府准备将整个内阁班子的年薪1700万元增加到2200万元。时任总理的吴作栋说，就像榴莲，吃在口里才知其味。付出代价多少，就得多少报偿。当时，新加坡的国内生产总值是890亿元，如果增加1%，就是多了8.9亿元，如果减少3%，就是少了26.7亿元。而所有部长的薪金即使按照新的更高的标准加以调整，加起来也只是2200万元。那么，到底是花2200万元来确保继续有好的人才来领导新加坡每年取得至少8.9亿元的增长比较明智，还是省下2200万元，但因为政府治理不当和贪污，导致国家收入少了26.7亿元来得合算？答案不言自明。

魏沛娜：什么叫符合市场水平的正确的薪金？

吕元礼：这里，首先要弄清楚什么叫正确。根据新加坡的观点，正确的薪金就是薪金水平要和受薪人的责任、贡献和能力成正比。

所谓符合市场水平的薪金，新加坡的做法是，对部长与高级公务员薪金标准制定如下方程式：（1）政府根据私人企业中六个专业的收入，为部长和高级公务员制订两个薪金标准。（2）所选定的六个专业是：银行家、会计师、工程师、律师、本地企业和跨国公司执行人员。（3）第一个薪金标准：特级一，是为部长和特级公务员而设。其方程式是从上述六个专业中，各选出最高薪的四人，然后以他们的平均主要收入的三分之二，作为这一级的薪金标准。（4）第二个薪金标准：超级 G，是为刚升上超级薪金制的公务员而设。政府将从年龄在 32 岁而又从事上述六个专业的人中，各选出收入排名在第 15 位者，然后以他们的平均主要收入作为标准。当然，上述做法后来有所变化，但精神实质还是一样的。

魏沛娜：众所周知，李光耀的儿子李显龙曾经为大作《新加坡为什么能？》作序，不知您跟他们父子具体有过怎样的交往？

吕元礼：我和李光耀没有面对面交流过。第一次见到李光耀，是他受邀在中国浦东干部学院演讲，我在台下听。至于李显龙，深圳大学曾经组织过一个包括我在内的三人代表团跟李显龙谈了一个小时。

我主要是研究李光耀，他的人格带有儒家色彩，办公室还摆放了孔子像。但他治理国家是儒法并用。事实上，李光耀是英文教育出身，并没有读过很多儒家著作。他对儒家的亲切了解源于他是客家人，曾经在大家族中长大，他发现那种低层次文化跟儒家是一样的。在李光耀看来，新加坡华人大多是那些家无寸土、目不识丁的苦力的后代，正因为没有受到系统教育，所以没有受到五四运动的影响，对儒家文化没有抵触心理，但这种儒家文化是低层次、浅层次的。李光耀说过一句话：当今世界讲的道理，中国古人都讲过了，而且讲得更好。

魏沛娜：在当代国际政治舞台上，李光耀是一位具有特殊影响力的政治家，包括他对新加坡的领导及其各种规划，创造了属于新加坡的"奇迹"。您如何评价李光耀在当代政治光谱中留下的精神遗产？他是一位理想的政治家形象吗？

吕元礼：对于李光耀，无论喜欢或讨厌，你都得相信：没有他，新加坡会很不一样。无论赞扬或批判，你也必须承认：他一天到晚都在为新加坡打算。世人既称许新加坡的有效治理，又往往批评其威权政治。"虽然杰出，毕竟独裁；虽然独裁，究竟杰出"——反映了人们直面李光耀时的内心纠结。面对质疑，李光耀的回答是："我做出了一些强硬的决定，好把事情办妥。可能有些人不认同，认为我太苛刻。但是存亡关头，我一定要确保新加坡成功，就是这样。到头来，我得到了什么？一个成功的新加坡。我付出了什么？我的一生。"

魏沛娜：漂泊与根植，是围绕老一辈海外华人研究的关键词。以新加坡华人为例，如何理解他们文化认同中的根文化？今天年轻一代又经历了怎样的儒家文明在地化认同？

吕元礼：新加坡是推行英文教育，年轻一代连汉字都认不了多少，新加坡的学生小学升中学，若是华文考试考得差，也能升到好的学校。而多数老一代新加坡人受过华文教育，因为离开了祖国，更注意保存文化的根。他们认为中华文化更高深，像马来西亚的华人更注意保存中华文化。

简言之，一方面，中华文化目前在新加坡传播比较难；另一方面，现在新加坡的老一代华人，以及近些年从中国过去的新移民，他们也希望子女不要断了中华文化的根。

魏沛娜：您在《亚洲价值观：新加坡政治的诠释》一书中，认为所谓的亚洲价值观，实质上是以儒家文明为主体的价值观；所论的新加坡政治，在一定意义上也可视为儒家王道政治在当代狮城的创新与发展。具体来讲，儒家文明对新加坡，乃至对东南亚国家的社会生活都产生了怎样的影响？

吕元礼：儒家文化在新时代找到新契机。儒家文化不太关心死后有没有天堂，人的价值就是创造一个美好的社会。六十四卦最后一卦是"未济"，表明制卦者对世界的看法，天和地没有完成的事情，需要人来完成。前些天有新加坡朋友来访，谈到小时候在马来西亚学校学习的课文中就有《礼记·礼运篇》，可见东南亚国家华人社会对儒家文化的重视。但我们学《礼记·礼运篇》，可能是作为一种古代文献资料，作为课外辅助读物来读。我们今天的社会教育和儒家文化结合在一起会更容易得到认同。比如《论语》中有"祭如在，祭神如神在"之说。儒家的祭礼和丧礼的本质不是迷信，而是诗。迷信是把假的当成真的来说，而且相信它是真的；诗是把假的当成真的来说，但知道是假的，是表达一种情感。比如"太阳露出了笑脸，星星眨着眼睛"，但写诗和读诗的人都知道，太阳没有"脸"，星星没有"眼睛"。为什么"祭如在"是诗呢？其中的"如"很有意思，"如"意即好像，事实并不在。所以，虽然新加坡是以英语作为第一语言的，但作为生活方式的儒家文化还是具有一定影响力，像新加坡让小孩子读《弟子规》的人很多。

　　魏沛娜：文化传播总会经过"在地化"的过程，在您眼中，"新加坡化"的儒家文化呈现出哪些差异？更进一步说，新加坡可以作为儒家文化较好融入现代社会的范本吗？有人认为，在华人文化圈内，新加坡是华人传统文化保持最好的国家，很多方面甚至好过中国。

　　吕元礼：一方面，新加坡的华人讲华语，是想保存中华文化。但另一方面，这种"华语"是针对以前讲方言来说的。他们在 20 世纪 80 年代兴起"讲华语运动"（即讲普通话运动），"少说方言，多讲华话"成为运动的口号。但这种运动中存在的完全排斥方言的做法是不对的，因为方言有其好处，许多文化是包含在方言里面的，光讲普通话，很多文化的精髓就没了。很多老一代华人喜欢听《李大傻讲古》这个方言节目，后来听不到了，很痛苦。

　　但是，现在新加坡已经不像李光耀时代那样电视节目坚决不使用方言，有时电视上也会出现一点方言，他们开始有了反思。最近新加坡一个领导人提出要警惕"集体盲思"。用这个观点来分析，完全排斥方言也可能是一种当时的"集体盲思"。多讲华语不是要一锅端地把方言全部砍掉。现在，新加坡政府也在慢慢纠正过于功利性的措施。

　　魏沛娜：您如何理解"新加坡模式"？

　　吕元礼：从历史传承角度来理解，新加坡模式≈英国的制度＋东方的传统＋当年共产党的作风。与此相联系，源于英国的制度，新加坡大体继承了议会民主，其精神是让民做主；继承东方的传统，新加坡政府具有家长式作风，其精神是为民做主；效仿当年共产党的作风，新加坡人民行动党也一定程度上学到了群众路线，其精神是认民做主。

魏沛娜：新加坡的政治制度是怎样的？

吕元礼：新加坡曾有一百多年的时间是英国殖民地。1965 年独立建国后，其政治制度大体继承了英国的议会民主。新加坡议会民主的运作方式，是由年满 21 岁及以上的公民采用一人一票选出国会议员，并由国会中获得多数议席的政党执政。执政党的议员推选其领袖为总理，再由总理委任执政党的议员出任内阁部长，组成内阁。内阁提出新的议案或修正现有法律，在得到国会的三读通过后，成为国家法律，也就成为执法和司法的根据。执政党以外的其他政党也便成为反对党。反对党议员可在国会参加辩论与质询，负起监督执政党的任务。当然，长期执政的新加坡人民行动党对源于英国的议会民主进行了一些有利于该党一党独大的改变。

魏沛娜：如何理解新加坡的为民做主？

吕元礼：美国文化更多体现让民做主，新加坡政府更为强调为民做主。李光耀说，以下事例"包涵着美国和新加坡之间的全部差异"：美国解决可怕的毒品问题的方法是跑到世界其他地区，帮助别国的反毒品机构尽力制止毒品供应。它提供直升飞机，打击贩毒集团，如此等等。当它遭到挑战，他就逮捕巴拿马总统，并把他押解到佛罗里达接受审判。新加坡不可能做出这样的选择，不可能去缅甸把那里的军阀抓起来。新加坡所能做的是通过一条法律，规定在新加坡的任何海关官员或警察，当他发现任何人行为可疑，有理由认为是处于吸毒状态时，就可以要求此人进行尿检。一旦尿样中发现有毒品，此人立即被送入医院。而在美国，如果某人这样做了，那就是对个人权利的侵犯，他也将遭到起诉。让民做主与为民做主的差异，也可以溯源为二者体现的不同政府观。让民做主意味着将政府视为"必要的恶"，为民做主意味着将政府视为"必要的善"。因视政府为恶，所以，让民做主追求的目标是限权政府，其理念是"最好的政府，最少的干预"，其角色是守夜警察。因为视政府为善，所以，为民做主追求的目标是强大政府，其理念是"最好的政府，最多的关爱"，其角色是操心父母。新加坡的强政府形象与政府领导的家长式作风，表现的正是为民做主的精神。

当然，随着时代的变迁，新加坡政府的管理模式也在发生变化。例如，第一任总理李光耀的管理方式倾向于家长式，第二任总理吴作栋的管理方式倾向于兄长式，第三任总理李显龙的管理方式倾向于朋友式。

魏沛娜：如何理解认民做主？人民行动党是怎样学习到当年共产党的作风的？

吕元礼：所谓认民做主，就是认人民为自己的主人，百姓是天，人民最大，具体表现为共产党的群众路线。

为了赶走英国殖民统治者这一共同敌人，新加坡人民行动党建党之初，党内包含着非左派和左派两股力量。非左派主要是受英文教育出身，如李光耀、吴庆瑞、杜进才等人；左派主要是受华文教育出身，如林清祥、方水双等人。按照李光耀的说法，非左派是非共派，左派是亲共派。这些左派人士表现出与当年共产党人作风非常相似的一面。李光耀将他们笼统地称为共产党人。他承认，在应对共产党人的过程中，自己学到了很多东西。

通过历史研究可以获知，李光耀等人向共产党人所"学"的包括两个层面：一为精神层面。李光耀说，由于最终目标的不同，党内的"非共派"与"亲共派"最后分道扬镳，但是，他对"亲共派"人士如林清祥"个人的清廉和他全心全意为理想奉献的精神表示敬意"。李光耀记述说："林清祥、方水双整天东奔西跑，发表演说，同刻薄的雇主进行谈判，晚上就在工会总部的桌子上睡觉。……他们穿着朴素，三餐在小贩摊位解决，所得薪水很少，因为他们向资方争取到的一切都归工人了。我可不知道他们挪用多少钱来供养更多的革命分子，但我却没看过他们私下拿过一分一毫，从他们的生活方式上就可以肯定这一点。""亲共派"的清廉、奉献品质，对"非共派"人士可以是一种榜样，至少是一种鞭策。李光耀承认，人民行动党之所以有较高的道德水准，与建党之初党内存在"亲共派"有关。为了经得住"亲共派"的攻击，"非共派"也必须提高、保持自己的道德水准。进一步说，"非共派"也切实学到了"亲共派"的精神。李光耀当年挽起裤脚过河下乡、打着雨伞走访选民的做法，体现的正是从"亲共派"那里学到的中国共产党的作风。

二为技术层面。李光耀说，自己是看着"亲共派""变戏法"的，只不过自己不是在台下看，而是在幕后看，所以，他也学会了。李光耀所说的"变戏法"，具体是指发动群众、联系群众以及建设基层组织、开展群众运动等方法。举例来说，新加坡政府也喜欢通过运动方式开展工作，并具体开展过说华语运动、植树运动、清洁运动，等等。所谓运动的方式，就必然包括领导以身作则、广泛发动群众等做法。李光耀说，既然中国共产党人能够通过运动的方式消灭老鼠、苍蝇等"四害"，为什么我们不能通过这种方式去除旧有陋习、建设新社会呢？

人民行动党从中国共产党人那里学到的群众路线，最为典型地体现在其执政 50 多年来一直坚持的国会议员走访、接见民众的做法之中。首先，新加坡国会议员必须在两年内挨家挨户地遍访自己选区的选民。一般来说，每个议员在 4 年一届的任期内要对本选区居民挨家挨户地走访两次。另外，大选期间的大约 10 天内，每个议员候选人还要突击性地对本选区居民挨家挨户地走访一遍。其次，新加坡国会议员必须每周一次接见选民，为民排忧解难。

魏沛娜：您从事新加坡研究近 20 年，如今在研究思路、方法上有哪些转变吗？也给您带来哪些人生思考？

吕元礼：我这辈子就是做一件事——专注新加坡研究，但研究方法也有些变化和反思。第一，过去我可能强调借鉴性研究，着眼在中国，我认为这有价值，比"为研究而研究"更有现实意义。但这一两年看了一些东西后，发现"为科学而科学"结果会产生更多有实用性的价值。所以，强调实用、借鉴性的研究，可以作为研究方法，但不是唯一的方法。换言之，我认为"为科学而科学""为研究而研究"也是一种很高的境界，相比"为现实而研究""为借鉴而研究""为实用而研究"还更有意义。第二，过去可能是从正面肯定的方面研究新加坡，但随着我对新加坡的深入研究了解，我认为要作更客观、更有批判性的研究。比如新加坡的经济发展很好，但人文价值有些丢失；他们喜欢讲"硬道理"，但"大道理"偏少。因此，有一次我跟一位新加坡政界人士讲："增长发展是硬道理，公平公正是大道理。硬道理大不过大道理，因为它是小道理。大道理硬不过硬道理，因为它是软道理。"我觉得正好讲到新加坡的问题所在。

附录：吕元礼学术小传

吕元礼，深圳大学管理学院公共管理系教授。1987年中共中央党校研究生毕业后留校任教，1994年调入深圳大学任教至今。长期研究华人政治文化与政党政治，重点研究新加坡政治与李光耀思想。主持国家社科基金等项目多项，发表学术论文逾百篇，出版学术著作多本。主编系列出版物《新加坡研究》多本，具体主持编写（任执行主编）并出版中国第一套以新加坡为主题的丛书——新加坡国家治理体系与治理现代化丛书。同时，该系列丛书也入选为国家"十三五"重点图书规划项目，吕元礼教授为该项目唯一责任者。

其独撰的《新加坡为什么能?》受到中国、新加坡高层关注、推荐，成为中国党政干部热门读物。该书总结的新加坡廉政体系"以德倡廉，使人不想贪；以薪养廉，使人不必贪；以规固廉，使人不能贪；以法保廉，使人不敢贪"被书法家写成横匾，悬挂在新加坡人民行动党总部，对中国廉政建设起到了一定的借鉴作用。

其在深圳大学开设的"我读李光耀"课程，受到学生喜爱。在其指导的硕士研究生中，有5位同学的新加坡研究硕士学位论文出版为5本由研究生独立署名的专著，有一位同学主编出版了《社会科学理论模型图典》。

我更愿意做"入世"的研究

——王为理访谈录

受访者：王为理
采访者：魏沛娜
时　　间：2017 年 2 月 17 日
地　　点：深圳市社科院办公室

　　1998 年，从广东人民出版社调入深圳市社会科学院的王为理，在学术研究方向上也慢慢发生了转变。澎湃的改革开放实践，激发了他对深圳的多视角观察、思考和研究。渐渐的，他从纯粹的哲学思索开始走向城市文化和文化产业研究。长期的哲学思维训练，特别是受法兰克福学派社会批判理论和后期海德格尔思想的影响，王为理的文化研究包括对深圳文化的审视往往带有敏锐深刻的批判性。他认为："深圳正在成为中国继上海和香港之后另一个新兴的移民城市，也是因为深圳处于一个异质文化的接触点、边缘地带或缓冲空间，而最具有创造性和最富活力的文化往往产生于此。"

　　作为一个学养深厚的学者，王为理对文化产业的研究除有纵深的学术理论视野外，还特别具有现实的穿透性。在他看来，文化产业研究需要理论探索，更需要产业实践紧密结合。

　　魏沛娜：20 世纪 80 年代初，大量西方理论思潮引进国内，在知识分子中产生极大的影响，像叔本华、尼采、萨特、弗洛伊德等人的哲学思想尤其受欢迎。而您最初是做现代西方哲学研究的，重点研究存在主义，当时也是受这股思想氛围影响而投身哲学研究的吗？

王为理：我 1985 年大学毕业，当时存在主义思潮在国内比较有影响，引起我对西方思潮的关注。我的研究方向是现代西方哲学，真正切入研究是在硕士期间，那时已经有更多西方理论思潮被引进国内，比如科学主义思潮、弗洛伊德的精神分析学等。我当时感兴趣的是法兰克福学派后期的研究，在思想上较多受法兰克福学派批判理论的影响，重点研究的是法兰克福学派后期代表人物之一弗洛姆的思想。弗洛姆是德国人，后来去了美国。20 世纪 60 年代的美国社会急剧变化，跟我们现在这个时代特别相像。战后的美国，物质极大丰裕，但整个社会在精神层面面临的问题很多。弗洛姆切入的正是这个问题，他较多运用法兰克福学派的批判理论和弗洛伊德的精神分析学。受其影响，我也是从这个角度来做研究。但我选择的主要是从人本主义的角度切入。当代西方的思想体系主要分为科学主义和人本主义两大潮流，我的研究偏向于人本主义思潮。

弗洛姆的特点是批判意识比较强，同时跟现实问题结合得比较紧密，其《逃避自由》《自为的人》《健全的社会》等代表作比较容易理解。但从哲学的角度来看比较浅显，没有纯哲学的那种特点，角度过于现实。我的兴趣重新回到存在主义，但我选择的不是萨特的"存在与虚无"，而是海德格尔的"存在与时间"，当时在国内算比较早进入海德格尔研究领域。研究海德格尔时我选择的还是从人的角度切入。海德格尔哲学的核心概念是"存在"，但我更关心的是他是怎么来看待"人"的，也就是他所提出的"此在"问题。海德格尔主张追溯思想的源头，一是古希腊思想，二是东方思想，而东方思想的其中一个来源是老庄，特别是老子，以及禅宗思想。所以我当时比较集中于研究东西方怎样看待"人"。这一研究经历了比较长的时间，前后发表了 10 多篇论文。博士论文也是做这方面的研究。我的研究是力图在西方思想历史变化的大背景中，从西方对人的认识的转变过程中来分析人的问题，其中包括对海德格尔后期思想的一些关注。海德格尔后期也走向了对现实问题的关注，比如对人类命运、技术问题、环境问题的关注，当然都是哲学层面的深刻思考。来深圳之前以及刚来深圳的前几年，我主要是做这方面的研究，《人之问：思与禅的一种诠释与对话》是那时的主要成果，最深刻的感受是海德格尔从人走向存在与禅宗从佛到人的思想理路至今令人惊异。

魏沛娜：20 世纪 80 年代的思想文化界异常活跃，当时的文学和哲学研究很多都是跟社会现实态势的认知和反省紧密相连的。像您当时研究存在主义，研究"人"的问题，结合历史现实后会产生比较多的困惑吗？

王为理：那时我反而是比较纯粹地陶醉在形而上学之中。当时之所以选择海德格尔的一个重要原因是他的哲学的"纯粹"和艰深之美。我做相关研究时，他的晚年手稿还没有英译本和中译本，但当时国内已经有部分学者关注这个问题了，而且争议比较大。我真正做海德格尔研究的时候，是 20 世纪 90 年代初期，整个 90 年代都在研究海德格尔。从 90 年代初期的"人文精神大讨论"，到后期开始有人从哲学层面对环境问题、技术问题进行关注，看它们对人类社会造成的影响。那时市场经济浪潮和社会现实变化带来的冲击很大。尽管身在广州和上海，但我当时应该说对现实问题还不是特别关注，因为做弗洛姆研究期间比较关注当时的社会背景，做海德格尔研究时就是想做一种比较纯粹的哲学研究，所以走的是一种"向内"的路子，包括对禅宗的相关研究，基本上是从比较纯粹的理论和精神层面着手，没有太多跟现实问题相结合。所以对海德格尔后期思想也主要还是从哲学层面去思考，虽然针对海德格尔对技术问题的看法等写过文章，有过思考，但那不是我的研究重点。

魏沛娜：但到了 20 世纪 90 年代末，您对海德格尔的研究忽然停止了，或者说您暂停了纯粹的哲学研究。这是因为当时在研究上遇到某种思想瓶颈吗？

王为理：这涉及对整个哲学界的评价，不太好说。当时我感觉哲学在研究路径上比较困难，虽然我认为自己在哲学上还是下了不少功夫，做得不错。但即使是按照我原来的计划，把整个关于海德格尔与禅宗的研究做完，在海德格尔研究方面会有不错的成绩，但也仅此而已。我对海德格尔的一个判断印象比较深刻，海德格尔当时就已经认为我们处在一种思想贫乏的时代，事实证明，这种判断越来越正确。人类似乎正进入这个时期，很难再出现哪怕是海德格尔这种级别的思想家。

从全球来说，当时有一种说法叫"哲学的终结"，其有特别的含义。我比较关注语言的限度与哲学的终结问题，做过相关研究，现在看来，我更愿意取其字面意义，视"哲学的终结"为整个哲学的一种象征。当时我对于中国哲学的出路也比较迷惘。因为严格意义上，中国是没有哲学的，"哲学"一词是从日本、西方引进的，与东方思想不是一个层面的东西。经过长达百年的发展，中国的哲学主要还是停留在对西方思想的翻译、介绍和研究的基础上。做得比较深入的是新儒家，那些人的东西方思想功底都特别深厚，在借助西方哲学思想诠释和建构儒家思想方面有所突破。但即便如此，也很难建立自己的话语体系，真正形成自己的哲学。

魏沛娜：所以，这也是属于中国哲学研究的一种局限吗？记得您在1996 年发表的《语言的限度与哲学的终结》一文末尾提到，如何在弘扬自身深厚的人文传统基础上，将西方哲学引入对传统中国哲学的理解和诠释也将是中国哲学在走向现代化过程中难以回避的问题。目前中国哲学是否已经走出了这种困境？

王为理：现代中国哲学体系的建构本身就得益于胡适、冯友兰等人对西方哲学方法的借鉴，新儒家是将西方哲学引入对传统中国哲学研究和诠释的一次成就高峰。但总体而言，中国哲学研究至今都没有走出这种困境。一方面，我们不可能全盘照抄和接受西方哲学的基本范式和逻辑体系，在哲学上彻底西化；另一方面，传统中国哲学如果不按当代学术规范表达自己，或者是一味坚守在故纸堆中，就可能完全脱离当今世界。所以，创造性转化和创新性发展仍然在路上。

魏沛娜：您写过一篇文章《深圳的哲学难题与消解》，谈到当下的深圳依然"拒斥形而上学"，认为"也许，没有哲学是深圳必须付出的文化代价"。而在《南方论丛》2013 年第 6 期，您在主持"西方哲学研究"这一专题时介绍说，该期专题选择西方哲学为主题，是因为纯粹的西方哲学研究可以为改革开放和深圳学派建设开启一扇别致的窗。具体理由可以请您解释一下吗？哲学其实是以怎样的形式影响着深圳的城与人？

王为理：当时的观察主要是基于这样一种判断，深圳是一个非常现实的城市，城市发展主要还处在对物质的追求阶段，这具有历史的必然性和合理性，但也一定会付出代价的，这个代价就是物质和精神的分裂，人在物质涌流中的精神失落，甚至是世界观的崩塌。但我是一个乐观主义者，相信时间和历史会治疗好这种创伤。西方哲学对人的观察和研究有独特的视角，对很多问题的思考特别是对一些发达国家曾经经历过的类似时代问题的反思可以为我们提供借鉴。

关于哲学对深圳这座城市和生活在这座城市中的人的影响，正在以一种润物细无声的形式体现。一方面，虽然哲学是密纳法的猫头鹰，要在黄昏的时候才会起飞，但总会起飞；另一方面，总是会有人仰望星空。更何况，波澜壮阔的城市发展本身就意味着潜在的哲学需求，就在积蓄着哲学发生的力量。哲学既是象牙塔，也充满人文情怀和人性关爱。

魏沛娜：当时您还提到，哲学家要避免思想僵化，必须从西方哲学中汲取养分。在您看来，相比于东方哲学或者说中国哲学，西方哲学对于当代社会的意义是否更显重要？

王为理：不好直接这么比较。对当代社会来说，东方哲学和西方哲学都有参考意义。中国社会本质上是中国的，我们需要自己独立的思想和哲学。但哲学家既应该扎根本土，又必须保持开放包容的心态，时刻关注世界的变化，否则就只能坐井观天。

魏沛娜：我发现您来深圳后在研究方向上有比较大的转变，是从"形而上"到"形而下"的转变，开始做起城市文化和文化产业研究。这是基于对深圳这座城市的特点而做出的选择吗？

王为理：1998 年，我离开广东人民出版社，刚来到深圳时，对深圳确实有一些观察和体会，也写了一些文章，是从哲学角度来看深圳。后来之所以转向城市文化和文化产业研究，确实跟深圳这座城市的特点有关系。对原来所追求的纯粹哲学研究，还是保留了一定的兴趣，原来积累的一些研究成果包括博士学位论文都是来了深圳之后出版的。

我的研究方向真正改变，既有大环境的影响，也有个人因素的影响。当时之所以选择文化产业作为一个研究方向，一是因为在研究工作中比较早接触到文化产业问题。2001年前后，文化产业开始在全国受到关注，我们社科院也开始做这方面的研究项目，深圳独特的文化产业发展路径和波澜壮阔的实践，让我开始从新的角度关注"文化产业"这个曾经受到法兰克福学派强烈批判的概念和问题。二是我在香港中文大学攻读第二个博士学位——历史学课程哲学博士的机缘。一开始我的兴趣主要在城市研究上，对国际城市体系中比较靠前的纽约、伦敦等大城市以及香港和上海特别感兴趣，并没有局限在文化问题上。在其后的研究中，香港起步较早的香港文化创意产业发展和研究，纽约、伦敦的文化产业和创意产业的全球影响，以及文化产业在深圳的发展实践等，这些激发了我专门研究文化产业的兴趣。这方面代表性的成果《从边缘走向中心——深圳文化产业发展研究》实际上在2005年就已经完成，之后的研究更多地体现在对产业发展的规划、评估及前瞻性思考上。

那确实是一个从"形而上"走向"形而下"的过程。以前我很不喜欢黑格尔的东西，但在深圳和香港，我迅速体会到他的一句话的意义："哲学最敌视抽象，她处处将人引向现实。"在我看来，学者或知识分子的研究总是会分成两类，一类是学院式甚至是象牙塔式的研究，另一类是"入世"的研究，二者对于深圳这座城市都很重要。我更愿意做"入世"的研究，关注当下的深圳问题，关注与城市未来相关的战略，关注产业前沿。

魏沛娜：讲起深圳文化的特点，无论是"大众文化""特区文化"，还是"移民文化"，至今仍存有争议。尽管目前还不能真正厘清深圳文化的概念，但有意思的是，深圳文化却总能每隔一段时间就创造出引领全国的观念，由此可见深圳文化创新的特质。您曾在《移民文化的当代图像：从全球到深圳》一文中明确提出："无论如何，深圳都是当代移民文化的一个动感地带。"经过10余年的观察和研究，您认为移民文化在深圳依然还处在生成过程中吗？

　　王为理：这是一个很好的问题。对于深圳文化，刚开始是有些争论，我当时也是不认同用移民文化来概括深圳文化。对于我这个学科背景来说，是没办法接受的，因为我是站在一种纯粹的哲学角度来认识，是非常象牙塔的视角。深圳这种层次的文化发展，还没有达到真正谈文化的层面，包括移民文化。我感觉称深圳文化为移民文化，总觉得有点别扭，后来就这种思考也写过相关文章。再往后，我对深圳文化的概念比较清晰了，重要原因是深圳这个地方的移民背景基本相同，主要移民是来自中国内地，尽管来自各个省，但文化背景基本相同，尽管有所差别，但都是在中国大的文化背景之下，差异性不明显，当时我称之为"成色不足"，特别是跟国际上典型的移民城市相比差距明显，比如与纽约、伦敦相比。伦敦每天都有300 种不同语言在使用，而深圳最多只能讲每天有很多种不同的方言在使用。

　　但是，这么多年下来，我认为深圳文化也是一种移民文化，这跟当年的上海、香港有一定的相似之处。当代深圳无疑是中国乃至世界上一个最大的移民城市。就深圳文化来讲，起码是带有移民文化一部分比较明显的特征，比如说移民比较开放，创新意识比较强，包容意识比较强，所以像你所说的深圳出了那么多引领全国的观念。这座城市所表现出的强烈的创新意识、包容意识，以及在观念上能够不断引领全国的能力，也是移民文化的客观反映。

　　魏沛娜：您又怎样看待这 30 多年来深圳已形成的文化图景？

　　王为理：深圳文化跟深圳城市本身的基因有关。因为深圳作为一个经济特区，文化跟这座城市的关系既有非常直接的一面，同时又有非常间接的一面。在这种过程中，对城市的影响，经济要素起到的作用比较明显。我比较喜欢讲"春天的故事"，现在解读这个文本，其中的一句"奇迹般聚起座座金山"，实际上也就是讲"时间就是金钱，效率就是生命"。这是一座金钱意识非常浓厚的城市，这在那个时代是名正言顺的，没有错。但当社会发展到一个新阶段，肯定需要在这方面做修正或批判。而深圳恰恰有这种反思能力和批判能力，所以包容力、创新性都比较好。

从城市结构来讲，深圳发展得特别迅速，到目前为止，在不到 40 年的时间，城市产业机构主要发展为科技创新产业，定位是国家科技产业创新中心，这种定位比较符合现阶段深圳的战略特点，深圳朝着这种定位发展，文化主要也是围绕这种定位发生作用。那么，在这种大的背景下，文化有几个大的特点：文化总是在比较边缘的位置生存。文化是空气，离不开又摸不着，往往不能产生直接的经济效应。但在这样大的中心控制下，深圳的创新文化又比较发达，跟产业结合的文化同样比较发达。

另外，深圳文化又有比较奇怪的一面，尽管偏于边缘位置，但总会有一些文化力量，或说一些文化精英在发生各种各样的作用。比如说决策者，无论是早期领导人，还是现在的一些城市设计者、决策者，都特别重视文化建设，把文化提升到战略位置上，强调全民阅读，这是深圳作为新兴城市对于全国的一种贡献，只有深圳才能产生这样的文化理念。除了体现创新，还体现力量，不会那么颓废，而是非常积极向上，推进产业发展，在城市发展中成为比较好的部分，这是深圳文化的特点之一。但由于处于柔弱边缘的位置，相对于深圳在粤港澳大湾区城市群中的未来位置、在国际城市体系中的未来位置，深圳文化还有很多缺憾和不足，比如文化设施和活动还没有达到纽约、巴黎、伦敦，甚至是上海、北京的水平，这方面，无论是投入还是眼界、规划、战略等都准备不足。

魏沛娜：谈到城市文化，还不能忽视城市人文精神。10 年前您曾经撰文指出，深圳目前独步天下的优势有三个：一是当代中国最大、最新、最典型的移民城市；二是中国改革开放的排头兵、中国经济实力最强的经济特区；三是中国创新先锋城市。这三种资源正在生成一种富有活力的城市文化，开放、创新、包容、关爱的人文基调和人文情怀凝炼其中，深圳城市人文精神的个性可以从中张扬而出。明年是深圳建市 40 周年，您认为接下来深圳在涵养城市的人文精神和文化气质方面还需要做出哪些努力？

王为理：深圳文化已经表现出较为强烈的创新、包容特质，我们现在需要重点考量的是如何在这种文化与科技、市场、资本等要素聚合在一起时，弘扬和培育人文精神。人文精神对于深圳这座以经济特区为基因的城市来说，意义重大。我们必须承认，面对市场经济大潮的冲击，我们的人文精神准备不足。市场经济本身没有善恶之分，但它具有一种内在张力。一方面，自由、平等和正义等人文精神核心理念是构筑市场经济规则的一些基本价值，市场经济可以助长一个社会的人文精神；另一方面，市场经济社会具有重实利、重技术、重工具理性的偏向，可能导致一个社会"见物不见人"，人文精神不被张扬反被消解。人文精神"以人为本"的基本理念可以帮助我们确立正确的价值观和人生观，消解金钱拜物教和商品拜物教的消极影响；人文精神所传达的人文关怀可以焕发我们心灵深处人性的光辉。

也就是说，我们要在现代化过程中重新建立物质与精神的平衡，建立人与自然的和谐、人与社会的和谐。一个城市的人文精神，由城市器物、市民行为、城市制度、市民心理和城市观念等多个层面构成，城市人文精神建设是一个具有总体特征的系统性工程，涉及城市精神、城市人文气质、城市人文情怀、城市民生福利、城市公共政策、城市文化服务、城市家园情怀、城市规划、城市环境等诸多方面，这需要付出全方位的深入城市细节的实实在在的努力，而不能仅仅理解为一种简单的概念制造和观念灌输。

魏沛娜：大学是思想文化创新的源泉之一，也是增强城市文化软实力的重要载体。相比于北上广，深圳的大学无论从数量还是实力上都稍显单薄。虽然近年来引入国内外不少知名高校在深圳办校区、学院，但是多数以理工科为主，人文学科依旧处于边缘的位置。您怎样看待这种现象？抑或说，若干年后，那些名校的深圳校区还是会起集聚效应，一定程度上改变深圳的人文格局？

王为理：深圳的大学主要是为产业服务，人文社会科学相对来说特别边缘，能够容纳的人才相对少。从国际文化实践来讲，特别是文化设施和文化活动，没有与深圳的经济地位相匹配。香港这方面也有点问题，但是一直在努力。我们常说深圳要赶超香港和广州，文化就是一个重要的环节，这一环如果跟不上，深圳在国际城市文化体系中的位置是很难得到大幅提升的。

　　的确，国内外名校在深圳办校区，对于深圳的人文格局应该说会有所变化。大学起码是文化建设的重要因素，来深圳办校区的大学尽管是偏科技型、理工型的大学，但是其中的人文力量会慢慢凝聚和发展起来。当一个大学发展到比较成熟的阶段，乃至成为一流大学时，肯定离不开人文学科的支撑，比如麻省理工学院的哲学专业就很出色。所以，这些大学的校区在深圳建立起来的话，对于深圳吸引人文方面会有一定的拉动作用，但这种作用相对来说会比较漫长。要知道，深圳从不重视大学群，到真正意识到要建立大学群，几十年都已经过去了。就像基础学科从来就很难被重视，但 2017 深圳市政府工作报告里面第一次提到基础学科，设立的 10 大基础研究机构里面就有数学，表明深圳开始知道数学的重要，这就说明对学科的认识有一种缓慢的提升过程。深圳终有一天会知道，除了数学，还有哲学、文学、历史这些人文学科的重要。这也需要机缘，就像一个少年的成长，哪一天忽然就知道某件事情对自己的重要性。回到大的时代背景来说，当前是物质主义盛行的时代，其实越来越多的人感觉到精神的重要性。物欲泛滥，让人感到痛苦茫然。当时弗洛姆就看到美国处于一个金钱的时代，人都不是健全的人，但最终美国走出了这个阶段。历史往往就是这样，说不定哪天就进入一个新阶段。现在社会讲质量，应该说，社会一定不只是注重产业的质量，还要包括生活的质量、文化的质量、人的发展的质量，既有物质的，又有精神的，这个过程相对漫长。

　　魏沛娜： 从硬件建设，到软件建设，深圳距离真正意义上的"世界城市""全球城市"或者说"国际大都会"还有多远？

　　王为理： 一个世界城市，不会只是在科技产业上发展，而一定是全方位地引领全球发展，比如从伦敦和纽约的城市水平来看，其文化占的比重不是一般的大，或者从产业来看，对全球的影响力往往是文化起的作用更领先。这么说也许有一种深圳主义的感觉，但这不是没可能。目前粤港澳大湾区作为一个大的都市圈，还是有可能冒出一个首位城市，香港、广州有可能，而深圳也有潜力，但深圳这方面的文化准备还是必须做的。伦敦把文化视为"心搏"，它们的发展值得深圳借鉴。作为一个文化学者，我还是比较关注从全球文化发展战略的角度来看深圳文化需要做哪些准备，并会结合深圳自身的文化创新实践多作研究。我认为社科院既要为政府提供决策支持，更需要从战略层面为城市发展做出前瞻性的研究，这才是我们能够真正发挥智库作用的重要方式之一。

魏沛娜：深圳学派建设也积极推动着深圳学术文化的发展。从提出至今，深圳学派已经形成了怎样比较具有辨识度的研究特点和方式？

王为理：深圳学派的概念提出较早，经过多年的实践，应该说，已经形成了一些比较好的平台，比如，《深圳学派建设丛书》《深圳改革创新丛书》两套丛书已经分别出版 4 辑。深圳学派的提出主要是想通过深圳学派的建设带动深圳学术的发展，特别是人文社会科学的发展。深圳学派从当时的制度设计上来说，不好讲是属于哪个学科的，但真正的学派发展一般都是属于某个学科的。

所以，我个人觉得，第一，深圳学派应该是研究深圳问题，深圳在国内发展甚至全球发展中，是一个特别的案例，在发展过程中面临的各种问题，往往具有超前性，深圳所面临的问题是未来其他国内城市乃至全球发展中国家的城市同样需要面临的问题。因此，研究深圳问题是非常有前景、有意义、有代表性的。第二，深圳学派从目前所有的积累来看，在文化领域最有可能，因为这方面已经形成一系列的相关成果，而且这方面成果在国内较受认可，比如王京生提出的"文化流动理论""文化权利"，这种研究代表了一种方向，跟传统的象牙塔式的研究不一样，它是走出书斋的，是把最新的、最前沿的理论跟城市实践相结合，在这个基础上提出有前瞻性的、概念性的研究。恰恰是这种研究，能形成自己的特点。第三，作为一个学派，可能在传播方面，还可以有更多的途径，尤其是在学术交流和研讨方面，深圳的人文力量不足，所以这方面目前尚有不足之处，因为任何一个学派的发展一定是在比较充分的讨论中所形成的。我们利用深圳学术沙龙，还要利用我们的学术研究，加强引导，在这个基础上就有可能会形成跨学科内容。简言之，针对深圳问题，不同的学科有不同的专家意见、学术观点和解决方案，在文化研究突破之后，还可能会引起其他学科，如经济学、艺术学的学者的讨论，在争论过程中才有可能形成新的理论，推出新的成果。我们需要这样一个环境和过程，深圳学派建设总体反映还是不错的，起码有了自己的平台，有人愿意讨论，有越来越多的成果推出。

魏沛娜：可不可以说，深圳学派作为一种"深圳表达"，不仅需要本土不同领域的学者的理论建构，更需要所有深圳人的积极参与？建构深圳学派，您觉得需要注意些什么问题？

王为理：学派的形成从人数上来说，往往由少数人的倡导开始，在一个小的圈子里讨论，形成基本的学术主张、学术方式或研究方法，进而形成区域性甚至全国性、国际性的影响力。一个学派的产生，或标志着一种新的知识类型的出现，或意味着一种研究范式的革命性转移；一个学派的产生，往往伴随着大师甚至大师群体的降临，具有划时代意义的代表性作品的涌现，新理念、新方法和新的话语系统的出场。学派的建构可能源自某种激情的呼唤，却一定必须经历实实在在的自然形成过程。学派建构归根结底需要学界自身的努力。学派的产生从来就是一个自然而然的过程，异质文化的接触点、新兴的移民城市、创业者的聚集地、中国改革开放的前沿、现代与传统的边缘和断裂地带、现代化追求中的典型城市、当代中国城市问题和社会问题的焦点、消费时代生活时尚的创造者等等因素在深圳的聚合，使深圳生成了学派建构所需要的肥沃土壤。我们无法事先设定深圳学派的细节，却可以理性地提出深圳学派建构中应该注意的一些原则性问题。

建构深圳学派必须注重学术积累特别是学术前沿。学派的产生是对传统和现实的超越，要实现这种超越，首先需要对传统和现实有深刻的理解。这不是说我们需要对某一学科的所有历史都有深入研究，在每一个学术问题上都有独到见解，而是指我们必须占领学术前沿，关注和熟悉国内外有关研究的前沿问题、最新理念与研究方法。在资讯如此发达的时代，对学术前沿问题闻所未闻，对新的话语系统格格不入，只会在传统中兜圈子，是奢谈建构学派的。

建构深圳学派必须培育批判精神。批判精神的实质就是对传统和现实说"不",任何一个学派的产生都意味着对传统和现存理论或方法的解构和再诠释,学派的产生是一个颠覆过程。建构深圳学派因而需要足够的理论勇气和创新精神,在学术上要敢于挑战权威,敢于提出新的理念,敢于创造新的方法。实际上,批判已经成为当下入世知识分子的重要界定,批判作为一种"建设性的争执"已经成为一种程序,学派的建构绕不过这座桥。

建构深圳学派必须具有深圳特色。学派的建构是一个身份认同逐步建立的过程,它既需要自认,也需要他认。共同的学术主张和研究范式的确立、基本统一的研究对象和研究方法的确定以及一致的基本话语的集体使用,加上自我命名,自认的过程基本完成。但是,问题的关键还在于他认的取得。能否取得他认,决定性的因素在于是否具有与众不同的特色。只有扎根于深圳这片沃土,紧紧抓住深圳发展过程中出现的带有普遍性的现实问题和理论问题,在与现实的松散的"真实关联"中展开研究,才能凸显深圳学派的有效特质,开拓扬名于世的广阔空间。

附录:王为理学术小传

王为理,深圳市社会科学院副院长、研究员,1997 年获复旦大学哲学博士学位,2005 年获香港中文大学历史学课程哲学博士学位,2010 年为美国哥伦比亚大学东亚研究所访问学者。深圳市决策咨询委员会委员,深圳市第六届人大代表。享受深圳市政府特殊津贴专家,深圳市地方级领军人才。主要从事现代化、城市发展和文化创意产业研究。

学术专著《人之问——思与禅的一种诠释与对话》(上海三联书店 2001 年版)、《从边缘走向中心——深圳文化产业发展研究》(人民出版社 2007 年版),译著《多元现代性的反思——欧洲、中国及其他的阐释》(香港中文大学出版社 2009 年版、商务印书馆 2017 年版),合著《城市文化论》《深圳和香港文化创意产业发展报告》《走向现代化》《文化立市论》等。在《复旦学报》《香港中文大学人文学刊》《学术月刊》《社会科学战线》《江海学刊》《学术研究》《哲学动态》《马克思主义研究》等刊物上发表学术论文 30 余篇,其中 10 余篇被《中国社会科学文摘》《新华文摘》《中国人民大学复印报刊资料》等刊物转载。在《人民日报》《深圳特区报》《深圳商报》《粤海风》《深圳周刊》等报刊发表文化评论数十篇。所编辑图书《邓小平经济发展论》获第十二届中国图书奖。

主持或作为核心成员参与国家社科基金艺术学重大项目《新兴城市文化流动与文化创新研究》、国家社会科学基金重大项目《农民工文化需求与城市公共文化服务体系建设研究》《深圳建设社会主义现代化先行区研究报告》《中国（深圳）国际文化产业博览交易会评估报告》《中国深圳第 26 届世界大学生夏季运动会申办报告》《全球创业观察：深圳和香港研究》《世界模特小姐国际组织机构总部基地项目调研报告》《深港文化比较研究》《国际化城市文化产业比较研究》《深圳文化立市发展战略研究》《深圳效益集团评价指标体系研究》《扩大中国文化和思想影响力研究报告》《深圳全面提升城市文化软实力研究报告》《科学发展语境中的深圳文化发展理念研究》《深圳市文化体制改革评估报告》等国际、国家和深圳市课题研究 30 余项。

主持文化产业相关规划 10 余项，主要包括《深圳市文化创意产业创新发展规划（2016－2020）》《六盘水市文化产业发展"十二五"规划》《深圳市精神文明建设"十二五"规划》《深圳市龙岗区文化事业发展"十二五"规划》《深圳市龙岗区体育事业发展"十二五"规划》《中国（深圳）国际文化产业博览交易会发展规划（2009－2020）》《深圳市文化旅游产业发展规划（2009－2020）》《深圳市文化产业发展"十一五"规划》《深圳市文化产业发展"十一五"规划中期评估报告》《深圳市宝安区观澜街道文化产业发展"十一五"规划（2006－2010）》及历届《中国（深圳）国际文化产业博览交易会评估报告》等。

图书在版编目（CIP）数据

深圳学人访谈录. 第一期 / 张骁儒主编. —— 北京：
社会科学文献出版社，2018.5
（深圳学人文库）
ISBN 978 - 7 - 5201 - 2222 - 1

Ⅰ.①深… Ⅱ.①张… Ⅲ.①科学工作者 - 访问记 -
深圳 - 现代 Ⅳ.①K826.1

中国版本图书馆 CIP 数据核字（2018）第 029325 号

深圳学人文库
深圳学人访谈录（第一期）

主　　编／张骁儒

出　版　人／谢寿光
项目统筹／王　绯
责任编辑／孙燕生　李　镇

出　　版／社会科学文献出版社·社会政法分社（010）59367156
　　　　　　地址：北京市北三环中路甲29号院华龙大厦　邮编：100029
　　　　　　网址：www.ssap.com.cn
发　　行／市场营销中心（010）59367081　59367018
印　　装／三河市尚艺印装有限公司

规　　格／开　本：787mm×1092mm　1/16
　　　　　　印　张：16.75　字　数：254千字
版　　次／2018年5月第1版　2018年5月第1次印刷
书　　号／ISBN 978 - 7 - 5201 - 2222 - 1
定　　价／69.00元